Zu diesem Buch

Rolf Hochhuth, geboren am 1. April 1931 in Eschwege, war Verlagslektor, als er 1959 während eines Rom-Aufenthalts sein erstes Drama «Der Stellvertreter» (rororo Nr. 997) konzipierte, das 1963 in Berlin von Erwin Piscator uraufgeführt wurde und weltweites Aufsehen erregte.

Weitere Veröffentlichungen im Rowohlt und Rowohlt Taschenbuch Verlag: «Der Klassenkampf ist nicht zu Ende» (1965), «Soldaten» (1967/1995; rororo Nr. 13594), «Guerillas» (1970), «Die Hebamme. Komödie, Erzählungen, Gedichte, Essays» (1971), «Krieg und Klassenkrieg. Studien» (1971), «Dramen» («Der Stellvertreter»/«Soldaten»/«Guerillas»; 1972), «Inselkomödie» (1973/1993; rororo 13230, Neufassung von «Lysistrate und die NATO»), «Zwischenspiel in Baden-Baden» (1974), «Tod eines Jägers» (1976; das neue buch Bd. 68), «Machtlose und Machthaber» (1978), «Juristen» (1979; rororo Nr. 5192), «Tell 38» (1979), «Eine Liebe in Deutschland» (1980; rororo Nr. 5090), «Ärztinnen» (1980; rororo Nr. 5703), «Räuber-Rede. Drei deutsche Vorwürfe. Schiller/Lessing/Geschwister Scholl» (1982), «Spitze des Eisbergs. Notizen eines Zeitgenossen» (1982/1994; rororo Nr. 13334), «Judith» (1984, rororo Nr. 5866), «Atlantik-Novelle. Erzählungen» (1985), «Schwarze Segel. Essays und Gedichte» (1986; rororo Nr. 5776), «Alan Turing. Erzählung» (1987), «Unbefleckte Empfängnis. Ein Kreidekreis» (1988), «Täter und Denker» (1990; rororo Nr. 8547), «Panik im Mai. Sämtliche Gedichte und Erzählungen» (1991; rororo Nr. 13001), «Alle Dramen» (Kassette mit 2 Bänden, 1991), «Sommer 14. Ein Totentanz» (1991; rororo Nr. 13069), «Von Syrakus aus – gesehen, gedacht, erzählt» (1991; rororo Nr. 13365) und «Effis Nacht. Monolog» (1996).

Außerdem veröffentlichte Rolf Hochhuth «Wessis in Weimar» (1993), die Erzählung «Julia oder der Weg zur Macht» (1994) und die Monographie «Menzel, Maler des Lichts» (1990).

1981 erschien der von Walter Hinck edierte Band mit Essays zum Werk «Rolf Hochhuth – Eingriff in die Zeitgeschichte». In der Reihe «Literatur für KopfHörer» liegt, gelesen von Donata Höffer, «Die Berliner Antigone/Grüninger-Novelle» vor.

Rolf Hochhuth lebt als freier Schriftsteller in Basel.

Rolf Hochhuth

Wellen

Artgenossen
Zeitgenossen
Hausgenossen

rororo

Rowohlt

Originalausgabe

Veröffentlicht im Rowohlt Taschenbuch Verlag GmbH,
Reinbek bei Hamburg, April 1996

Umschlaggestaltung Werner Rebhuhn
unter Verwendung eines Gemäldes von
Monet «Stürmisches Meer bei Étretat»
Gesetzt aus der Garamond (Linotronic 500)
Gesamtherstellung Clausen & Bosse, Leck
Printed in Germany
1490-ISBN 3 499 13907 3

Inhalt

Wellen bewegen sich nicht vorwärts,
wie es doch aussieht, sondern wölben sich
stets auf derselben Stelle, steigern sich und atmen aus.
Eine Holzplanke rührt sich auch bei wütendem Atlantiksturm
nicht von der Stelle, die Wellenwalzen kommen
selbst bei Taifunen nicht voran, sondern toben,
Spasmen ohne Endzweck, Entkrampfung durch Erschöpfung,
nur, um in sich zusammenzubrechen –
durchaus ohne Beziehung zu einem Ganzen, einem ‹Gesamtablauf›,
den es offenbar in der Natur so wenig gibt wie in der Geschichte.

Rolf Hochhuth, Effis Nacht

Wellen: Ist Geschichte Naturgeschichte?

Vortrag im Auditorium Maximum der Universität München am 11.4.1991

«Wir möchten gerne die Welle kennen, auf welcher wir im Ozean treiben, allein wir sind diese Welle selbst.»

Burckhardt, Historische Fragmente

«Es ist mit der Geschichte wie mit der Natur... Die Menschen sind als Organe ihres Jahrhunderts anzusprechen, die sich meist unbewußt bewegen.»

Goethe, Maximen und Reflexionen

«... wobei man am Ende nicht weiß, was man sich von unserer auf ihre Vorzüge so eingebildeten Gattung für einen Begriff machen soll. Es ist hier keine Auskunft für den Philosophen, als daß, da er bei Menschen und ihrem Spiele im Großen gar keine vernünftige *eigene Absicht* voraussetzen kann, er versuche, ob er nicht eine *Naturabsicht* in diesem widersinnigen Gange menschlicher Dinge entdecken könne; aus welcher von Geschöpfen, die ohne eigenen Plan verfahren, dennoch eine Geschichte nach einem bestimmten Plan der Natur möglich sei.»

Kant, Idee zu einer allgemeinen Geschichte in weltbürgerlicher Absicht

«Die Welt, als historischer Gegenstand, ist im Grunde nichts anders als der Konflikt der Naturkräfte unter einander selbst und mit der Freiheit des Menschen... So weit die Geschichte bis jetzt gekommen ist, hat sie von der Natur (zu der alle Affekte im Menschen gezählt werden müssen) weit größere Taten zu erzählen als von der selbständigen Vernunft... Nähert man sich... der Geschichte mit großen Erwartungen von Licht und Erkenntnis – wie sehr findet man sich da getäuscht! Alle wohlgemeinten Versuche der Philosophie, das, was die moralische Welt *fordert*, mit dem, was die wirkliche *leistet*, in Übereinstimmung zu bringen, werden durch ... Erfahrung widerlegt.»

Schiller, Über das Erhabene

«Wir sprechen von Natur und vergessen *uns* dabei: wir selber sind Natur quand même. Folglich ist Natur etwas ganz anderes als das, was wir beim Nennen ihres Namens empfinden.»

Nietzsche, Morgenröte

*D*a wir soeben Zeugen wurden, wie eine als Religion absolut herrschende Staatsdoktrin, in Rußland nach siebzig Jahren, und wie sie zwischen Weichsel und Werra nach vierzig Jahren auf kampflos-natürliche Weise stromab gegangen ist, nämlich verendet an Altersschwäche, die sich in wirtschaftlicher Unfähigkeit ausgedrückt hatte, fraglos verschuldet durch die Alleinherrschaft einer *Idee*, der kommunistischen; und da immerhin ein Drittel aller Menschen, die heute leben, schon früher einmal Zeugen wurden, wie in Europa und Asien eine Weltanschauung genannte Staatsreligion, die unter der Parole: «Volk ohne Raum» firmiert hatte, durch den Zweiten Weltkrieg beseitigt worden ist; und deren Führer, Durchführer und Gläubige waren allesamt schon geprägt gewesen durch die das wilhelminische Zeitalter in den Ersten Weltkrieg hineinjagende Wahnidee: «Unsere Zukunft liegt auf dem Wasser!» (welche heimtückische Doppelbedeutung hat diese Formel, fast so hinterhältig wie das groteske Wort «Staatsbegräbnis»); und wenn wir uns noch in Erinnerung rufen, daß generationenlang das Unheilgeschrei: «Seegeltung – Weltgeltung!» die Briten und uns Deutsche, die Russen und die Japaner, die Japaner und die Amerikaner gegeneinander gehetzt hatte... lauter durch Schlagworte zu Totschlägern «gesteigerte» Ideen, die zweifellos von 1905 (Tsuschima) bis 1990 auf dem Planeten mindestens einhundert Millionen Menschen ein Ende mit Schrecken bereitet haben: So bedrängt, ja bedrückt uns heute kaum eine andere Frage so sehr wie diese: Was oder wer *bewirkt* diese Ideen, die ganze Zeitalter aufmarschieren lassen, erst zu Paraden, dann zu Totentänzen?

Sind es die Ideen, die Geschichte machen? Oder ist Geschichte auch nur – Naturgeschichte?

In München diese zwei Fragen stellen, sei auch der Anlaß, zunächst dankbar jenes Königs von Bayern zu gedenken, der immer wieder den Berliner Ordinarius Leopold Ranke eingeladen hat, ihm auf den Jagdhäusern in Berchtesgaden und Wimbach Vorlesungen über ‹Die Epochen der neueren Geschichte› zu halten. Neunzehn wurden zwischen dem 25.9. und 13.10.1854 mitstenografiert. Und die ersten zwei werden wir hier ausbeuten. Ranke, dessen Student der spätere Maximilian II. bereits 1831 als Kronprinz gewesen war, charakterisiert den Wittelsbacher: «Unter allen fürstlichen Personen, denen ich näher treten konnte, ist keine gewesen, der ich durch wissenschaftliche Studien der Historie mehr verbunden gewesen wäre» – heute «lesen» unsre Regenten den ‹Stern›! Wenn Ranke fortfährt: «An den historischen Wissenschaften zog König Max am meisten der dem philosophischen analoge Moment an... wie die Begebenheiten und die Entwickelung der Ideen im Laufe der Weltgeschichte zusammengriffen... die Anschauung des Allgemeinen überhaupt», so deutet das auf die nahe Beziehung des Monarchen zu Schelling hin, erweckte aber gerade deshalb bereits in den ersten zwei Vorlesungen den Widerspruch Rankes, der – Hegel-geschädigt wie jeder Berliner Intellektuelle des Biedermeier – in dessen tonangebender Philosophie das schwierigste Hemmnis für das Verständnis der Geschichte sah – was niemanden stärker beeinflußt hat als den genialen der Ranke-Schüler, als Jacob Burckhardt.

Aus Berlin denn auch schrieb 1842 der erst vierundzwanzigjährige Burckhardt: «Ich habe mein Leben lang noch nie philosophisch gedacht, und überhaupt noch keinen einzigen Gedanken gehabt, der sich nicht an ein Äußeres angeschlossen hätte. Wo ich nicht von der Anschauung ausgehen kann, da leiste ich nichts.» Wenn Burckhardt hinzufügt, er «rechne zur Anschauung natürlich auch z.B. die historische, welche aus dem Eindruck der Quellen hervorgeht», so hat der spätere Autor der ‹Weltgeschichtlichen Betrachtungen› in diesem Brief Blick und Aufgabe des geborenen Historikers abgegrenzt gegenüber dem Philosophen; und hat übrigens auch für die Dichter gesprochen, die denken, allenfalls, was sie gesehen haben. Während die Philosophen – umgekehrt – «sogar» das zu sehen vermögen, was sie *nur* gedacht haben: so *sah* tatsächlich Hegel – wer wollte ihm das abstreiten – Vernunft in der Geschichte, weil er gedacht hatte, die sei in ihr. Dichter dagegen haben schon früh, da unfähig, ein philosophisches Denkgebäude zu errichten, aus der Anschauung von Meer, Tieren, Pflanzen auf die *Natur* auch des Menschen Rückschlüsse gezogen. Was zu der dem Christentum und auch jeder weltlichen Ideologie absolut unerträglichen Einsicht führen mußte, sogar die Geschichte des Menschen sei *Natur*-Geschichte! Das heißt, auch sie habe – erkennbar, jedenfalls – einen nur physischen Verlauf, aber keinen metaphysischen. Wen diese Frage –

denn wir fragen ja nur, wie sollten wir wissen! – als purer Bestialismus kränkt, der kommt nicht daran vorbei, sich einer die Menschenwürde noch stärker beleidigenden zu stellen, die zuerst Kant 1784 aufgeworfen hat und die dann am 6.8.1945 mit dem Abwurf der Atombombe positiv beantwortet wurde, da seit Nagasaki – der zweiten Atombombe – bis heute keine weitere gegen Menschen eingesetzt worden ist; Kant hat gefragt, anläßlich seiner ‹Idee zu einer allgemeinen Geschichte in weltbürgerlicher Absicht›, ob nicht die *Natur* es übernehmen müsse, aus den gleichen Motiven, aus denen Tiere gleicher Gattung – wenigstens dann, wenn sie sich auch gleich stark fühlen – einander schonen, durch die Weiterentwicklung unwiderstehlicher Waffen den Krieg abzuschaffen und die Menschheit zu dem – so wörtlich Kant – «Völkerbund» hinzutreiben? Kant fragte, da man am Ende nicht wisse, «was man sich von unserer auf ihre Vorzüge so eingebildeten Gattung für einen Begriff machen soll. Es ist hier keine Auskunft für den Philosophen, als [die], da er bei Menschen und ihrem Spiele im Großen gar keine vernünftige *eigene Absicht* voraussetzen kann, daß er versucht, ob er nicht eine *Naturabsicht* in diesem widersinnigen Gange menschlicher Dinge entdecken könnte; aus welcher von Geschöpfen, die ohne eigenen Plan verfahren, dennoch eine Geschichte nach einem bestimmten Plan der Natur möglich sei.» So wie Kant offensichtlich der Vernunft, der Seele, der Moralität des Menschen nicht zutraute, ‹Zum Ewigen Frieden› zu gelangen. Diese Schrift von 1795 kennt jeder. Doch niemand sagt, daß auch in ihr Kant der – wörtlich – «großen Künstlerin Natur…, aus deren mechanischem Laufe sichtbarlich Zweckmäßigkeit hervorleuchtet, durch die *Zwie*tracht der Menschen *Ein*tracht, selbst wider ihrem Willen, emporkommen zu lassen» –, daß er *allein* der Natur «diese Gewähr, Garantie» zu Völkerbund und Frieden zutraut, um endlich doch noch die Humanisierung der Geschichte zu bewirken: allein aus Angst, aus dem Instinkt. So hat vermutlich allein Hiroshima bewirkt, daß schon vierzig Jahre lang aus kaltem kein heißer Krieg wurde zwischen den Inhabern der Wasserstoffbombe.

Herder schreibt in den ‹Ideen› ähnliches wie Kant, ohne zu sagen, wo er's – fast wörtlich – gestohlen hat. Kant: «Der menschenfressende Krieg war jahrhundertelang ein rohes Räuberhandwerk… An diesem verderblichen Handwerk aber ward, gleichsam wider Willen der Menschen, die Kriegskunst erfunden, denn die Erfinder sahen nicht ein, daß damit der Grund des Krieges selbst untergraben würde.»

Nicht allein Ideologen haben Mühe, Gekränktsein zurückzustellen, wenn gefragt wird, ob nicht auch Menschengeschichte – Naturgeschichte sei! Denn von uns allen, ob wir nun so arrogant sind, Gottes Ebenbild oder auch nur Träger einer weltlich eschatologischen, angeblich überzeitlich, übervölkisch gültigen Mission sein zu wollen, zum Beispiel der des Klassenkampfes oder der Europa-Idee oder früher der Schlagworte «Seegeltung – Weltgeltung» oder «Volk ohne Raum» oder «Heim ins Reich» –: vom «Ebenbild Gottes» – was für eine Blasphemie! – als Ideenträger «darf» ja nicht gesagt werden, auch *sein* Leben sei – vielleicht – wie das Leben seiner Hunde, seiner Bäume identisch mit dem Erdenleben.

Mir ist nie klargeworden, womit Ranke sich den Ruf zugezogen hat, ein christlicher Historiker zu sein. Denn dem König Max gegenüber hat Ranke zwar seinen berühmten Satz geprägt, jede Epoche sei unmittelbar zu Gott, aber doch nur um zu betonen, daß Epochen *nicht* im Sinne Hegels ihren festgelegten Stellenwert in einem vorbestimmten Entwicklungsprozeß haben. Genau so sah Goethe aufs Leben, während er die Geschichte abtat als – wörtlich: «Das Absurdeste, was es gibt.» Er sagte: man reise, um zu reisen, nicht um anzukommen. Oder: «Nicht insofern der Mensch etwas zurückläßt, sondern indem er wirkt und andere... anregt, bleibt er von Bedeutung. Es kommt offenbar im Leben aufs Leben und nicht auf ein Resultat desselben an.» So Ranke zum König: «Jede Epoche ist unmittelbar zu Gott, und ihr Wert beruht gar nicht auf dem, was aus ihr hervorgeht, sondern in ihrer Existenz selbst.»

Und Ranke betonte, nur ein materieller, keineswegs aber ein moralischer Fortschritt sei festzustellen, auch kein kultureller. «Es wäre lächerlich», sagte er zum König, «ein größerer Epiker sein zu wollen als Homer oder ein größerer Tragiker als Sophokles.» Auch unter leitenden Ideen könne er nichts anderes verstehen als die jeweils vorherrschenden, doch immer wechselnden «Tendenzen in jedem Jahrhundert» – so verschieden voneinander und so vorübergehend wie die Jahrhunderte selber. Als der König – denn einigen der Vorlesungen schloß sich eine ebenfalls mitstenografierte Diskussion an – insistierte, ob man aber nicht doch annehmen dürfe, «daß die Vorsehung, unbeschadet der freien Selbstbestimmung des Einzelnen, der Menschheit im ganzen ein gewisses Ziel gesteckt hat», antwortete der Pfarrersohn: «Dies ist eine kosmopolitische Hypothese, die man aber nicht historisch nachweisen kann. Wir haben hierfür zwar den Anspruch der Heiligen Schrift, wonach einst nur ein Hirt und eine Herde sein wird; aber bis jetzt hat sich dies noch nicht als der herrschende Gang der Weltgeschichte ausgewiesen.»

Löwith hat belegt, daß eben dies, ein sogenanntes «Heilsgeschehen» nichts ist als die fixe, durch keinerlei Anschauung historischer Fakten gestützte Idee ausnahmslos *aller* geschichtsphilosophischen Interpretationen von Augustin bis Marx. Und daß diese Idee einen und denselben Ursprung hat: den Einfall Jesu Christi, die Menschheit sei unterwegs zu einem einheitlichen Ziel, dem Reich Gottes.

Konsequent, daß Jesus auch *das* Urwort der Intoleranz geprägt hat, dem früher der religiöse, später der politische Totalitarismus entsprang: «Niemand kommt zum Vater denn durch mich.»

Keiner sonst hat so endgültig das Christentum und seine beiden urwaldhaft wuchernden Ableger, Hegels Geschichtsphilosophie und Marxismus, die alle drei sich darin einig sind, ein überindividuelles Element vorauszusetzen, das sich trotz aller historischen Niederbrüche fortschrittlich *einem* Ziel zubewege, dem himmlischen oder weltlichen Heil – niemand hat diesen Einfall so komprimiert als absurd ausgewiesen wie Oswald Spengler in seinem Absagebrief vom 5. 1. 19 auf die Frage, ob er in Göttingen einen Lehrstuhl übernehmen wolle: «Hegel», schreibt Spengler, «stützte sich noch ganz auf ein traditionelles Geschichtsbild (Altertum – Mittelalter – Neuzeit). Gerade das unermeßliche historische Wissen führt endlich mit Notwendigkeit zur Einsicht in das Nichts – goethisch-künstlerisch gesagt –, in das zwecklose Spiel der lebendigen Natur... Der Stand des Wissens (Hegels) um 1820 rechtfertigte noch den Glauben an etwas Absolutes ‹hinter› den einmalig-individuellen historischen Ereignissen.

Indessen sehen wir heute Indien und China und Mexico mit ihren erstorbenen Kulturen. Was hat von den höchsten Gütern der Antike zur Zeit der islamischen Herrschaft noch *gewirkt*?... Welches war die Weltlage um 700 n. Chr. etwa? Ägypten und Babylon waren verschollen. Von der Antike haben sich winzige Reste, ein paar Bauten und Manuskripte erhalten... Daß die Kirche das geringste von antikem Sein... bewahrt hätte, ist ein Irrtum. Hier ist es der ungeheure Zufall, daß auf dem Boden Westeuropas eine Kultur entsteht, völlig selbständig, zu deren innersten seelischen Bedürfnissen die Macht über die Zeit, in Bezug auf die Vergangenheit in Form des *Wissens* gehört. Was wäre ohne diesen Zufall aus unserer überindividuellen Idee von der ‹fortschreitenden Kultur der Menschheit› geworden? Sie ist vielmehr als Postulat erst jetzt entstanden... Daß *innerhalb* jeder Kultur für sich und also im Abendlande seit 1000 eine fortschreitende Entwicklung vorhanden ist, gehört für mich zum Wesen einer Kultur. Aber es ist eine Verwechslung, diese Entwicklung rückwärts über eine geschlossene Reihe von Kulturen hinweg zu verlängern und also auch vorwärts in eine vermeintlich geradlinig weitergehende Geschichte erstrecken zu wollen. Der Relativismus bezieht sich nicht auf eine Einzelkultur, sondern auf das in unserem Seelentum tief begründete Phantom einer Gesamtkultur.»

Daß Spengler sich bei seiner in den Augen des Christen wie des Marxisten gleichermaßen verächtlichen «Denunziation» auch der menschlichen Geschichte als eines letztlich nur «schönen, zwecklosen Spiels der lebendigen Natur» auf Goethe berief («von ihm und seinen Urphänomenen hab ich denn auch den Gedanken der selbständigen, pflanzenhaften Kulturindividuen») und daß Goethe «Gott-Natur» mit Bindestrich schrieb und schrieb: «Es ist mit der Geschichte wie mit der Natur... die Menschen sind als Organe ihres Jahrhunderts anzusprechen, die sich meist unbewußt bewegen»; und sagte: Natur und Kunst sind zu groß, um auf Zwecke auszugehen – dies alles bestätigt, daß auch kein Ziel ist. Denn «natürlich» kann auch kein Ziel haben, was keinen Zweck hat, sondern «nur» – nur in Anführungsstriche – «nur» ein Sein. Dies entspricht der Ansicht auch der Naturwissenschaftler. Einstein: «Für den Naturwissenschaftler gibt es nur ein Sein... vor allem kein Ziel.» Und Dr. med Georg Büchner, seine Breitseite gegen Hegel, sagte in seiner Zürcher Vorlesung über die Schädelnerven:

«Die Natur... reibt sich nicht in einer unendlichen Reihe von Zwecken auf, von denen der eine den anderen bedingt; sondern sie ist in allen ihren Äußerungen sich unmittelbar selbst genug. Alles, was ist, ist um seiner selbst willen da. Das Gesetz dieses Seins zu suchen, ist das Ziel der der teleologischen gegenüberstehenden Ansicht, die ich die *philosophische* nennen will... Wo die teleologische Schule mit ihrer Antwort fertig ist, fängt die Frage für die philosophische an... Die Frage nach einem solchen Gesetz führt zu... dem Dogmatismus des Vernunftphilosophen. Daß es bis jetzt gelungen sei, zwischen letzterem und dem Naturleben, das wir unmittelbar wahrnehmen, eine Brücke zu schlagen, muß die Kritik verneinen. Die Philosophie... muß sich mit der Resignation begnügen, bei dem Streben handle es sich nicht um die Erreichung des Ziels, sondern um das Streben selbst.»

Schopenhauer gründete sein ganzes Denken auf diese Einsicht: «Jeder einzelne Akt hat einen Zweck, das gesamte Wollen keinen... In der Tat gehört Abwesenheit allen Zieles, aller Grenzen zum Wesen des Willens an sich, der ein endloses Streben ist... bei offenbarer Unmöglichkeit eines letzten Zieles.»

Daß Nahziele immer wieder erreicht wurden, ein Endziel bisher aber nicht, ist im Hinblick auf die jahrtausendlange Strecke, die Menschen bisher schon zurückgelegt haben, als ein *Gesetz* anzuerkennen. Nahziele werden erreicht, weil es sie gibt. Ein Nahziel vom Rang einer großen Menschheitsaufgabe war die Streichung Hitler-Deutschlands von der Karte – und es wurde erreicht, obwohl der Weg nach Berlin, wo allein der Installateur von Auschwitz noch totzutreten war, Hekatomben unschuldiger Opfer kostete. Ein großes – aber doch, in der Geschichte auch nur des Abendlandes, ein partielles und nichts weniger als ein «End»-Ziel; Endziel war diese Tat nur für die Generation, die sie leistete und die der nächsten, wie das noch stets war, schon mit den Beschlüssen von Jalta und Potsdam und dem daraus resultierenden Eisernen Vorhang den Kummer vererbte, daß – wie Marx klagt – «die alte Scheiße von vorne» beginnt.

Ausgerechnet auf dem Gipfel der wilhelminisch-deutschen Fortschritts-Blasphemie ernüchterte in seiner Kaiser-Geburtstagsrede 1897 der Philologe und Historiker Wilamowitz die Göttinger Studenten, indem er ihnen die Frage stellte. «Steigt denn aber nicht die Entwickelung der Welt und ihrer Kultur in einer kontinuierlichen Bahn, sei's geradlinig, sei's in der Spirale, künftiger Vollkommenheit und Glückseligkeit entgegen?»

Wilamowitz nennt seinen sehr bedeutenden Vortrag ‹Weltperioden› – und fraglos verdankt Spengler ihm «seine» Grundlagen, schnöderweise ohne das dankbar angemerkt zu haben. Wilamowitz: «Es bedarf gar keiner Spekulation: Die Kultur kann sterben, denn sie ist mindestens einmal gestorben. Der Schakal heult in Ephesos, wo Heraklit und Paulus gepredigt hatten; in den Marmorhallen von hundert kleinasiatischen Städten wuchern die Dornen und kauern nur vereinzelt verkümmerte Barbaren; Wüstensand wirbelt über dem Göttergarten Kyrenes. Doch wozu Bilder aus der Ferne? Wer einmal mit Nachdenken über das Forum Romanum gewandert ist, muß innegeworden sein, daß der Glaube an den ewigen kontinuierlichen Fortschritt ein Wahn ist... niemand kann leugnen, daß die Weltgeschichte um 300 an einem der Wendepunkte... gestanden hat, daß sich ein Ring an der Kette der Ewigkeit schloß, und wo äußerlich Kontinuität zu sein scheint, in Wahrheit nur ein neuer Ring sich mit dem vorigen berührt. Der Inhalt der um 300 abgeschlossenen Periode ist das s. g. klassische Altertum.»

Wir zitieren nicht zuletzt deshalb so ausgiebig aus diesem verschollenen Vortrag, weil das Schicksal seines Autors, der von 1897 bis 1931 in der Kapitale des Wilhelminischen Deutschland und der der ersten Republik als der meistgerühmte Kenner der Antike wie ein geistiger Imperator residierte, paradigmatisch ist wie das Schicksal dieses Vortrags selber und wie das, was er aussagt: Autor, Vortrag, der Standort des Betrachters wie die Betrachtung belegen, wie erbarmungslos das Gesetz der Vergänglichkeit *zuerst* an den Höchstwerten einer Zivilisation vollstreckt wird – von *wem*? Die Entdeckung der «Weltperioden» war eine geistige Pioniertat ersten Ranges – doch verhalf sie diesem Vortrag nicht dazu, im Lande der größten Buchproduktion noch einmal gedruckt zu werden! Auch ahnte – über diese Entdeckung hinaus - Wilamowitz damals, daß sein Wilhelminisches Berlin dem spätantiken Alexandreia entsprach. Dreißig Jahre vor Brecht scheint dessen faszinierendster Vers wie ein Wasserzeichen durch jedes Blatt dieser Weltperioden-Analyse: «Von diesen Städten wird bleiben: der durch sie hindurchging, der Wind!» Eine Zeile, die fast wörtlich immer wieder vorweggenommen ist in der der Bilanz des Königs von Jerusalem: «In den Wind gearbeitet.» Und ein Beleg, daß Potenzverschleiß die einzige konstante Aufgabe der Geschichte ist. Was wechselt, und zwar mit jeder Generation wechselt, ist allein die jeweilige Zielsetzung, das, was jeweils eine Generation – meist im Widerspruch zu der vorangegangen und zu der ihr folgenden – als *ihr* Ziel ernst nimmt. Sie benötigt es, um sich für seine «Erreichung» zu verschleißen. Dieses sich Verschleißen ist ihre Lebensaufgabe.

Denn Beschäftigungstherapie, die zum Tode führt, ist die Geschichte.

Nicht der Grad der Intelligenz wechselt von Generation zu Generation, der bleibt konstant wie die Leistungskraft; nicht die Intelligenz entscheidet über das Geschick einer Generation, sondern die *Ideen* entscheiden, die ihr einprogrammiert wurden. Einprogrammiert von *wem*? «Wie die Vögel mit einem Strick gefangen werden, so werden auch die Menschen berückt zur bösen Zeit, wenn sie plötzlich über sie fällt» (Prediger Salomo 9,12). Und diese Ideen, sagt Salomo, sind die eigentlichen Wirkstoffe im Organismus der Geschichte, seine Bakterien – unentbehrlich positive vom Standpunkt der Sieger, bloße Krankheitserreger vom Standpunkt der Opfer, die freilich nur selten mehr Gelegenheit haben, Geschichte zu schreiben. Würde Geschichte aus der Sicht derer geschrieben, die dem Wirkstoff, den Ideen, ihren letalen Abgang verdanken, sie wäre eine Krankengeschichte; wenn aber Ideen, nicht Menschen, die stärksten Auslöser geschichtlicher Bewegungen sind, so wäre auch Geschichte vorwiegend Geistesgeschichte oder – logisch vom Standpunkt der Opfer – Geschichte der Geisteskrankheit. Dieser Aspekt ist sowenig gültig wie *jede* Totalanschauung, jedoch als Teilaspekt jeder Betrachtung unentbehrlich. Und entspricht übrigens jenem halben Satz Jacob Burckhardts, der nie mitzitiert wird, wenn man – wie häufig – aus den ‹Weltgeschichtlichen Betrachtungen› anführt. «*Unser* Ausgangspunkt» – *Unser* hat Burckhardt unterstrichen – «ist der vom einzigen bleibenden und für uns möglichen Zentrum, vom duldenden, strebenden und handelnden Menschen, wie er ist und immer war und sein wird; daher» – dies nie zitiert – «unsere Betrachtung gewissermaßen pathologisch sein wird.»

Unsere Ur-Großväter – zum Beispiel – waren nicht weniger geschichtekundig als wir, während sie glaubten und sich dafür aufrieben, daß ein europäischer Staat ohne Kolonien buchstäblich verhungern werde; daß folglich «Seegeltung» Voraussetzung sei für «Weltgeltung» und diese wiederum für eine europäische Macht *die* Überlebensvoraussetzung. Sie kannten – viel genauer als wir – jede Einzelheit aus der Antike, und dennoch waren sie fest überzeugt, Großbritannien und Kaiser-Deutschland hätten nichts «Lebenswichtigeres» zu tun als eben Weltmächte, folglich See-Mächte zu werden. Sie *wußten*, daß die Athener sich genau in *dem* Moment ihrer Geschichte, als sie dies auch geglaubt und die Sizilische Expedition gestartet – runiert hatten; sie *wußten*, wie Spanien und Portugal sich durch Expandieren – ruiniert hatten.

Aber, wie es im Prediger Salomo heißt: Wissen hilft zur Klugheit nicht. Der alte Wilhelm Liebknecht, wahrscheinlich weil er *der* Generation, die diesen Blödsinn veranstaltete, nicht mehr angehörte, sah das Gleichnishafte in diesem Beginnen und warnte noch im Reichstag – ohne ernst genommen zu werden, versteht sich. Er fragte höhnisch, was denn nun stimme: *Hier* werde gesagt, Deutschland müsse Panzerkreuzer bauen, um seine überseeischen Besitzungen zu schützen – aber *dort* werde gesagt, Deutschland müsse überseeische Besitzungen erwerben, um seine Panzerkreuzer zu versorgen... Auch der gestürzte Bismarck warnte ungehört. Als ihn zwei Jahre vor seinem Tode der damals berühmte «Kolonialreisende» Wolf besuchte, fragte der alte Mann, was denn Wolf in China zu suchen habe. «Durchlaucht, ich bin der Ansicht, daß wir Niederlassungen und Stützpunkte im Auslande brauchen, speziell am Roten Meer, im Indischen Ozean, im Chinesischen Meer...» Wolf nannte weiterhin «speziell einen Punkt an der asiatischen Küste des Roten Meeres unweit Aden, einen, angrenzend an die Besitzungen der Holländer unweit Singapore, einen unter der Botmäßigkeit des Königs von Siam, an der westlichen Küste der Malayischen Halbinsel zur Durchführung eines maritimen Kanals, ähnlich dem Suezkanal, und last not least Stützpunkte an der chinesischen Küste, entweder Makao oder die Chusan-Inseln, endlich eine Enklave bei Ningpo.»

Da Wolf selber dieses Gespräch mit Bismarck aufzeichnete, hatte er natürlich kein Gehör für die finale Ironie, die in Bismarcks hellsichtiger und abweisender Antwort lag: «Das ist viel in einem Atem.» Bismarck stand bereits dort, wo man nicht mehr widerspricht – in den ‹*Wanderjahren*› heißt es erschreckend: «Wenn man weiß, worauf alles ankommt, hört man auf, gesprächig zu sein.»

Noch schroffer reagierte der Zweiundachtzigjährige ein Jahr später – «(er sah mich mit einem vernichtenden Blick an und grollte los): ich bin kein Kater, der Funken gibt, wenn man ihn streichelt» –, als der neuernannte Staatssekretär des Marineamtes ihm vom Kaiser ins Haus geschickt wurde; Tirpitz sollte den Segen des Meisterfahrenen unter den Lebenden für Seiner Majestät Flottenbauprogramm einholen, welches später dann bewirkt hat – und weiter hat es überhaupt nichts bewirkt –, die jahrhundertelang friedlich gewesenen Beziehungen zwischen England und Deutschland zu vergiften. Daß mit dieser Flotte und ihren Stützpunkten die zwei damals führenden Mächte gegeneinander gehetzt wurden – geschah allein zwecks Abbau Europas als der weltgebietenden Macht. (Oder weiß jemand einen *anderen* Zweck dieses Ersten Weltkriegs?)

Bismarck las bei diesem Besuch das Menetekel an der Wand und wies darauf hin, aber sein Besucher, ein intelligenter Mann, konnte es nicht erkennen. Warum nicht?

Er sagte dem alten Mann bescheiden, ehrfürchtig, umsichtig, das einzig wirksame Mittel, eine Tragödie zu verhindern, sei... und nun zählte er genau *jene* Punkte auf, in denen Bismarck die *Ursachen* für die heraufziehende Tragödie erkannte. Beider Herzenswunsch war die Stärkung Deutschlands – da sie aber durch *eine* Generation getrennt waren, so waren sie weiter voneinander entfernt als der Mars von der Erde.

Und die geistigen Eliten der Nationen sind ganz genau so verblendet durch den Glanz, der für sie ausstrahlt von dem, was jeweils eine Generation als *ihre* Lebensaufgabe ansieht – diese sehr verständliche Lockung ist der Lebenstrieb selber. So sagte im gleichen Jahr, in dem Tirpitz bei Bismarck war, Max Weber in seiner Antrittsvorlesung: wolle das Reich künftig auf Weltpolitik verzichten, so hätte es «auf seine alten Tage die Reichsgründung unterlassen sollen». Es war der direkte Verrat an Bismarcks Vermächtnis, kontinentale Politik zu machen, statt uns durch Flotte und Kolonien England auf den Hals zu ziehen...

Auch dies ist ein historisches Gesetz: daß jede Generation den Konfliktstoff, der nötig ist, um ihre Potenzen abzubauen, erst selber aufhäufen muß. Bismarck sah voraus – weil er im Gegensatz zu seinem Besucher nicht mehr der Täter war, sondern nur mehr der Zuschauer, und Blindsein ist eine Eigenschaft der Tatmenschen, eine Erfahrung, die Bismarck selber, solange er tätig war, auch gemacht hatte, zum Beispiel beim Berliner Kongreß, wo er besten Willens und mit äußerster Umsicht die Axt an die Wurzel des eigenen Werkes gelegt hatte – jetzt sah er in dieser Flottenbausucht die Aufhäufung der Konfliktstoffe. Sein letztes Wort an den Kaiser, das ihm auszurichten sei: er wünsche nur noch allein gelassen zu werden, «to be let alone». (Wegen des anwesenden Kutschers sprach man englisch.)

Und da *jede* Generation diese Beschäftigungstherapie braucht und immer auch ein Mittel findet, um ihre Vitalität zu Tode abzureagieren, so beschäftigten sich die zwei machtvollsten Staaten der Gegenwart, so wie die beiden damals machtvollsten sich mit Flotten und Kolonien beschäftigten, mit Weltraumfahrt. Die maßgebenden Herren in den USA wie in Rußland konnten zweifellos ebenso beredt und detailkundig und «vorausblickend», wie einst Tirpitz dem alten Bismarck die unabdingbare «Notwendigkeit» seiner Flotte begründete, zu Zeiten Wernher von Brauns begründen, warum die größten Kraftaufschwünge der Nation der «Erforschung» eines Gebietes, auf dem kein Leben ist und keines möglich sein kann, gewidmet werden *«müssen»*. Dieser Mondflug-Wahn – denn nur Fernziele, niemals Nahziele, beschäftigen auch, was so wichtig ist, die Phantasie – verschliß die Energien der Großmächte in einem Ausmaß, das den bewaffneten Konflikt zwischen ihnen – der ja vor der Atombombe stets das bedeutsamste Mittel zum unumgänglichen Kräfteabbau jeder Generation gewesen war – überflüssig machte. Es gibt also zweifellos gefährlichere Wahn-Ideen als den Mondflug-Wahn, wenn auch vielleicht keine riskanteren als seinen Ableger: das SDI-Programm.

Im Brief an Schiller (9.3.1802) hält Goethe für die gesamte Ära Ludwigs XVI. und der Revolution nur das *eine* Bild für adäquat: «Im ganzen», schreibt er, «ist es der ungeheure Anblick von Bächen und Strömen, die sich, nach Naturnotwendigkeit, von vielen Höhen und aus vielen Tälern, gegeneinander stürzen und endlich das Übersteigen eines großen Flusses und eine Überschwemmung veranlassen, in der zu Grunde geht, wer sie vorgesehen hat so gut, als der sie nicht ahndete. Man sieht in dieser ungeheuren Empirie nichts als Natur und nichts von dem, was wir Philosophen so gern Freiheit nennen möchten.» Wie hat es mich angerührt, in den historischen Fragmenten Burckhardts, *auch* die Wasserwogen oder das Meer als Abbilder seiner Geschichtsauffassung wiederzufinden! Nicht nur in seinem bestürzenden Aphorismus, den er am 6.11.67 in seine Vorlesung über das Revolutionszeitalter eintrug: «Wir möchten gerne die Welle kennen, auf welcher wir im Ozean treiben, allein wir sind diese Welle selbst.» Sondern dort, wo er am 4.5.71 das Verfahren der Seemaler für das auch dem Historiker einzig mögliche Auswahl-Prinzip erklärt: «Jede Begrenzung», schreibt Burckhardt, «ist an sich bloß um der Notwendigkeit willen da; es ist immer Willkür dabei, aus dem Wellenmeer der Weltgeschichte, beginnend von der fernsten Vergangenheit und auslaufend in die fernste Zukunft, von der wir ja doch nichts wissen, nur Eine Folge oder Ansicht von Wellen loszutrennen, und doch verfährt schon der Seemaler nicht anders... Von allen Wissenschaften ist die Geschichte die unwissenschaftlichste, da sie am wenigsten eine sichere... Methode der Auswahl besitzt; kritische Forschung hat eine sehr bestimmte Methode, aber die Darstellung nicht...» Und Burckhardt schließt diesen Exkurs, als er davor warnt, sich für objektiv zu halten, wieder mit dem Bild des Meeres: «Das Einmischen des Wünschbaren in die Weltgeschichte ist, als ob auf dem Meere der Zeiten Eine Welle das Maul brauchen wollte gegen alle übrigen Wellen...» Dennoch: Dem das Leben entstammt, das Meer, siebzig Prozent der Oberfläche unsres Planeten: kommt in der deutschen Philosophie nicht vor! Allein dem Friesen Jaspers stellt das Meer «die Forderung, es aushalten zu können, daß nirgends der feste Boden ist, aber gerade dadurch der Grund der Dinge spricht...» Und wenn Burckhardt schreibt: «Jahrhunderte haben das Aussehen von Strömen, Stürmen, Feuerflammen»: So ist – wörtlich – das auch Goethes Bild, aus dem genannten Brief an Schiller: Goethe liest soeben gierig – «in den wenigen Tagen schon vier Bände dieses Werks durchgelesen» – historische und politische Memoiren aus dem Zeitalter Ludwigs XVI. Und schließt, ich wiederhole: «Man sieht in dieser ungeheuren Empirie nichts als Natur und nichts von dem, was wir Philosophen so gern Freiheit nennen möchten.»

Ich habe weder diesen Brief gekannt noch Burckhardts Empfehlung, wer Geschichte ansehe, der müsse verfahren wie der Seemaler, aber ich ließ mir 1964, als ich zum erstenmal nach Amerika reiste, an Bord der «France» erklären, *was* da einem Laien den Eindruck aufzwingt, die Natur, dort, wo sie am radikalsten *ist* und schafft und wirkt und bloßliegt: auf hoher See –, dort erläutere sie nicht nur sich selber am exaktesten, sondern auch die Antriebe und Abtriebe der Geschichte sogar des Menschen. Ich trug in meine ‹Atlantik-Novelle› ein: «Wie anders hätte Hegel gedacht, würde er je das Meer befahren haben, anstatt nur einmal bei Scheveningen eine Stunde an der holländischen Küste zu stehen und nichts hinzuschreiben als den *einen* dummen Satz: ‹Hier die unbegrenzte Nordsee, das deutsche Meer gesehen› (das *‹deutsche›!*). Denn da an Bord erklärt der Kommodore: ‹Der Mensch an Land nennt Seen *Wellen* und wählt damit den, wissenschaftlich gesprochen, exakten Ausdruck. Tatsächlich sind die aufgetürmten Wassermassen Wellen, die sich nicht vorwärts bewegen, wie es den Anschein hat, sondern sich stets an der Stelle wölben und ausatmen. Der Ozean ist eine gefüllte Schale, deren Inhalt sich an der Oberfläche nur dank Strömungen und Gezeiten in der Horizontalen bewegt... Nehmen Sie eine schwimmende Holzplanke, die keiner Windwirkung unterliegt, sie rührt sich beim Sturm nicht von der Stelle, sondern steigt und fällt mit den Wellen.›

Erstaunlich! Daß demnach selbst bei Taifunen noch die Wellenwalzen, zehntausendtonnenschwer, nicht *‹voran›*-kommen, sondern sich, Spasmen ohne Entzweck, Entkrampfung durch Erschöpfung, nur hoch- und abtoben; daß die Seen noch bei Orkanböen auf der Stelle anschwellen, steigen, sich bäumen, *um in sich selber* zusammenzubrechen – durchaus ohne Beziehung zu einem Ganzen, einem ‹Gesamtablauf›, den es offenbar in der Natur so wenig gibt wie in der – Geschichte. Vor allem und speziell – welche Signifikanz! – auch nicht in der menschlichen Natur während ihrer vitalsten Momente: im Akt! Der ja dem gleichen Gesetz unterliegt wie das Meer bei Sturm und deshalb ebenso ohne Ziel und Zweck ist, ohne Richtung gar auf ein überpersönliches Endziel, denn welches Lebewesen praktizierte den Akt nicht aus dem Trieb zur Lust und zur Ruhe auf Zeit, also aus Wiederholungszwang, demnach um seiner selbst willen, sondern ausschließlich mit dem Ziel der Zeugung? Und da der Mensch das Maß aller Dinge ist, außer auch für Trauer und Grausamkeit, die nicht selten das menschliche Maß übersteigen –, so ist die menschlichste aller Willensäußerungen, eben der Akt, auch Maßstab seines Willens überhaupt, also auch dessen, der Geschichte macht – ein unbewußter, nämlich naturgebundener, leider viel öfter als ein rationaler. Denn sonst bestimmte ja Vernunft die Geschichte, was jedoch außer *einem* Sterblichen, dem Professor Hegel, noch nie einem Menschen aufgefallen ist. So sind der Natur-Antrieb zum Akt und seine Zwecklosigkeit und seine endlosen Wiederholungen – endlos, ziellos, zwecklos wie die Wellen ans Ufer schlagen –, exemplarisch auch für den Willen der Geschichte oder sogar für den des Menschen in der Geschichte, was ja vielleicht keineswegs dasselbe ist: wie sollten wir das wissen! Geschichte jedenfalls ist insofern identisch mit dem Akt, als sie Aktion um ihrer selbst willen ist, nicht mit dem Ziel – sie hat keines –, doch mit dem Resultat des Potenzverschleißes, des Energie-Abbaus, wie ihn das Meer erst nach dem Sturm, wie unsre Weltkriege ihn erst mit dem Waffenstillstand ‹erreichen› – deshalb ‹erreichen› in Anführungsstrichen, weil *zumeist* ja nichts erreicht wurde; zuweilen – zugegeben – aber doch ein Ziel auf Zeit, zum Beispiel die Befreiung Europas von der braunen Pest, der deutschen Hitleritis, ein sehr großes Ziel, das *der* Generation, die dafür kämpfte und starb, sogar eine – im historischen Sinne – unsterbliche Lebensaufgabe zugewiesen hatte. Solche Befreiungstaten bleiben edle Ausnahmeleistungen – Ausnahmen wie das Kind, das einem Akt entspringt, dessen Entstehung aber überhaupt nichts zu tun hat mit dem Wiederholungszwang zum Akt. So wenig die Erledigung Hitlers in Berlin – die Erledigung überhaupt der Berlin-Probleme auch nur für jene Jahrgänger schon bedeutet hat, die in der Zuversicht dorthin marschiert waren, mit dem Ende in der Reichskanzlei sei das Ende der Tyrannei in Europa erreicht... Geschichtliche Aktionen, viele – nicht alle – um ihrer selbst willen, auch als Beschäftigungs-Therapie gingen weiter. Wie ja auch die erwähnte Holzplanke beim nächsten Sturm nicht von der Stelle rückt – so wenig wie beim vorigen. Denn wie der Akt um seiner selbst willen sich veranstaltet oder auch veranstaltet wird – wenn nämlich Unbewußtes überhaupt das Wort Willen verdient –, so die Aktion, die wir Geschichte nennen, und so auch der Atlantiksturm, der sich ja auch nicht veranstaltet oder veranstaltet wird, um das Stück Holz auch nur tausend Meter weiter zu werfen, geschweige denn einem Ziel zu oder gar einem Endziel...

Diese See jetzt, die dort machtvoll von einer neuen Böe getrieben sich gut sieben Meter noch über die anderen, ihr vorangegangenen und erloschenen, die peitschender Regen geduckt hatte, höher türmt – auch sie wird nach nur neunzig bis hundertzwanzig Metern, so nah die Entfernung von Kamm zu Kamm bei Nordatlantikstürmen, schon wieder verröchelt sein, ein spermaweiß bewimpeltes Ejakulat, nicht einmal um seiner selbst willen da, viel weniger noch uferwärts gerichtet, Zielen zu oder einem ‹Sinn›.»

Die antiken Denker, Küstenstädter, Meerbefahrer, konnten das anschauen, und ihrer keiner verfiel dem Fortschrittswahn. Aber die unseren? Hätten auch sie am Meer gewohnt – ist denkbar, sie hätten dann wie Hegel nach christlichem, wie Marx nach wirtschaftlichem Geschichtsschema der Verwirklichung der Vernunft auf Erden entgegengehofft und ein planvolles Ganzes, gar eine Leitidee ins Chaos der Geschichte hineingehegelt? Grotesker Beleg, wie recht Pascal mit seinem Aphorismus hatte: «All unser Nachdenken reduziert sich darauf, dem Gefühl nachzugeben» – ist die Tatsache, daß sogar ein am Meere wohnender Gelehrter, der Kieler Ordinarius Droysen (der ‹Alexander›-Biograph) noch 1846 hinschreiben konnte, nur weil er glauben *wollte* und deshalb sich nicht einmal *angesichts* der Wellen belehren ließ, daß die nicht «vorwärts» treiben, sondern auf der Stelle *bleiben*, durchaus also nur *sind* – nicht werden; Droysen aber behauptete das Gegenteil: «Unser Glaube gibt uns den Trost, daß eine Gotteshand uns trägt, daß sie die Geschichte leitet, große wie kleine. Und die Wissenschaft der Geschichte hat keine größere Aufgabe, als diesen Glauben zu rechtfertigen; darum ist sie Wissenschaft. Sie sieht und findet in jenem wüsten Wellengang eine Richtung, ein Ziel, einen Plan; sie lehrt uns Gottes Wege begreifen.» Weil Droysen das wollte, wie sein christliches Gefühl ihm befahl – so «sah» er das sogar! Und unterwarf sein «Denken» der Aufgabe, aus den Fakten der Geschichte jene herauszuklauben – und die anderen, die seinem Gefühl widersprechenden, zu ignorieren –, die diesen Glauben scheinbar rechtfertigen, ja ihn an diesen Fakten festmachen konnten.

Nietzsche, eine Generation jünger und nicht mehr gottbesessen, sagt deshalb nicht, daß Natur den Menschen steuere, weil er darüber hinaus geht, indem er festhält, der Mensch *sei* Natur: «Wir sprechen von Natur und vergessen *uns* dabei: wir selber sind Natur quand même. Folglich ist Natur etwas ganz anderes als das, was wir beim Nennen ihres Namens empfinden». Als er in Genua Wellen betrachtet, wird er gerade durch sie – so endgültig durch Wellen wie durch nichts anderes der sichtbaren Welt – derart geschockt, daß er das dort am Ufer Erschaute gar nicht auszusprechen, nur noch anzudeuten wagte. Er sah an Wellen, was vom Willen «bleibt» – *nichts*! Und sah sogar: «Ihr und ich, wir sind ja aus Einem Geschlecht! – Ihr und ich, wir haben ja Ein Geheimnis.»

Ein und *Einem* ließ er groß drucken. Welches *eine* Geschlecht, welches Geheimnis? Er beschreibt den Wellen- und Willen-Vorgang genau, doch die Deutung erspart er sich und – uns. Er nennt seinen Aphorismus ‹Wille und Welle›: «Wie gierig kommt diese Welle heran, als ob es etwas zu erreichen gälte! Wie kriecht sie mit furchterregender Hast in die innersten Winkel des felsigen Geklüftes hinein! Es scheint, sie will jemandem zuvorkommen; es scheint, daß dort etwas versteckt ist, das Wert, hohen Wert hat. – Und nun kommt sie zurück, etwas langsamer, immer noch ganz weiß vor Erregung – ist sie enttäuscht? Hat sie gefunden, was sie suchte? Stellt sie sich enttäuscht? – Aber schon naht eine andere Welle, gieriger und wilder noch als die erste, und auch ihre Seele scheint voll von Geheimnissen und dem Gelüste der Schatzgräberei zu sein. So leben die Wellen – so leben wir, die Wollenden! mehr sage ich nicht. –»

Das genügt uns ja auch! Denn «als ob es etwas zu erreichen gälte»: *Das* über unseren Willen wie über die Wellen gesagt – sagt es nicht *alles* über Geschichte, da doch sie, neben dem Akt, der höchste Ausdruck des stärksten menschlichen Willens ist? So haben auch Goethe und Büchner, die nicht als Denker, sondern als Naturwissenschaftler das Geschehen betrachteten, niemals mit Droysen «eine Richtung, ein Ziel, einen Plan» in «jenen wüsten Wellengang» *hineingehegelt*. Sondern Natur in ihm erschaut. Natur. Nichts anderes. Nichts angeblich «Höheres». Gottbezogenes allenfalls im Sinne des Pantheismus in jener ausgenüchterten Form, die Goethe den Bindestrich: Gott-Natur setzen ließ. Natur sogar noch als den Urquell historischer Tobsuchtsanfälle, die das Zeitalter Ludwigs des Letzten ebenso charakterisieren wie die – sogenannte «Große» – Revolution: «Nichts als Natur», wie Goethe diese beiden Epochen bezeichnete in seinem Brief an Schiller...

Hegel hat noch erfahren von Goethes Widerwillen gegen ihn und schrieb, als er ‹Farbenlehre› las, über Goethes «Haß auf den abstrakten Gedanken». Goethes Resümee «Man sieht nichts als Natur» ist wenig bekannt. Doch da jeder Goethes Warnung kennt: «Man suche nur nichts hinter den Phänomenen, sie selbst sind die Lehre» – darf man da nicht fragen, ob überhaupt eine Metaphysik der Geschichte, ihre Transzendenz – den Schlüssel zur Aufdeckung der historischen Abläufe liefern *können*? Ob wir uns nicht begnügen *müssen* mit der Betrachtung ihrer irdischen Erscheinungsformen? Napoleons Anweisung. «Mein Sohn soll Geschichte studieren, das ist die wahre Philosophie» war ja zweifellos auch so, im Sinne dieser Warnung Goethes gemeint: man suche *nichts* hinter den (historischen) Phänomenen, da *sie* die Lehre seien... *Welche* Lehre? Wer's wüßte – er hätte den Stein des Weisen.

Ich muß gestehen, die einzigen beiden historischen Konstanten, die *mir* aufgefallen sind, haben *keine* geistige oder religiöse, sondern eine nur natürliche Ursache: Erstens, daß die Geschichte auf Kraftverschleiß hinausläuft – ihr einziges «Endziel». Zweitens, daß nicht eine Religion oder Ideologie oder Verfassung das Verhalten einer Großmacht bestimmt, sondern ihre Größe.

Zur ersten Konstanten:

So wenig bisher ein Sterblicher den Sinn der Geschichte zu entdecken vermochte – entdecken heißt: aus den Fakten ablesen, nicht etwa als «frei schwebender Intellektueller», wie das spöttisch Hannah Arendt genannt hat, sich einfach einen angeblichen «Sinn» ausdenken, so wie ein anderer eine andere Sinngebung erfinden könnte –, so sehr fehlt bisher jeder Hinweis, daß die Geschehnisse jemals sub specie aeternitatis dorthin strebten, wohin nachweislich immer erneut – doch *dies* allein ist nachweislich – jede Generation gelangt ist: grabwärts, also zum Wiederabbau der Energien und Interessen aller Individuen und sogar dessen, was die geschaffen haben.

«Endziel» – das setzten wir also deshalb in Anführungsstriche, weil es natürlich ebenfalls wieder menschlichem Maß untersteht, das heißt: der Dauer, genauer: der Undauer, die an Lebensjahren jeweils nur *einer* Generation gewährt ist: Die nächste Generation findet ja nicht ausnahmsweise, sondern in der Regel das, was ihre Väter ernst nahmen, anstrebten, zum Beispiel für Deutschland die Ukraine zu erobern, nur noch kindisch…

Also auch Wert oder Nichtwert eines Zieles untersteht der gleichen Befristung wie ein Menschenleben. Nichts, wofür sich vor siebzig Jahren zuerst die Außenpolitiker Europas aufrieben, folglich dann ihre Söhne auf Schlachtfeldern verheizt haben, nimmt irgendwer von uns heute als Ziel noch ernst, gesetzt, er erinnerte sich noch der Ziele seiner Väter und Großväter.

Die zweite Konstante:

Daß nicht die Staatsform und ihre Ideologie das Verhalten der Staaten bestimmen, sondern ihre Größe. Also nicht, ob ein Staat Monarchie ist oder Volksrepublik, katholisch oder kommunistisch, bestimmt sein Verhalten, sondern das Ausmaß seiner Stärke. Katharina von Rußland und Josef Stalin ließen sich als Inhaber zweier Weltreiche zu genau der gleichen Außenpolitik bestimmen. Und der dreißigjährige Raubkrieg der Deutschen 1917 bis 1944, um den Russen die Ukraine abzufetzen, wurde zwar mit unterschiedlicher Grausamkeit von der Generation Wilhelms II. und der Hitlers geführt, aber aus genau dem gleichen, durch die Macht des Reiches *scheinbar-ermöglichten* Eroberungswillen; mithin nicht die Weltanschauung, nicht die Staatsformen Monarchie oder Diktatur brachten diesen Wahnsinn auf die Räder, sondern das Gefühl, der Größenwahn… So nahm Ludwig XIV. das Elsaß und verwandelte durch seinen Mélac die Pfalz in verbrannte Erde... Nicht ihre Staatsform, sondern allein die Ausartung ihrer Macht zur Übermacht hat ihr Verhalten gesteuert.

Resümee: Nichts hat sich geändert – nichts sich im Ozean der Geschichte während dieser – gleichsam – «Atlantik-Stürme» weiter weg von der Stelle bewegt als jene Holzplanke bei Windstärke neun. Der Sturm hat sich ausgeröchelt, der Macht-Akt seine Orgasmen gehabt. Vorbei. Einige hunderttausend Quadratkilometer Landes haben 1945 den Besitzer in Polen, Rußland, Deutschland gewechselt – was so gänzlich unerheblich geworden sein wird schon in wenigen Jahrzehnten, wie jene Lustseuche heute auskuriert ist, die dreihundert Jahre lang den Namen Elsaß-Lothringen führte und zwei sonst doch ziemlich kultivierte, aufgeklärte Völker, Franzosen und Deutsche, so zwecklos zu Veitstänzen der Machtausübung anheizte wie – ja: wie Atlantikstürme den Ozean aufregen, zum Zwecke offensichtlich, einem *Selbstzweck*: des Energie-Abbaus. Denn nichts, buchstäblich *nichts* hängt davon ab, ob Elsaß-Lothringen deutsch oder französisch ist... Generationen, die die Spleens pflegten, sie müßten ihre Söhne schlachten für dieses Nichts: sie haben sich dank dieses Spleens zu Tode gearbeitet, ihre Triebe abgetrabt... Burckhardt ging so weit, wie zitiert, nicht nur *sie selber*, die Geschichte, sondern auch noch ihre Betrachtung pathologisch zu nennen... Jedenfalls ist dieser Verschleiß kein geistiges, kein religiöses – er ist ein *Natur*phänomen! Die Intellektuellen, die diese Veitstänze mittanzen, unterscheiden sich von den anderen Mitläufern allein durch ihr Bemühen, ideologisch oder religiös zu formulieren, was auf das Plakat geschrieben werden soll, das die Macht vor sich herträgt. Ihr Gefühl ist ebenso bei der Sache wie das jener Mitmarschierer, die kaum lesen können – denn seit Schopenhauer wissen wir: Unser Denken ist unserem Gefühl, unserem *Willen* untertan, nicht wie man es wünschte umgekehrt: unsre Triebe dem Denken. «Der Geist ist die Magd des Willens...»

Aber sooft man diesen Verdacht auch nur in Frageform äußert: Ist Geschichte Naturgeschichte? – begegnet man automatisch dem Einwand, zum Beispiel Freiheitsstreben oder Kampf um Gerechtigkeit, kurzum: Das Ethische könne kein Naturprodukt sein! Doch es entspricht der Natur, den *Instinkten* in jedem Menschen, dazu bedarf es keiner Ethik – zum Beispiel den zu bekämpfen, der meine Freiheit drosselt. Oder in mein Revier eindringen will. Und es entspricht dem Instinkt, eine Waffe dann nicht mehr anzuwenden, wenn sie – zum Bumerang geworden – mich selber auch umbringt; was der Biene widerfährt, wenn sie sticht und endlich im Atomzeitalter auch uns Menschen. Doch haben wir diese Einsicht ja eben *nicht* unsren Religionen, Ideologien oder auch nur dem irdischen Sittengesetz abgelernt, sondern – wie 1784 von Kant vorausgesagt – der *Natur*, den Tieren, die ja von jeher die uns Menschen bisher fremden Hemmungen gehabt haben, sich an Gleichstarken zu vergreifen! Selbst Gleich*artige*, sofern sie nicht Menschen sind, sondern Tiere, töten einander nur selten...

Und allein natürliche, nicht staatspolitische Ursachen sahen auch Flaubert und Burckhardt im siebziger Krieg vor hundertzwanzig Jahren. An George Sand schrieb Flaubert – Tag nicht bezeichnet – 1870:

«Die Dummheit meiner Landsleute widert mich an, zerreißt mich. Die unheilbare Barbarei der Menschheit erfüllt mich mit düsterer Traurigkeit. Diese Begeisterung, die nicht durch eine Idee angefacht wird, erzeugt in mir den Wunsch zu sterben, um sie nicht mehr zu sehen.

Der gute Franzose will sich schlagen: 1. weil er sich von Preußen herausgefordert glaubt; 2. weil der natürliche Zustand des Menschen die Wildheit ist; 3. weil der Krieg ein mystisches Element birgt, das die Massen hinreißt.

Sind wir wieder bei den Rassenkriegen angelangt? Ich fürchte es. Das schreckliche Gemetzel, das sich vorbereitet, hat nicht einmal einen Vorwand. Es ist das Gelüst zu kämpfen, um zu kämpfen.

Ich beweine die gesprengten Brücken, die zerstörten Tunnel, all diese verlorene menschliche Arbeit, und überhaupt eine so radikale Verneinung.

Der Friedenskongreß hat augenblicklich unrecht. Die Zivilisation erscheint mir fern. Hobbes hatte recht. Homo homini lupus...

Der Bürger kann es nicht mehr aushalten. Er findet, daß Preußen zu unverschämt war und will ‹sich rächen›. Sie haben gehört, daß ein Herr der Kammer die Plünderung des Großherzogtums Baden vorgeschlagen hat. Ah' Warum kann ich nicht bei den Beduinen leben!»

Begeisterung, die nicht durch eine Idee angefacht wird und Wildheit als der natürliche Zustand des Menschen, und das mystische Element im Kriege, das die Massen hinreißt – wie nützlich, diese Belege auch bei diesem illusionslosesten aller Franzosen zu finden, der im nächsten Brief hinzusetzt:

«Das ist also der natürliche Mensch. Jetzt können Sie Theorien aufstellen. Rühmen Sie den Fortschritt, die Einsicht und den gesunden Menschenverstand der Massen und die Sanftheit des französischen Volkes. Ich versichere Ihnen, daß man halb totgeschlagen würde, wenn man sich einfallen ließe, den Frieden zu predigen. Was auch geschehen mag, wir sind ein großes Stück zurückgeschleudert. Vielleicht fangen jetzt die Rassenkriege wieder an.» Und dann Flauberts atemabklemmende Vorausschau: «Man wird, ehe ein Jahrhundert um ist, sehen, wie mehrere Millionen Menschen sich gegenseitig töten.»

Gleichzeitig schreibt Burckhardt am 20. Juli 1870 an Friedrich von Preen – und schreibt den gleichen Ursachen diesen Krieg zu.

«Und dann will mir scheinen, daß dieser Krieg, weit entfernt, einzelnen Verdrüssen zu entstammen, recht eigentlich in den Tiefen der Völkernaturen (welche nur eine höhere Potenz der Menschennaturen sind) seine Wurzel, Berechtigung und Unvermeidbarkeit hat... Oh, was für gewaltige Lichter strahlt jetzt der Philosoph aus!»

Den Namen Schopenhauer nennt Burckhardt deshalb fast nie, weil jeder seiner Bekannten wußte, für ihn gebe es nur diesen *einen*; so wie er ihn auch ein halbes Jahr später nicht nennt, als er schreibt: «Die Aktien des ‹Philosophen› steigen bald stark, während Hegel mit den diesjährigen Jubiläumsschriften» – August 1870 war Hegels hundertster Geburtstag gewesen – «als echter Jubilar seine definitive Retraite nehmen könnte.» Ganz schopenhauerisch wird Burckhardt dann, als ihm Nietzsche in Basel die Falschmeldung zuträgt, die Kommunarden hätten den Louvre verbrannt: «Ja, das Petroleum in den Kellern des Louvre und die Flammen in den übrigen Palästen sind auch eine Äußerung dessen, was der Philosoph ‹Willen zum Leben› heißt; es ist der letzte Wille verrückter Teufel, einen großen Eindruck auf die Welt zu machen; nach allem, was man seither in aufgefangenen Papieren usw. liest, war das Herostratische im Grunde die Haupttriebfeder. Und nun bauen sie Schulhäuser...»

Burckhardt hat in diesen Kriegsmonaten noch mehrfach *«den»* Philosophen – und keinen Autor sonst – zum Zeugen angerufen. Später aber, September 91, ein Jahr, nachdem Burckhardt die Leser bereits durch seine Wortfindung «Weltkrieg» aufschreckt – jedenfalls fand *ich* das Wort nirgendwo sonst vor 1890 –, da liest er: «... wieder von Anfang bis Ende den Prediger Salomonis... diesen Pessimisten. Es ist eines der erstaunlichsten Bücher und im Grunde ziemlich gottlos.»

Und diese zwei Philosophen, die allein Burckhardt über existentielle Fragen je ins Verhör genommen hat – der Prediger und Schopenhauer sind *die* beiden, bei denen sich mehr Belege dafür finden als in den Schriften aller anderen, das Verhalten des Menschen wie den Verlauf seines Erdenlebens als Produkt nur der *Natur*, der Triebe anzusehen, nicht aber irgendwelcher anderer Beweggründe... Die Natur, wenn nicht als große Lehrmeisterin, so doch als *die* Hervorbringerin auch der Geschichte – er hat es genau an *dem* Tag geschrieben, an dem er das zitierte «wir sind die Welle selbst» in seine Vorlesung eintrug. Er schließt da: «Aber zum Untergang ist die Menschheit noch nicht bestimmt, und die Natur schafft so gütig wie jemals.»

Also: Die Natur schafft! Jaspers hat dann zwar den wesentlichen Unterschied – ich glaube, ganz so wie Burckhardt – zwischen Natur und Geschichte darin gesehen, daß «die Geschichte der Natur ihrer selbst nicht bewußt (ist)». Fast wortgetreu sagt so auch Burckhardt: «... vermöge des erwachenden Bewußtseins» breche die Geschichte mit der Natur.

Aber ist *das* haltbar? Denn er fügt an: «Die Natur statuiert feindliche, kämpfende Organismen, die bei annähernd gleich hoher organischer Vollendung einander ausrotten, miteinander ums Dasein kämpfen. Auch die Menschengeschlechter im Naturzustand gehören noch hierher; ihre Existenz mag den Tierstaaten ähnlich gewesen sein. Die Geschichte dagegen ist der Bruch mit dieser Natur vermöge des erwachenden Bewußtseins.»

Halten zu Gnaden: welcher «Bruch»? Das ist leider nachweislich doch nur partiell der Fall. Und was die Schätzung des Bewußtseins als Regulativ betrifft – sollte nicht Burckhardt *auch* schon geahnt haben, ja verdrängt, daß unser Bewußtsein weniger die Macht hat, unsre Grausamkeiten zu bremsen, als uns scheinbar schlüssige Begründungen für unsere Grausamkeit zu liefern? Denn er schließt: «... zugleich aber bleibt noch immer genug vom Ursprünglichen übrig, um den Menschen als reißendes Tier zu zeichnen. Hohe Verfeinerung der Gesellschaft und des Staates besteht neben völliger

Garantielosigkeit des Individuums und neben beständigem Triebe, andere zu knechten»! Und wie hier Burckhardt gleich die Widerlegung seiner Aussage mitliefert, so kann doch auch Jaspers als Zeitgenosse von Auschwitz und Dresden nicht mehr ernst genommen haben, was er 1949 drucken ließ: «Die Geschichte der Natur ist... ein bloßes Geschehen, das sich nicht weiß, sondern von dem erst der Mensch weiß.» Was aber *weiß* denn der Mensch? «Bewußtsein und Absicht», die Jaspers ihm zugesteht, im Gegensatz zur Natur: Wie *wenig* weit reichen die denn? Wissen wir irgend etwas von Ziel und Zukunft? Über die Dauer (oder Undauer) je *einer* Generation hinaus wissen doch Menschen überhaupt nichts! Und was das Bewußtsein betrifft, von dem Burckhardt wie Jaspers erhofften, daß es uns *ent*tiere: Hat es nicht vielmehr geholfen, ermöglicht, ja *verursacht*, daß wir *ver*tierten? Daß der Wahn *eines* Dutzends, sie müßten noch 1940 Europa erobern, zum Sprit in Achtzigmillionen Deutschen wurde, der sie antrieb, nach der Pfeife dieses Dutzends zum Veitstanz in den Abgrund aufzumarschieren? Sollte das Geist ausgelöst haben – und nicht viel mehr jene Natur, die *auch* Lemminge produziert, auch *andere* Lemminge als jene, die 1939 wir Deutsche waren? Jene Natur, die ebenso unerklärlich zuweilen auch Höchstes schafft: Blumen, schöne Leiber, bunte Tiere, Sonnenuntergänge – und dann auch hilft, daß ihr geschicktestes Geschöpf, der Mensch, die Decke der Sixtina bemalt, die Fünfte Symphonie komponiert? So wie die Natur einst auch jene hervorbringen wird, die sie irgendwann wegbomben werden, die Sixtinische Kapelle. Oder die Beethoven verbieten – wie es ja in unseren Tagen der menschenreichste Staat zeitweise – *alles* ist nur zeitweise! – schon getan hat?

Und mühelos könnte man aus Burckhardt selber weitere Belege beibringen, daß ihm gerade dort, wo er die letzten Dinge streifte, die Geschichte *als Natur* wertvollste Aufschlüsse gab, ja er Aufschluß genau dort suchte, wo dann zwanzig Jahre nach seinem Tode, 1917, Spengler in seinem ersten Band *den* Schlüssel zur Eingangspforte in sein Buch ebenfalls aufzufinden hoffte: Im – so wörtlich Burckhardt – «Werden, Blühen und Vergehen... glücklicherweise sind in der Geschichte des Altertums einige Beispiele erhalten, wo wir das Werden, Blühen und Vergehen nach Hauptvorgängen und geistigen, politischen und ökonomischen Zuständen jeder Richtung verfolgen können, vor allem in der Geschichte Athens...»

Ich möchte nicht riskieren, eine «Welt ohne Transzendenz» zu propagieren, wie Holthusen seinen Essay über Thomas Manns ‹Doktor Faustus› nannte. Ich habe im Gegenteil selbst stets nach dem Grundgesetz Thomas Manns in seiner ‹Pariser Rechenschaft›: «Alles nur Stoffliche ist langweilig ohne ideelle Transparenz» – zu schreiben versucht. Aber ich sage doch: Auf die Geschichte trifft erstens zu, daß bis heute niemand eine Standortbestimmung für ihre Transzendenz vorzunehmen vermochte; und daß – zweitens – ihr «Stoffliches» auch ohne ideelle Transparenz niemals langweilig ist, denn ihr – in Anführungsstriche – «Stoff» ist, wieder mit Burckhardt zu sprechen, der duldende und handelnde Mensch. Und wenn Burckhardt hinzufügt: «wie er ist und immer war und sein wird» – so ist ja vielleicht dieser Zusatz bereits – Transzendenz! Es fiele mir nie ein, den zentralen Wert des Metaphysischen, ja seine Unersetzlichkeit für den seelischen Haushalt des Menschen zu leugnen; ich erinnere nur an die Briefe – wir haben zwei solcher Sammlungen –, die aus den Todeszellen von Plötzensee, von Stadelheim zum Schafott Verurteilte geschrieben haben: Belege, daß Religion jenen half, die sie hatten! Es ist gar keine Frage, daß wir – und ganz besonders angesichts des Menschen in der Geschichte, die ihn zerfetzt – wieder sehr gehemmt sind, alle Metaphysik so radikal zu verwerfen wie noch 1927 Sigmund Freud, der das freilich auch nur in einem Brief riskiert hat: «Ich weiß genau, wie sehr mich solche Denkart dem deutschen Kulturkreis fremd macht.» Aber «ich habe nicht nur kein Organ (‹Vermögen›) für sie, sondern auch keinen Respekt vor ihr. Im geheimen – laut darf man es ja nicht sagen – glaube ich, daß die Metaphysik einmal als ‹a nuisance› (Unfug), als Mißbrauch des Denkens, als ‹survival› (Überbleibsel) aus der Periode der religiösen Weltanschauung verachtet werden wird.»

Ich glaube das nicht. Ich habe aber gelernt: immer dort, wo geschichtliches Handeln der Transzendenz, der Utopie, den Ideen unterstellt wurde –, ging es noch erbarmungsloser, noch menschenunwürdiger zu als – *ein* Beispiel – in den je drei Kabinettskriegen Friedrichs und Bismarcks, die freilich auch nicht in Kabinetten ausgetragen wurden, sondern im Blutschlamm der Schlachtfelder, aber doch ohne zusätzliche Aufheizung durchs sogenannte «Religiöse»! Es bedurfte keiner Idee, sondern nur der natürlichen Zweckmäßigkeit, sich seiner Haut zu wehren, wie jedes Tier das tut – um beispielsweise wie die Alliierten nach Berlin zu marschieren, eine Befreiungsgroßtat, die schon allein jeden Pazifismus so verächtlich macht, wie es jetzt die Weigerung der UNO ist, die Kurden (weil die kein Öl haben) ebenso vor ihrem Abschlachter zu retten wie neulich die Kuwaitis... In Berlin, wo wir ja heute allein deshalb noch frei sprechen dürfen, weil ein von Hitler nie bedrohtes Volk, die Engländer Winston Churchills gegen ihn aufgestanden sind, um daran leerzubluten –, in Berlin trug verbotenerweise im Kriegsjahr 1943 der Oberstarzt Dr. Benn in seinen Essay ‹Geschichte› den überzeugendsten Beleg dafür ein, daß sie an Grausamkeit zunimmt in genau jenem Maß, in welchem sie sich entfernt vom Natürlichen, um sich vom Geist steuern zu lassen. Benn diagnostizierte, unerklärlicherweise ohne auch Marx mit aufzuzählen: «Hegel, Darwin, Nietzsche: sie wurden die tatsächliche Todesursache für viele Millionen. Gedanken töten, Worte sind verbrecherischer als irgendein Mord. Gedanken rächen sich an Helden und Herden...»

Das Trojanische Pferd. Glossen zur Geschichte

«Unsere Einbildungskraft kann nicht zählen. Und Gefühl wird durch Ziffern nicht stärker. Es kann immer nur bis Eins zählen. Eins – aber das ist genug, wenn man es wirklich spürt.»

Erich Maria Remarque, Zeit zu leben und Zeit zu sterben

«Man wird ihm, seiner Aufrichtigkeit, seiner Tapferkeit und seinem Leiden nur gerecht, wenn man ihn als Zeugen für viele begreift, ihn exemplarisch erfährt. Als Repräsentanten all derer, die ohne Schuld waren – ohne Schuld auch da, wo das geltende Gesetz sie schuldig sprach. Man wird diesem einen Toten nur gerecht, wenn man in ihm das große Schattenheer der auf gleiche Weise Getöteten sieht; wenn man keine Ruhe findet beim Fragen danach, warum die anderen überlebten. Seiner Person gilt das ‹Requiem›, weil man inmitten der namenlosen Masse der Gequälten und Gemordeten in ihm den Menschen mit den faßlichen Zügen, dem persönlichen Schicksal erkennt – und sich bewußt wird, daß auch den anderen ihre faßlichen Züge, ihr eigenes Schicksal zukam. Nun aber: Wenn er ganz gefaßt und ruhig war, als er sterben sollte – wie gefaßt und ruhig mögen fortan die gelebt haben, die schuldig waren an seinem Tod? Die drei Denunziantinnen und seine Richter.»

Peter Wapnewski, Karlrobert Kreiten, ich und wir

Das Trojanische Pferd oder Lemminge

Für die amerikanische Historikerin Barbara Tuchman ist der hölzerne Gaul, den nach zehnjähriger Belagerung durch die – scheinbar – abgezogenen Griechen die Trojaner in ihre Stadt zogen, das Symbol der rational nicht erklärbaren Tatsache, erstens: Daß Regierende immer wieder mit Kurzschlußhandlungen ihre meist begeistert mitlaufenden Völker in Katastrophen treiben. Zweitens: Daß die politische Vernunft «von Troja bis Vietnam» – so der Untertitel von Barbara Tuchmans Untersuchung – *keinen*, absolut keinen Fortschritt gemacht hat; so unendlich viele Fortschritte auf allen anderen Gebieten die Menschheit auch verzeichnen kann. Das ist so deprimierend wie es wahr sein wird. Am deprimierendsten: Wer dieser Tatsache nachsinnt – der hat so wenig wie Frau Tuchman eine Antwort, warum das so ist. Die Autorin spricht auch von Japans Angriff auf die USA-Flotte in Pearl Harbor, Dezember 1941. Wir Deutschen haben Grund – ganz besonderen – dieser Frage anläßlich des Überfalls nachzusinnen, den Hitler auf seinen durchaus loyalen Vertragspartner Stalin zu einem Zeitpunkt durch«führte», als er schon Churchill und dessen britisches Empire, noch völlig ungeschlagen, als Todfeind im Nacken hatte. Und Franklin Roosevelts Amerika, das entschlossen war, die Engländer zu retten, wenn nötig. Denn Barbara Tuchman schreibt nicht über politische Dummheit an sich und überall, sondern nur über jene Situationen, in denen den handelnden Verantwortlichen durchaus «erkennbar vernünftige Alternativen» offenstanden. Warum liefen sie plötzlich Amok? Wie weit gleicht der Mensch, gleichen Völker den – Lemmingen, die sich, unerklärbar, von den Klippen in den Tod stürzen? Die Geschichtswissenschaft hat es bis heute nicht zu ihrer Verbindung mit einer Ethologie des politischen Handelns gebracht. Deshalb kennen wir zwar ungefähr alle Ereignisse, aber zu den wenigsten auch die Beweg-«Gründe». Meist gab es keine, offenbar; jedenfalls keine rationalen. Das bestätigen auch zwei höchst erfahrene Politiker, die beide nicht gewußt haben – sondern ihre Erfahrungen sprechen ließen –, daß auch Schopenhauer diese Grundeinsicht hatte, daß nämlich «der Intellekt die Magd des Willens ist», also nicht unser Denken uns befiehlt, was wir tun, sondern unser Gefühl uns die Anweisungen des Verhaltens gibt. Und zwar auch den Klugen: Der Intelligente unterscheidet sich da vom Dümmeren allein durch die Tatsache, daß er sich intellektuelle «Begründungen» zurechtmacht, um vor sich selber zu rechtfertigen, daß er ebenso seinen Wünschen, also Gefühlen folgt statt seinem Verstand wie das törichteste Ladenmädchen. Bismarck resümierte 1892: «Das Gefühl ist, wenn es zur Entscheidung kommt, stärker und standhafter als der Verstand der Verständigen.»

Und so auch in einer konkreten politischen Situation vor dem Ersten Weltkrieg der langjährige britische Außenminister Grey, der 1906 zum deutschen Botschafter Metternich sagte: «Was ein Volk am häufigsten zur Teilnahme an einem Krieg treibt, ist nicht Politik oder Eigennutz, sondern das Gefühl; und wenn ein solcher Konflikt entstünde, würden die Engländer gefühlsmäßig so heftig Partei ergreifen, daß sie keine Neutralität duldeten.» Erstaunlich, denn weder der Kanzler noch der Lord haben, wie wir sagten, Schopenhauer gelesen, der genau ihre Erfahrung schon vorweggenommen hatte...

Lemminge

Die Briten, die Deutschen – noch neunzehnhundert
als *die* zwei Weltmächte verhaßt, weil bewundert:
folgten ökologisch-blind dem Zwang

sich zu ruinieren, denn ihr Drang,
Ideale, «Glauben», Volksvermögen, Blut
(jedes ihrer Schiffe «ruht».

längst als Schrott, meist ohne Kampf vertan)
an die Flotten zu vergeuden, war vom Wahn
gegenseitiger Bedrohung angeheizt.

Die war gar nicht möglich, doch gereizt
schuf der Wahn zum Schluß die Möglichkeiten,
Kieler Wochen, Cowes-Regatten zu Konflikten auszuweiten.

König Edward, Neffe Wilhelm – ständig eingeladen;
ehenaher Überdruß, Eifersucht bei Schiffsparaden …
Dreadnoughts, Feuerkraft, Tonnagen eskalieren.

Technische Triumphe – so verlieren,
dank Ententen, Angst sich und Vernunft auf beiden Fronten,
bis ein Krieg doch allen, die sich sonnten

Dort im Treibhaus vierzigjähriger Friedenszeit
die gefürchtete Erlösung schien: «Zum Streit»,
steht in ‹Troilus›, «reizt allzu langer Frieden».

Churchill, siebzigjährig, resümiert: «Vermieden
werden konnte dieser Krieg von vierzehn nicht.»
Ist der *Wunsch* nur casus belli, bricht

Sich der Todestrieb, im Glück nicht zu entladen,
Bahn zum Mord in Aggressionskaskaden.
Nicht die Vorteil-Sucht, nein: die Natur

Der Gerüsteten, *sie* stellt die Uhr
auf die Stunde, da die Bombe explodiert!
Ratio, selbst Gelegenheit verführt

Nur sehr selten, weil aus gleichen «Gründen»
Kriege oft jahrzehntelang nicht zünden.
Erst der Angriffs-*Trieb* schlägt Völker blind:

Zuzuschlagen; kaum zu rechnen, wer gewinnt.
Hybris? – Erkrankung des Geistes ohne Schuld?
Strategem diese Flotten: nur Katapult

Zwei Weltmächte um die Macht zu bringen?
Wer verhängt das – Verhängnis? Wer läßt mißlingen,
was noch jede Großmacht erstrebte:

Expandierend zu *dauern* – und nie überlebte?

Gewalt – Konstante der Geschichte

Daß Kain Abel, Romulus Remus erschlug, das war für Hannah Arendt der Beleg, daß «kein Anfang ohne Gewaltsamkeit möglich ist, daß jeder Neubeginn etwas vergewaltigt». Die biblische, die klassische Ursprungslegende als Beweisstück, daß vor der Brüderlichkeit der Brudermord kommt, vor der politischen Ordnung das Verbrechen. Marx hat für Gewalt das sehr menschenfreundliche Wort «Geburtshelferin» der Geschichte gewählt; sein Jahrgänger Jacob Burckhardt sagte von der Macht – und Macht *ist* gewaltsam –, sie sei «an sich böse, gleichviel, wer sie ausübt». Das sprach er Schlosser nach, der wiederum den Thukydides abwandelte: «Die Mächtigen tun, was sie können, und die Schwachen leiden, was sie müssen.» Was sie können – nicht: was sie dürfen –, ist das Hauptproblem. Übrigens auch der Wissenschaftler: Welchem ist klarzumachen, daß er nicht alles darf, was er kann? Denn nichts, was der Mensch kann, sondern, daß er einiges noch *nicht* kann, läßt Hoffnung…

Der Bonner Taxi-Chauffeur

der mir erzählt: «Wir waren in der Klasse fünfundvierzig, Jahrgang 24. Vierzig von uns sind gefallen, die meisten in Rußland, die meisten 1944. Von den fünfen, die Hitlers Krieg überlebt haben, ist einer nicht verwundet worden; wir vier anderen zu unserem Glück so schwer, daß keiner wieder an die Front mußte.» Jahrgang und Geographie sind das Schicksal.

Gefangene und Vermißte

«3,5 Millionen russische Soldaten kamen in deutscher, 1,185 Millionen deutsche in russischer Kriegsgefangenschaft um»

Christian Streit, Keine Kameraden: Die Wehrmacht und die sowjetischen Kriegsgefangenen 1941–45

Vettern – wüßte wer, wo die verwesen!
Fünf: Drei der Eltern, zwei der meinen
– spurlos weg. Unfreiwillig. Hitlers Spesen
für «Großdeutschland». Und an keinen
wird auch nur ein Grab erinnern!

Zwei: Siebzehn, achtzehn – mir als Kind
brüdernahe… Frost im Innern,
wenn ich denke: Nie streift Wind
ihre Hügel. Fast von allen,
die nach Rußland kommandiert

Ob verhungert, ob gefallen
sind die Gräber so planiert
wie russische in deutschen Lagern.
Beschönigend Statistik-Worte:
Vier Millionen zum Tod abmagern

– niemand nennt das «taktlos»: Morde…
Völkerfreundschaft beschuldigt Winter
und Seuchen; klingt versöhnlich wie gefallen.
Nein, *ermordet* durch Hunger, durch Schinder
im Bergbau, KZ, in Rüstungshallen.

Zahllose gleich erschossen, oft noch Kinder;
statt sie – gefangen – zunächst zu schonen.
Vermißte also nicht *mitgezählt*.
Gezählt, die gefangen: Viereinhalbmillionen
durch Hunger, durch Arbeit totgequält!

Rudolf von Scheliha oder: Glaubt «Dokumenten» nicht!

Neulich sagte mir ein profilierter, heute noch tätiger «Kulturschaffender», wie man «drüben» in der DDR gesagt hatte, auch von ihm müsse es – wie er *jetzt* wisse – sehr viele Berichte im Stasi-Nachlaß geben, da er niemals in die Schweiz, nach Österreich, in die Bundesrepublik zum Besuch von Autoren oder Verlagen habe reisen dürfen, obgleich SED-Mitglied und obgleich er als Faustpfand stets Kinder und Frau zurückgelassen hatte, ohne daß er schriftlich habe dem Börsenverein berichten müssen – dem dann diese Berichte für die Stasi abgefordert worden seien! Da dachte ich an jene Zeilen in den Memoiren Ernst von Weizsäckers, in denen der ehemalige Staatssekretär des Auswärtigen eine immer glückverdummte Nachwelt *warnt*, so eindrücklich wie überzeugend warnt: «Benützt die Forschung Quellen des Dritten Reiches, so möge sie bedenken: niemand kam damals in Deutschland zum Ziel, wenn er nicht der herrschenden Ausdrucksweise Rechnung trug. Vorschläge vernünftig gebliebener Beamter und Offiziere und fast alle ihre Argumente waren solche ad hominem. Ohne Kenntnis von Haupt- und Nebenadressaten sind sie historisch kaum verwertbar. Wer in jener Periode in Deutschland politisch wirken wollte, schrieb ja nicht, um später als kluger Warner dazustehen, nicht um seine Seele zu retten. Er sprach und schrieb in Konkurrenz mit Psychopathen und für Psychopathen. Geschichtsforscher werden das erkennen. Sie werden nicht bei den heute gültigen Parolen stehenbleiben. Sie werden sich nicht zufriedengeben mit dem Schlußstadium vor dem Krieg... Was bis zum Kriegsausbruch bei uns ein vernünftiger Mensch dachte und für den Frieden tat, das konnte er nicht aufschreiben, ohne sich und Gleichgesinnte und ohne die Sache selbst zu gefährden. Darum wird das, was von deutscher Seite geschehen ist, um den Krieg abzuwenden, dokumentarisch immer lückenhaft bleiben... Und was im Krieg mich dauernd und im Grund allein in Atem hielt, nämlich der Versuch, durch Ausländer, besonders durch Neutrale und zugleich mit Hilfe der innerdeutschen Opposition dem Unheil zu steuern – hierüber enthalten meine Notizen aus den Jahren 1939 bis 1943 so gut wie nichts...»

Wer könnte die zeitlose Gültigkeit dieser Warnung anzweifeln? Soeben hat der Botschafter a. D. Ulrich Sahm endlich dem Widerstandskämpfer Rudolf von Scheliha die Ehrenrettung geschrieben, eine bedrückend große Biographie. Ihr Untertitel: ‹Ein deutscher Diplomat gegen Hitler›. Sahm weist nach, daß Scheliha vermutlich der erste war – und sehr lange auch der einzige Diplomat –, der via Carl Jacob Burckhardt, dem Präsidenten des Internationalen Roten Kreuzes, den Allierten detaillierte Nachrichten über die systematische Ausrottung der Juden zukommen ließ; Burckhardt gab die Alarmrufe weiter, ohne daß sie im Lager der Briten und Amerikaner zu Protesten führten, die das Weltgewissen auch nur annähernd auf Ausmaß und «Systematik» der «Endlösung» hätten hinweisen können. Was Weizsäcker nach dem Kriege scheinbar zu seiner eigenen Rechtfertigung schrieb, wird in Ulrich Sahms so aufregender wie seriöser Biographie des Schlesiers Scheliha, der früher und aktiver als jeder andere im Auswärtigen Amt Hitler bekämpft hat, als nur zu wahr belegt: Auch Schelihas Aussagen vor der Gestapo, die ihm vor allem anzuhängen versuchte, er habe für Geld spioniert, hatten trotz Folterungen nur *ein* Ziel: Freunde und Informanten zu decken. Sahm schreibt: «Es ist hinlänglich bekannt, daß die Gestapo sich nicht scheute, Dokumente und Zeugenaussagen zu fälschen oder nach Bedarf zu erfinden... Um im Falle Scheliha die politisch unverfängliche und zugleich moralisch vernichtende These vom ‹bezahlten Verräter› begründen zu können, mußten ebenfalls entsprechende Tatbestände aufgebaut werden.» Günther Weisenborn, zu Zuchthaus verurteilt, wegen «Nichtanzeige» Arvid und Mildred Harnacks, schrieb, was Sahm zitiert und was Weizsäckers Warnung aus dem Munde eines Gestapo-Häftlings bestätigt: «Es ist Brauch geworden, Gestapoakten als Unterlage... zu benutzen, und das ist ein schmutziger Brauch. Heute sollte jedermann wissen, wie Gestapoverhöre ausgesehen haben, daß Aussagen erpreßt und erprügelt wurden... Wer dieses Material als authentisch ansieht, ergreift die Partei der Gestapo.» Sahm weist auch darauf hin, daß zum Tode Verurteilte keinerlei schriftliche Zeugnisse aus ihrer Haft hinterlassen durften, abgesehen von den zensierten Abschiedsbriefen, in denen niemals ein politisches Wort «erlaubt» war... Da Scheliha nach dem Kriege nicht rehabilitiert worden ist, weil die Gestapolegende, er habe Landesverrat begangen, sogar für Geld, erst jetzt durch Sahm als Verleumdung entlarvt wird, ist die Biographie dieses tragischen Mannes die vielleicht für den Umgang mit «Dokumenten» der NS-Zeit bedeutendste, die bisher geschrieben wurde. Und was sie aufdeckt ist exemplarisch nicht nur für die NS-Verfahren, sondern für den Umgang mit «Dokumenten» überhaupt, die von einer Diktatur übrigbleiben. Ob das heute anläßlich der Stasi-Akten auch erkannt wird? Jahrgang und Geographie als Schicksal: Liest man unter dem Porträtfoto – leider nicht im Buch selbst, sondern nur auf dem

Schutzumschlag des 400 Seiten-Bandes, der bei C. H. Beck erschienen ist – die Lebensdaten: 1897–1942, so bleibt Melancholie. Fünfundvierzig Jahre – und dem Henker verfallen! Geographie: noch Witwe und Kinder des Hingerichteten verloren mit dem Gut in Schlesien ihren gesamten Besitz. Und blieben dann auch noch *jahrzehntelang* in der Bundesrepublik entrechtet, weil die alten Nazis in den Ämtern, ja auf den Wiedergutmachungsbehörden nicht den Freunden, Kollegen, Angehörigen Schelihas glaubten, sondern den Gestapo-Akten... die sie möglicherweise – in keinem anderen Staat möglich als in der durchaus verächtlichen BRD – selber angelegt hatten; während sie Scheliha folterten... um dann auch noch Wiedergutmachungs-Anträge der Hinterbliebenen «objektiv» zu bearbeiten. Wir Deutsche sind die Nation, deren Justiz sich nicht mehr lächerlich machen kann, weil sie weder in Adenauers Staat die Mordknechte Hitlers aus ihren Reihen entfernt hat noch im Staate Kohls die Mordknechte Ulbrichts und Honeckers.

Politik – auch eine Hormon-Frage?

Der Historiker Michael Stürmer hat neulich eine sehr erhellende Entdeckung gemacht: wie jung die Nazis waren, übrigens auch viele Kommunisten, die im Reichstag als Abgeordnete die Weimarer Republik vernichtet haben! Im Schnitt waren sie halb so alt, ja weniger als halb so alt wie die Vertreter der dort längst etablierten Parteien, von den Sozialdemokraten bis zu den Konservativen. Stürmer folgert – ich denke: zu Recht –, daß der ruchlose Elan, mit dem die Dreißigjährigen sich als Rammböcke zum Ziel gesetzt hatten, die Republik zu vernichten, um Hitlers Ein-Mann-Herrschaft (auch über sich selber; schon ein Jahr nach seinem Regierungsantritt ließ er ja vierundachtzig «alte Kämpfer» samt seinem getreuen Röhm erschießen) zu errichten, und Jungsein und Tatendurst identisch sind. Das war nicht nur vor dem Jahre 1933 so – das zieht sich als Erfahrung durch die Geschichte von Alexander bis Napoleon. Und das sagen auch Generale: Heye, Chef der Operationsabteilung der Armee Wilhelms des Letzten, erklärte das Scheitern der letzten Offensive der Deutschen im Jahre 1918 mit «dem zu hohen Durchschnittsalter der angreifenden Regimenter: über fünfundzwanzig Jahre»! In so hohen Jahren, sagte bedauernd Exzellenz Heye, stürben selbst Soldaten ungern... *Alte*, die groß wurden – wurden nie als Angreifer, sondern stets als Verteidiger groß, Musterbeispiel: Churchill 1940. Als er mit der *Battle of Britain* und der Schlacht um den Atlantik im Jahre 1943 den Hitlerkrieg gewonnen hat, war er schon fast siebzig Jahre alt...

So auch Kutusow: Er war Mitte Siebzig, als er 1812 die Städte Rußlands anzünden ließ, um Napoleons sechshunderttausend Soldaten obdachlos zu machen im russischen Winter; was Stendhal, der mit dem Korsen in den Kreml geritten war, «die größte moralische Tat des 19. Jahrhunderts» genannt hat.

Noch ganze zwei Metzgereien

gehören in Basel einer Familie. Alle anderen Metzger-Betriebe sind in dieser Stadt mit 250000 Einwohnern stillgelegt oder aufgekauft worden durch sogenannte Großmetzgereien, die wiederum auch nicht mehr, seit Jahren schon nicht, ihren Aktionären von früher gehören, sondern Superkonzernen – eine Meldung, die keinen aufgeregt hat, bis neulich die letzte Brauerei Basels ihre Bierproduktion ebenfalls abtreten mußte an die berühmte Feldschlößchen-Brauerei in Rheinfelden. Nun endlich ermannte sich die letzte nennenswerte Zeitung der Stadt, die ihrerseits vor zehn Jahren die ehrwürdigen «Basler Nachrichten» als ihre einzige nennenswerte Konkurrenz verschlungen hat – doch die Haifische haben, wenn sie zuschnappen, das schöne Tarnwort: *fusionieren* parat –, zu dem sehr lahmen Protest-Ruf: «Am System ist etwas faul!» Ja, die Zeitung war sogar so mutig, die Heilige Kuh der westlichen Welt, die sogenannte freie Marktwirtschaft, dadurch ganz sanft in Frage zu stellen, daß sie «freie» in Anführungsstrichen druckte! Doch da die Zeitung sofort klein beigab, indem sie sagte, das Verschwinden der so traditionsreichen Warteck-Brauerei im Rachen der größeren stimme zwar traurig, sei «aber letztlich nicht zu verhindern», ging man rasch zur Tages-«Ordnung» über. Absurd und verlogen natürlich, diese Behauptung, der Staat könne nicht eingreifen, wenn immer größere Teile des schönfärberisch «Volks»-Vermögen genannten Geldes – denn dem *Volke* gehört längst schon fast gar nichts mehr! – in die Hände einer immer kleineren Personenzahl gelangen. Es wäre die Pflicht des Gesetzgebers, das zu verhindern! Denn jeder Lohnabhängige ist ein Unfreier, ein – wie das Wort ehrlich sagt – «Abhängiger». Und aus den Kindern derer, die nichts besitzen oder schlimmer: nichts *mehr* besitzen, obgleich ihre Großväter, ja Väter noch Besitzer waren, wachsen natürlich potentiell Revolutionäre heran, die auch eine «friedliche» Enteignung ihrer Väter und Großväter eines Tages rächen werden an jenen dann nur noch ganz wenigen, die *alles* haben. Doch die heute Mächtigen sehen das absolut nicht, Blindheit ist die hervorragendste Eigenschaft der Superreichen. Der in seinem Jahrhundert meisterfahrene aller Politiker und Staatsmänner, Österreichs Staatskanzler Metternich, schrieb rückblickend in hohem Alter, aus Brüssel am 1. Mai 1851: «Die bis auf *einen* Satz konzentrierte geschichtliche Wahrheit in den Jahren des Ausbruchs der Revolution (von 1789) in Frankreich ist die, daß *Niemand* die Revolution als solche vorausgesehen hat!» Die Summe der Gefahren wie die der Dummheit der Menschen bleibt aber konstant: sie wechseln, Dummheit und Gefahren, nur die Erscheinungsform. Geschichtliche Erfahrung stirbt spätestens ab mit den Enkeln derer, die sie gemacht haben. Dies der Grund, warum die Menschheit nicht klüger wird, auch nicht moralischer, so daß aller Fortschritt nicht auf eine Verbesserung der menschlichen Natur hoffen läßt; er findet nur im Technischen statt, zum Beispiel von der Kerze zur Glühbirne, vom zahnlosen Mund zur Prothese.

«Ausbruch» des Ersten Weltkrieges

sagen noch heute sogar Historiker, die genau wissen: Ein Gefangener kann ausbrechen, auch ein gefangenes Tier, ja sogar Giftstoffe können ausbrechen aus einem AKW. Doch ein Krieg bricht nicht aus, sondern *wird gemacht*. Er muß sogar listig und ziemlich umständlich und unter Beteiligung einer personenreichen Täterschar angezettelt werden. So war das 1870, als die Franzosen um nichts ihren Krieg an Bismarck erklärt haben; so war das 1914, als das Deutschland Kaiser Wilhelms des Letzten seine Kriegserklärungen an Frankreich und Rußland schickte; so war es 1939 – genau fünfundzwanzig Jahre und einen Monat, nachdem 1914 der Krieg angestiftet worden ist. Der Krieg kam, weil «Hitler den Krieg im Leibe hatte», wie sehr exakt Golo Mann das definiert hat – ein unaufhaltsamer Krieg, solange Hitler lebte! Ein Krieg – paradox, aber wahr –, der nicht gekommen wäre, wäre Hitler am 20. April 1939 anläßlich der Parade zu seinem 50. Geburtstag erschossen worden; so wie General Mason MacFarlan, der britische Militärattaché zu Berlin, es der Downingstreet als unumgänglich notwendig, wenn kein Krieg kommen sollte, empfohlen hat. Der Schotte reiste eigens nach Großbritannien, um dort zu sagen, aus seiner Wohnung, Sophienstraße 1 – die Wohnung war vis-à-vis der sogenannten «Führer-Tribüne» bei den alljährlichen Geburtstagsparaden – sei Hitler umzulegen, ohne Gefahr, daß die Herkunft des unhörbaren Schusses – unhörbar im Rasseln der Panzer und Geschütze, im Dröhnen der am Himmel vorüberziehenden Bomberströme – jemals rekonstruierbar sei... Paradox, aber wahr, will sagen: Keiner der sogenannten «Paladine» Hitlers wollte wie er den Krieg, nicht einmal Ribbentrop, sein Außenminister, der Hauptschuldige neben Hitler, weil er dem eingeredet hat – obgleich Churchill ihm 1937 das Gegenteil fest «zugesichert» hatte in der Londoner Deutschen Botschaft –, England werde *nicht* wie 1914 marschieren, wenn Hitler über Polen herfalle. Doch die Armee und Marine erklärten 1939, noch «nicht fertig» zu sein; Göring, der passionierte Bilderdieb und Waidmann, wünschte aus Bequemlichkeit keinen Krieg; Goebbels wußte als Nazi, daß die Rolle der Partei nicht mehr die erste im Staate sei, wenn ein Krieg der Armee diese erste Rolle zuspiele; die Waffen-SS war noch kaum ein Machtfaktor, war noch nach Hitlers Einzug in Paris kaum hunderttausend Mann stark... Aber dieser *eine* Entscheidende wurde nicht an seinem 50. Geburtstag ermordet, auch nicht am 8. November gleichen Jahres in München durch Johann Georg Elsers Bombe zerfetzt – und so «nahm», wie wiederum sehr beschönigend nicht nur einfache Leute, sondern gut unterrichtete Historiker schwätzen, «das Schicksal seinen Lauf»...

Ach nein: Es war nicht das Schicksal, von dem Schopenhauer sagt: «Was die Leute Schicksal nennen, sind meist nur ihre eigenen dummen Streiche!» Sondern die Fahrlässigkeit der Zeitgenossen war es, die 1939 dem Hitler seinen Krieg «erlaubt» hat. Und Fahrlässigkeit war es auch in der Wilhelm- und in der Bendler-Straße, die 1914 Wilhelm von Deutschland vorgegaukelt hat, England marschiere nicht einmal dann an der Seite Frankreichs, wenn das Heer seinen Schlieffen-Plan auf Kosten der Neutralität Belgiens realisiere. Während einsichtige Deutsche, allen voran des Kaisers Londoner Botschafter Graf Paul Metternich und später Fürst Karl Lichnowsky ebenso wie deren Sekretäre Graf Bernstorff und Richard von Kühlmann, nicht müde wurden, in Berlin zu sagen – Metternich wurde wegen seiner Ehrlichkeit hinausgeworfen –, England *müsse*, wenn Tirpitz und Wilhelm weiterhin in diesem wahnwitzigen Tempo die deutsche Schlachtflotte ausbauten, die nächste günstige Gelegenheit zum Kriege nutzen, da sonst die deutsche Flotte schon 1920 ebenso stark sei wie die britische... Des Kaisers letzter Botschafter in Washington, Graf Bernstorff, resümiert: «Als ich von 1902–1906 in London Botschaftsrat war, gab es an der Botschaft keinen Menschen, der nicht überzeugt war, daß ein deutsch-englischer Krieg sicher bevorstand, wenn der deutsche Flottenbau in der bisherigen Weise fortging. Doch waren Verständigungsmöglichkeiten vorhanden, noch bis zuletzt, bis zur Berliner Mission Lord Haldanes. Als diese scheiterte, war aber der Weltkrieg eine Sicherheit, denn nur England konnte ihn verhindern, und England wollte wegen der deutschen Flotte nicht mehr. Colonel House schrieb an Wilson am 29. Mai 1914: «Sobald England zustimmt, werden Frankreich und Rußland über Deutschland herfallen», und House kannte wahrlich die Entente-Kreise gut. «...Solange ich politisch denken kann, hatte ich den Wunsch, daß Deutschland mit England zusammengehen sollte. Ich hielt eine Verständigung für erreichbar, nur mußte Deutschland sich damit begnügen, eine Landmacht ersten Ranges zu sein und nicht auch noch eine solche Seemacht werden wollen. ‹Qui trop embrasse mal étreint›, pflegte Bismarck immer zu sagen. Mit diesen Anschauungen großgeworden, war es mein Geschick während des Weltkrieges, auf meinem Posten im schärfsten Kampfe gegen England zu stehen, denn in Washington ging das diplomatische Duell fast ausschließlich zwischen Deutschland und England. In diesem Streite siegte England, weil die deutsche Regierung nicht begriff, daß der Krieg in Washington entschieden würde, während man in England hierüber nicht im Zweifel war und danach handelte. Erleichtert wurde dieser Sieg durch das Übergewicht der englischen Sprache. Es erscheint mir nicht unrichtig, wenn man sagt, daß diese Sprache den Krieg gewonnen hat.»

Englands blutiger Jux

Speer notierte in seinem Spandauer Tagebuch, sein Mithäftling Dönitz habe einem russischen Offizier, der in dessen Zelle auf das Foto eines jungen Seemannes mit der Frage gezeigt habe, wer der sei, geantwortet: «Mein Sohn», und weiter, auf die Frage des Russen, wo der *heute* sei: «Gefallen auf einem U-Boot.» Ablenkend habe der Russe auf das Foto eines anderen jungen Seemannes gezeigt, mit den gleichen Fragen, und habe die gleiche Antwort erhalten. Hätte der Großadmiral seinen Schwiegersohn nicht in seinen persönlichen Stab kommandiert – mit ziemlicher Sicherheit hätte dann später in seiner Spandauer Zelle auch noch das Foto eines dritten jungen Mariners an einen der 27212 deutschen U-Bootfahrer erinnert, die von insgesamt 39000 gefallen sind. (Laut ‹Spiegel› vom 12.6.1963).

Diese familiäre Beziehung des Befehlshabers der U-Boote zu seinen Opfern – denn längst, nachdem der Kampf im Atlantik für die Deutschen aussichtslos geworden war, schickte Dönitz «seine» Besatzungen, als sei noch etwas zu gewinnen, immer wieder in den fast voraussehbaren Tod – erklärt den aus Selbstschutz entwickelten Starrsinn des Admirals. Noch 1973 – wie Patrick Beesly in seinem Werk: ‹Very Special Intelligence – Geheimdienstkrieg der britischen Admiralität 1939–1945› angewidert berichtet – wollte er es durchaus nicht für möglich halten, daß die Briten und später auch die Amerikaner während des Krieges die Befehle des deutschen BdU (Befehlshabers der Unterseeboote) und die an ihn ergangenen Antworten und Standortmeldungen der Boote von hoher See zum weitaus größten Teil in der weitaus längsten Zeit, seit 1941, fast so rasch dechiffrieren konnten wie Normalverbraucher eine Zeitung lesen.

Allein die Tatsache, daß die Briten «dank» ihrer militärischen Schwäche die Mehrzahl der ihnen so zugegangenen Informationen erst ab Frühjahr 1943 voll ausnutzen konnten, und daß die Amerikaner lieber hochnasig ein fürchterliches Lehrgeld bezahlten, als sich von Engländern im Winter 1941/42 in der Taktik der U-Bootbekämpfung belehren zu lassen, haben dazu geführt, daß die Deutschen den Kampf zur See überhaupt so lange so ergebnisreich zu führen vermochten. Wären nicht, mehr noch zu Lande als auf den Meeren, Unzählige die Opfer dieses polnisch-britischen Geniestreichs geworden, man müßte das Aufbrechen der deutschen Chiffriermaschine «Enigma» durch Polen und Briten das folgenreichste Satyr-Spiel der Weltgeschichte nennen! Und das werden die Feinde des Hitler-Staates auch unbefangen tun.

Denn diesem Einbruch in das geheimste aller Geheimnisse Hitler-Deutschlands verdanken zweifellos ebenso viele Alliierte ihr Überleben wie deutsche Soldaten dadurch umkamen. Jede Spionagearbeit während des Zweiten Weltkrieges wird völlig belanglos, gemessen an dem kriegsentscheidenden Gewicht, das dieses – neben dem Bau der Atombombe – bestgehütete Geheimnis der Briten und Amerikaner und einiger Polen für die Alliierten hatte: Der Diebstahl der vom Ingenieur Arthur Scherbius Ende der zwanziger Jahre entwickelten «Enigma» durch polnische Geheimdienstmathematiker aus der Chiffriermaschinen AG, Berlin, W. 35, Steglitzer Straße 2. (*Enigma* hieß Rätsel bei den Griechen des Altertums.)

Dieses Mitbringsel der Polen in die Große Koalition trug mehrfach den Dank ab, den die Polen den Briten für Chamberlains Garantieerklärung von 1939 und den sie ihren Alliierten überhaupt für die Wiederherstellung eines zwar unfreien, aber doch territorial so großen polnischen Staates schuldeten. Auch die Rote Armee, die ja mehr als die westlichen Alliierten für die Wiederherstellung Polens blutete, hat während aller Kampfhandlungen profitiert von diesem polnischen «Ali, der Meisterdieb»-Stück. Denn obgleich die Briten den Russen niemals enthüllten, wie sie an Hitlers Geheimnisse gekommen waren, haben sie doch via Luzern den Russen geliefert, was immer denen zu helfen vermochte; zum Beispiel sämtliche deutsche Planungen und sogar exakt den Angriffstermin der größten Panzerschlacht des Krieges, der von Kursk, die Hitler denn auch prompt so katastrophal verloren hat, daß er seitdem in Rußland nur noch geschlagen wurde. «Größte» heißt: Nach Zahl der Panzer.

Die Briten halfen den Russen kriegsentscheidend. Ein Historiker Martin schrieb ein Buch über die vierundachtzig detaillierten Warnungen vor Hitlers Überfall, die Churchill aufgrund der von Turing entschlüsselten «Enigma»-Nachrichten vor dem 21.6.1941 an Stalin gelangen ließ – der kein Wort glaubte! Er glaubte nur, die Briten wollten ihn und seinen Freund Hitler gegeneinanderhetzen.

Vermutlich ist zumindest auf den westlichen Kriegsschauplätzen seit Herbst 1940, doch auch auf dem Balkan und in Afrika und auf allen Meeren nicht eine einzige Unternehmung Hitlers, mit Ausnahme seiner letzten, der Ardennen-Offensive, für die Briten und Amerikaner überraschend losgebrochen; die Ardennen-Schlacht nur deshalb überraschend, weil die als einzige nicht mit chiffrierten Befehlen durch «Enigma» ausgelöst wurde, sondern durch Befehle, die auf altmodische Weise durch Kuriere und Kradmelder an die Truppe gelangten. Das alles wurde zuerst ruchbar 1974, als endlich die zwecklos strenge britische Zensur dem achtzigjährigen Colonel

Frederick Winterbotham gestattete, was sie bis dahin keinem Memoirenschreiber aus Whitehall erlaubt hatte, selbst Churchill nicht: die Geschichte der zuletzt zehntausend Personen umfassenden Abteilung des Geheimdienstes zu schreiben, die Winterbotham selber aufgebaut und während des ganzen Krieges geleitet hatte als ehemals höchster Luftwaffenoffizier im Geheimdienst – die aufregende Geschichte von Bletchley Park. Das ist ein Gutshaus bei London, wo unter dem Decknamen «Aktion Ultra» zuerst polnische Mathematiker – die der französische Militärattaché in Warschau bei Polens Zusammenbruch nach Frankreich, später, Dünkirchen war schon «passiert», nach London gebracht hatte – dem achtundzwanzigjährigen britischen Mathematik-Genie Alan Turing, dem Erfinder des ersten Computers – der von Zuse existierte 1940 nur auf dem Papier – mit der gestohlenen «Enigma» die Grundlage lieferten, den Code der Hitlerarmee zu «knacken».

Eisenhower schrieb 1945: «Ultra war entscheidend.» Churchill, der in seinen zwölf Bänden über den Zweiten Weltkrieg nicht einmal eine Andeutung für die unschätzbare Hilfe erübrigt, die er dieser Genietat von Polen bei der Kriegsführung verdankte, und auch keine Silbe, daß er *täglich* dem Kreml mit «Enigma»-Nachrichten geholfen hat, nannte im Krieg die «Aktion Ultra» «die Henne, die mir goldene Eier legt, ohne jemals zu gackern». Berühmt wurde inzwischen Churchills Entscheidung vom 14. November 1940, als ihn Winterbotham informierte, daß die Deutschen in der Nacht Coventry, das Zentrum der britischen Flugzeugmotorenindustrie, angreifen würden: Sollten die Kinder in den ungefähr fünf Stunden, die bis zum Angriff noch verstreichen würden, evakuiert werden? Churchill, zweifellos schweren Herzens, sagte nein. Er fürchtete, seine buchstäblich existenzrettende Quelle zu gefährden; der Gedanke, diese Gefährdung falle dann fort, wenn er die Kinder nicht nur aus Coventry herausfahren lasse, sondern schlagartig und gleichzeitig aus zwanzig anderen bombengefährdeten Städten auch noch, eine Übung vortäuschend, ist ihm offenbar an diesem Spätnachmittag nicht gekommen.

Immerhin vermochten dank Winterbothams Vorwarnungen die Behörden von Conventry noch Maßnahmen zu ergreifen, die uns Deutschen verwehrten, ein Massaker anzurichten, dessen Ausmaß in einem Verhältnis zum Aufwand gestanden hätte. Von Görings

550 gestarteten Maschinen kamen nur 449 am Untatort an, und obgleich sie 503 Tonnen Sprengbomben abwarfen und 881 Brandkanister, brachten sie nicht mehr als 380 Briten in Coventry um (laut Irving, ‹Der Untergang von Dresden›).

Eine völlig zwecklose Schikane der britischen Zensur sei es gewesen – so sagt es der RAF-Marschall Sir John Slessor im Vorwort zu Winterbothams Buch, das zahllose zuvor erschienene Weltkriegs-Bücher zu Makulatur macht –, dem alten, um England so hochverdienten Mann, während er 1974 schrieb, den Zugang zu den Akten jener Abteilung zu verbieten, die er selber aufgebaut und im Krieg mit entscheidendem Erfolg geleitet hatte. Diesen Zugang konnte später die britische Zensur unter dem Druck des öffentlichen Interesses einem jüngeren Autor nicht mehr verwehren, dem Marine-Geheimdienstler Patrick Beesly, der dann 1977 die notwendige Ergänzung zu Winterbothams «Aktion Ultra» schreiben sollte.

Beesly konzentrierte sich – weshalb Winterbothams Werk das seine keineswegs vorwegerzählte – ausschließlich auf das, was der ältere Autor in nur einem Kapitel streifte: auf den Seekrieg. (Winterbotham: «Zwar hatte ich mit diesem Kriegsschauplatz direkt nichts zu tun, da unsere Kriegsmarine darauf bestand, daß alle Ultra-Nachrichten, die den Seekrieg betrafen, sofort im deutschen Originaltext der Admiralität weitergegeben werden mußten.»)

Der sie dort in die Hände bekam und auszuwerten half, war Patrick Beesly. Seine dreihundert Seiten sind nicht alles, was über den Seekrieg in Europa 1939–1945 wissenswert ist; doch ohne Beeslys Chronik ist alles nicht mehr wissenswert, was bisher über den Seekrieg veröffentlicht wurde. Denn erst dieser Autor aus dem Nervenzentrum der Admiralität enthüllt den doppelten Boden, die fürchterliche Rückseite aller bisher – geradezu vertrauensselig – rapportierten Marinegeschichten der Hitler-Jahre.

Vertrauensselig: Göring und Rommel, weil sie intimere Beziehungen zu Hitler hatten als alle anderen Marschälle, haben am geschwätzigsten «Enigma» benutzt und detailreicher als die anderen Armeechefs über ihre Vorhaben ans Führerhauptquartier berichtet, so daß die Briten erleichtert waren, wenn diese beiden führten. Dagegen haben Raeder und Dönitz am seltensten Gebrauch gemacht von jener teuflischen «Rätsel»-Maschine, die alsbald kein Rätsel mehr aufgab, das Turing nicht zu lösen vermochte. Während Winterbothams Abteilung schon die *Battle of Britain* ebenso sehr mitentschieden hat wie Marschall Dowdings Jägerkommando, glückte es den Briten erst ein volles Jahr später, im Herbst 1941, auch die deutschen Marineverschlüsselungen weitestgehend aufzubrechen. Denn solange die Entfernungen es irgendwie zuließen, arbeitete die Marine lieber mit Fernschreiber als mit Funk.

Doch einen fürchterlichen Teilerfolg erzielten die Briten auch auf See schon im Mai 1941: die Wiederauffindung der ihnen bereits entkommenen ‹Bismarck› verdankten sie der Rede- und Funksucht des Admirals Lütjens. «Weniger als eine Stunde danach wurde ein weiterer, langer Funkspruch aufgefangen. Also hatte der deutsche Admiral nicht erkannt, daß er zu guter Letzt seine Verfolger abgeschüttelt hatte, und da er annahm, daß seine Position, sein Kurs und seine Geschwindigkeit dem Feind bekannt sein müßten, entschloß er sich, Einzelheiten über das Gefecht mit der ‹Hood›, die erfolgte Entlassung von ‹Prinz Eugen› aus dem Verband, seinen nunmehr bedenklichen Brennstoffmangel sowie den Entschluß, schnellstens Frankreich anzulaufen, mitzuteilen. Von all diesen Dingen hatten wir natürlich keine Ahnung. Für Denning und Kemp, die schleunigst in die Admiralität geeilt waren, war das Ganze unerklärlich. Welche zwingenden Umstände konnten die Deutschen veranlaßt haben, auf diese Weise ihre Position preiszugeben? Sollten sie nicht gemerkt haben, daß wir die Fühlung verloren hatten und nicht im geringsten ahnen konnten, welchen Weg sie einschlagen würden?»

Heute wissen wir, daß der Neffe des Generalobersten Jeschonnek auf der ‹Prinz Eugen› war. Und da dieser Stabschef der Luftwaffe, der in Athen den Kampf gegen Kreta leitete, neugierig war, ob der Junge – der später Admiral der Bundeswehr wurde – noch in Gefahr sei, bat er Hitlers Luftwaffen-Adjutanten von Below, ihm nach Griechenland zu funken, was aus dem Begleitkreuzer der ‹Bismarck› geworden sei. Below teilte ihm auf dem sogenannten «Luftwaffen-Funkschlüssel Rot» mit, der Neffe sei in Sicherheit; die Engländer aber konnten dank Turing diesen Funkschlüssel lesen wie ihre ‹Times›... über zweitausend Matrosen auf der ‹Bismarck› bezahlten diesen blutigsten Fall von Nepotismus, den die Weltgeschichte kennt, mit ihrem Leben. Das Schiff, auf vierhundert Seemeilen dem rettenden Hafen Brest schon nahe, seit 31 Stunden den Briten entkommen, war schon in Sicherheit gewesen!

Vor Herbst 1943 war auch die U-Bootwaffe, deren Schilderung Beesly in seinem Buch jenen Anteil einräumt, den sie auch innerhalb der Marine während des Krieges gegen Großbritannien hatte, trotz der Entschlüsselung von «Enigma» eine noch immer höchst bedrohliche Waffe, wenn auch bis heute (und keineswegs nur unter dem Diktat der Nazipropaganda) ihre Wirksamkeit in Deutschland gewaltig überschätzt worden ist. Zitiert doch Beesly aus Jürgen Rohwers Buch: ‹Geleitzugschlachten im März 1943› eine Statistik, die überraschend ist: «Immerhin gelang es... von den insgesamt 174 Nordatlantik-Konvois, die zwischen Mitte Juli 1942 bis Ende Mai 1943 planmäßig verkehrten, 105 um die deutschen U-Bootaufstellungen herumzuführen, ohne daß sie erfaßt wurden. Von 69, die teilweise von den wartenden U-Booten planmäßig erfaßt, teilweise aber auch nur zufällig gesichtet wurden, entkamen 23 ohne Verluste, 40 erlitten geringe Verluste, zum Teil nur Nachzügler. Nur 16 der Konvois verloren mehr als vier Schiffe.»

Als Deutscher, der gleichwohl nicht wünschen kann, Hitlers Deutschland hätte den Krieg gewonnen, liest man die drei Bücher über «Aktion Ultra» – das dritte ist von Ronald Lewin, ‹Ultra Goes to War› – deprimiert, ja gedemütigt. Und liest sie auch mit wachsendem Haß auf die deutsche Generalität und Admiralität, die seit dem Nürnberger Prozeß einstimmig den «böhmischen Gefreiten» verantwortlich machten für alle Niederlagen an der Front – während *sie es gewesen sind*, die auf eine derart tölpelhafte Weise vier Jahre lang den Briten gestatteten, Blindekuh mit ihnen zu spielen. Ein Spiel, das freilich nicht die Generale und Admirale zahlten, sondern die deutschen Soldaten, die von diesen Herren ebenso borniert wie unbarmherzig für Hitler verheizt worden sind.

Deutsche Pharisäer – Alliierte Heuchler

I.

Aber nun wissen wir es allmählich – so schloß die ‹Neue Zürcher Zeitung› ihre Feststellung über die Wehleidigkeit, mit der wir Deutschen im sogenannten Historiker-Streit seit Jahren den «Nachweis» führen wollen, daß die Feinde Hitlers im Zweiten Weltkrieg auch nicht mit weißen Handschuhen gekämpft haben, sondern zuweilen – doch nur zuweilen – wahrmachen mußten, was Golo Mann gern nach einem antiken Historiker zitiert: Gegner tauschen Eigenschaften aus. Eine Banalität – doch Deutsche «huldigen» dem Wahn, jene, die endlich, nach Anstrengungen und Opfern ohne Beispiel, das Regime tottreten konnten, das Auschwitz verschuldet hatte, hätten gefälligst mit fairen Waffen kämpfen sollen! Jährlich immer neue Bücher, die das verlangen. So jetzt ein neues über die «Hintergründe» – die ja seit Jahrzehnten schon Vordergründe sind – des japanischen Angriffs auf die amerikanische Schlachtflotte in Pearl Harbor auf Hawaii, Dezember 1941. Längst weiß die Welt, daß die USA im Besitz des japanischen Funkschlüssels waren und also seit Ende November Tag, ja Stunde des japanischen Bomber- und Torpedo-Bomber-Angriffs gekannt haben und daß Roosevelt und sein Kriegsminister Henry Stimson sich einig waren, ihren Admiral Kimmel im Pazifik, der dann als Sündenbock weggejagt wurde, *nicht* vorzuwarnen! Historiker, die oft Knechte der Sieger sind, haben sich bemüht, Stimsons peinlich ehrliche Tagebucheintragung über eine strategische Konferenz beim Präsidenten am 25. November 1941 abzuschwächen: «Die Frage war, wie wir sie (die Japaner) dazu bringen konnten, den ersten Schuß abzufeuern, ohne uns allzu viel Schaden zuzufügen»... Nun, der Schaden war dann «ausgeartet»: Vernichtung dreier Schlachtschiffe (von acht) im Hafen, schwere Beschädigung der anderen fünf. Die Überraschung war «geglückt»: auf Schlachtschiff ‹Nevada› wurde unter dem Abspielen der Nationalhymne gerade die Flagge gehißt, als die Japaner schon angriffen an diesem Sonntagmorgen...

Doch was wollen deutsche Autoren «beweisen», wenn sie versuchen, den Präsidenten anzuschwärzen, der «in Kauf genommen» hat, daß 3077 Matrosen und 226 Heeresangehörige umkamen, weil er sie nicht hatte warnen lassen? Roosevelt hatte im Wahlkampf 1940 noch versprochen, nie «eure Boys in den Krieg nach Europa» zu entsenden – wußte aber, allein die USA könnten die Briten retten und Europa von der Nazi-Pest befreien. Daß Japan ihm endlich den Gefallen getan hat, als es über die USA herfiel, so daß auch Hitler dann den Amerikanern noch den Gefallen tat, ihnen den Krieg zu erklären – macht doch in keiner Weise Japaner und Deutsche weniger schuldig: *sie* haben die USA angegriffen, nicht umgekehrt!

II.

Der 6. August 1945 – also der Tag, an dem die erste Atombombe abgeworfen wurde – nahezu achtzigtausend Hiroshimaer wurden massakriert, die weitaus meisten Unbewaffnete –, wird von keiner Zeitung übergangen werden können. Doch werden die Zeitungen auch schreiben, was erst im Frühsommer 1990 der Londoner Historiker David Irving zweifelsfrei dokumentieren konnte: daß bereits am 13. Juni 45 das erste japanische Kapitulationsgesuch Washington und London erreicht hat? Und immer erneut haben die geschlagenen Japaner, denen zuletzt in einer einzigen Bomben-Nacht über hunderttausend Tokioter durch die amerikanischen Bomber umgebracht worden sind, die Sieger, Amerikaner und Briten, gebeten, sich ergeben zu dürfen!

Doch es kam, wie Oppenheimer, der Physiker, es später eingestanden hat: «Wir wollten, daß es geschah, ehe der Krieg vorüber war und keine Chance dazu mehr sein würde.»

Daß Weißes Haus und Pentagon mit der Hiroshima-Bombe auch die *Russen* einschüchtern wollten: ist eines. Ein anderes: Daß sie dann auch noch eine zweite Stadt, Nagasaki, völlig zwecklos vernichtet haben! David Irving weist nach, (‹Basler Zeitung› am 6. 8. 1985) daß bereits Mitte Juli auf der Potsdamer Konferenz weder Briten noch Amerikaner mehr daran den leisesten Zweifel hatten, Japan werde auch ohne Einsatz der Bomben *bedingungslos* kapitulieren. Dennoch haben die unbarmherzigen Sieger keine Minute erwogen, diese Atombomben einem total Besiegten zu ersparen, der immerhin selber *kein* Bevölkerungszentrum derer je bombardiert hatte, die dann *ihm* diese zwei Städte mit Bomben wegtilgten!

«Beim Rubens», sagte der Porträtist Lenbach

«hätte ich mögen Kammerdiener sein!» Sekretäre jedenfalls sehen bei *jedem* Großen auch, was Klio, «die Hure», wie Schopenhauer die Muse der Geschichte-Schreibung genannt hat, besser mit Schweigen zudeckt. Weglassen ist ja in der Tat nicht nur das Signet für die Meisterschaft der bedeutendsten Zeichner, sondern mehr noch die Begründung, warum uns viele der Großen aus den Geschichtsbüchern so hehr und ehrlich und menschlich anschauen...

Doch, sagt der Volksmund, wer da weiß, wie man Würste macht, der ißt schon keine!

Hätten vor hundert Jahren in Berlin – sehr wohl denkbar – die damals gründlichsten Kenner Cäsars (Theodor Mommsen), Mozarts (Otto Jahn, dem alsbald Mommsen die Grabrede hielt), Goethes (Herman Grimm), Kaiser Friedrichs (sein Arzt Geheimrat Bergmann), Theoderichs (Felix Dahn, der den damals vermutlich berühmtesten deutschen Roman: ‹Ein Kampf um Rom›, geschrieben hat) am gleichen Stammtisch zusammengesessen, und hätten sie, ein wenig enthemmt durch Getränke, in vorgerückter Stunde die Wahrheit über «ihre» Helden herausgelassen, so wären *niederschmetternde* Details zutage gekommen. Über jeden. Über jeden dieser fünf. Was die Frage aufwirft – aber sie keineswegs beantwortet, sie *ist* vielleicht nicht zu beantworten –, ob historische und kunsthistorische Größe *trotz* dieser «Flecken» im Charakter der «Helden» möglich wird; oder ob im Gegenteil historische Größe nur *dank* der entsetzlichen Defekte im Charakter, in der Menschlichkeit der (nicht nur) sogenannten «Großen» zutage tritt und sich durchkämpft? Mit einem Satz: Wenn wir Churchill dafür preisen und lieben, daß er gegen Hitler Europa westlich der Elbe freigekämpft hat, so wie wir ihn dafür verabscheuen, daß er strategisch total zwecklos (denn der Krieg war längst für die Alliierten gewonnen, Deutschland hatte nicht einmal mehr Flak-Geschütze, um Bomber abzuschießen) noch am 13. Februar 1945 über zweihunderttausend Dresdener verbrannt hat – fast dreimal so viele Menschen, wie die erste Atombombe in Hiroshima umbrachte –, so dürfen wir der Frage nicht ausweichen, waren *die* Fähigkeiten, die den Briten stark machten, Hitler zu besiegen – nur zu haben um den fürchterlichen Preis des Tobsuchts-Anfalls von Dresden? Hat die positive Persönlichkeit auch negative Seiten vom *Ausmaß* ihrer Vorzüge? Ein harmloser Mensch, der sogar Krieg sozusagen nach den Gesetzen des Internationalen Roten Kreuzes führte und *deshalb* einer Schandtat wie der Verbrennung der wehrlosen deutschen Innenstädter, alles Zivilisten, nicht fähig gewesen wäre: könnte *der* je befähigt gewesen sein, den Hitler zu beseitigen? Welchen Preis hat Größe? *Muß* der Preis für Größe so furchtbar sein, wie die Größe – groß ist? Das vielleicht *quälendste* Problem der Geschichte!

Herman Grimm – seinen Vornamen schrieb er mit einem n –, der Sohn einer der Brüder Grimm, führender Literaturhistoriker der

Berliner Universität, hat noch als Schwiegersohn der Goethe-Freundin und bedeutenden Autorin Bettine von Arnim einige Zeugen aus Goethes engstem Lebenskreis für seine Goethe-Biographie selbst befragen können, als er das Leben des Giganten recherchierte. Grimm hat *alles* gewußt, so weit ein Leben einem anderen bekannt sein kann – und hat doch (meines Wissens, natürlich kann ich mich irren) es nicht übers Herz gebracht, der Nachwelt zu überliefern, daß Goethe, der Dichter von Fausts Gretchen, selber eine Kindsmörderin hat hinrichten lassen: eine ungeheuerliche Geschichte! Thomas Mann schreibt: «Er hat, so will man wissen, als Minister der Gesellschaft das Ihre gegeben, indem er das Todesurteil über eine junge Kindsmörderin, die selbst der Herzog (von Sachsen-Weimar) zu begnadigen wünschte, durch seine Unterschrift guthieß...» Warum hat Goethe als Gretchen-Dichter das getan?

Oder Mommsens, des ersten deutschen Literatur-Nobelpreisträgers Haupt-Idol: Julius Cäsar. Wieso konnte der ehemalige «linke» 1848er Revolutionär Mommsen dieses Hohelied auf einen Mann schreiben, der sich anschickte, die Republik zu beseitigen? Und der einmal vierzigtausend rechte Männerhände aus Germanien nach Rom hat abkarren lassen, um zu Hause zu zeigen, wie er einen Landstrich im Norden «befriedet» hat? (Wie lebte damals ein Jäger, ein Bauer, ein Krieger, dem man die rechte Hand abhackte?) Welchen *Zweck* – von Sinn gar nicht zu reden – sollte für Rom die Massakrierung Galliens gehabt haben? Oder Cäsars Abenteuer, in England zu landen? Warum nennt sogar der Basler Jacob Burckhardt – ausgenüchterter als die deutschen Historiker seiner Zeit – Cäsar den «vielleicht größten Sterblichen»? Immerhin hat der tierische Egoismus dieses Römers die ehrwürdigsten Patrioten gezwungen, an ihm zum Meuchelmörder zu werden! Und Cato hielt für nötig, im Senat die Auslieferung Cäsars wegen beispielloser Kriegsverbrechen an die Germanen zu beantragen... Und wie steht es mit jenem auch Dietrich von Bern genannten Theoderich dem Großen, den der erwähnte Professor Felix Dahn zur Lichtgestalt unter den Germanenfürsten heraufstilisierte, obgleich Theoderich den Feldherrn Odoaker – als er ihn zu einem Essen eingeladen hat – beim Betreten des Raumes mit eigener Hand absticht, um sich dann noch den «Spaß» zu machen, die Witwe seines Opfers und deren siebenjähriges Söhnchen in einem Verlies zum Tode des Verhungerns – ohne jede Begründung, nur spaßeshalber – zu verurteilen? Und hat ein

Großer nicht eine Leiche im Keller – oder einige hunderttausend Leichen –, wie steht es sonst um ihre Menschlichkeit? Der erwähnte Musikwissenschaftler Otto Jahn, der noch Zeitgenossen Beethovens hatte konsultieren können, als er die bedeutendsten – nämlich die für alle folgenden Biographen grundlegend gebliebenen – Lebensbilder Mozarts und Beethovens schrieb: dieser Jahn hielt für nötig, die Geschichte von Mozarts Ende, die auch Beethoven als stichhaltig überliefert hat, in einem Essay *außerhalb* der zweibändigen Biographie abzuhandeln, weil er sie menschlich derart anrüchig fand, daß er sein Mozart-Bild davon nicht «beflecken» lassen wollte. Als Magdalena Hofdemel, eine der nur drei Frauen, die Mozarts Sarg gefolgt waren, nach Hause kam von der Beerdigung, versuchte ihr Mann, ein hoher Beamter, ihr den Hals abzuschneiden, weil sie – offenbar von Mozart – schwanger war; Franz Hofdemel brachte sich dann um, weil es ihm nicht «geglückt» war, mit dem Rasiermesser die Frau zu ermorden, die zeitlebens Shawls trug, der Narben wegen ... Wien war entsetzt, der Kaiser sprach zu Mozarts Witwe mit Abscheu von dessen «stadtbekannten Ausschweifungen» ... Ist es für uns normal-verbrauchte kleine Leute ein Kummer oder ein *Trost*, daß auch die Großen, wenigstens was ihre Menschlichkeit betrifft (oder die Abwesenheit von Menschlichkeit!) zuweilen nur mit Wasser gekocht haben? Und wie schauerlich, daß selbst die Banalitäten, die zu Krankheit und Tod führen, auf eine so niederschmetternde Weise Weltgeschichte machen können: so bei Friedrich III., der 1888 nach nur neunundneunzig Regierungstagen an Kehlkopfkrebs gestorben ist. Hätte sein Arzt, Geheimrat von Bergmann, an jenem Stammtisch je gewagt zu sagen – abgesehen davon, daß es Schweigepflicht gibt –, daß dieser Liberale unter Deutschen und Schwiegersohn der Queen Victoria *deshalb* das Bismarck-Reich nicht liberalisieren konnte, sondern seinem unverantwortlichen Sohn, Wilhelm dem Letzten, ausliefern mußte, weil er Krebs durch Syphilis bekam, die er sich bei Einweihung des Suezkanals dadurch zugezogen hatte, daß er in Ägypten eine Kranke leckte? «Der Ruhm hat keine *weißen* Flügel!» sagte Balzac – und Gottfried Benn hat diesen Satz oft zitiert, vielleicht *auch* deshalb, weil er zutraf auch auf *ihn*, dem es anhing bis zuletzt, daß er 1933 – ohne jedes Mitgefühl für die ausgestoßenen jüdischen Kollegen der Berliner Akademie – versucht hat, die Intellektuellen Deutschlands auf den neuen Staat einzuschwören, auf den Hitlers.

Da zur Geschichte stets auch ihr «Treppenwitz» gehört: Kronprinz Friedrich, einer der schönsten Männer seines Jahrhunderts, gelangte nur deshalb anläßlich der Einweihung des Suezkanals an die Syphilitikerin, weil seine immer eifersüchtig wachsame Gattin nicht mitgereist war von Berlin nach Kairo. Und warum nicht? Weil der geizige Schwiegervater König Wilhelm aus «Sparsamkeit» – so oft ein Synonym für Blödheit – angeordnet hatte, der Kronprinz müsse ohne seine Frau und deren Hofdamen reisen, denn das werde «zu teuer»...

Auch Kunst überlebt ihren Inhalt nicht

In der Pinacoteca Nazionale in Bologna der Zweifel, ob wahr ist, daß – laut Schiller – «gelebt für alle Zeiten» hat, wer den «Besten *seiner* Zeit genug getan»! Denn einige dieser zumeist aus der Gegend von Bologna, Ferrara, Forli und Ravenna stammenden Maler sind überwältigende Könner – alle aber, so gut wie ausnahmslos, nur von sehr wenigen Landschaftern und Porträtisten abgesehen, malten im Geiste, im Auftrag und immer nur Themen des Christentums. Und dieser Geist ist nicht mehr der unsere, und so auch seine Produkte nicht, diese Bilder, die bei aller Bewunderung für das an ihnen, was Kunst ist, doch kalt lassen, wenn sie nicht sogar anwidern in ihrem Glaubensfanatismus. Es ist nicht wahr, daß Kunst allein von ihrer Form schon gehalten wird, sie muß auch thematisch noch interessieren, wenn sie Spätere ansprechen soll. In seiner Eigenschaft als intolerante Staatsreligion aber spricht das Christentum keinen Menschen mehr an; Künstler, die in unproblematischer Übereinstimmung mit dieser staatlich verordneten Denkweise ihrer Epoche geschaffen haben, gehen mit ihr in den Orkus. Schiller hatte nur recht, als er fragte, wie der Künstler schlechten Einflüssen seiner Zeit *das* entziehen könne, was er schaffe; und die Antwort gab: «Indem er ihr Urteil verachtet.» Und hat übrigens selber solche Künstler verhöhnt, die sich einer allgemein herrschenden Ideologie unterordnen: «Schade fürs schöne Talent des herrlichen Künstlers! O hätt' er aus dem Marmorblock doch ein Kruzifix uns gemacht!» Zubeißend ironisch schrieb er darüber: «Höchster Zweck der Kunst.»

Macht Revolution!

«Der praktische Imperativ wird also folgender sein: *Handle so, daß du die Menschheit sowohl in deiner Person, als in der Person eines jeden andern jederzeit zugleich als Zweck, niemals bloß als Mittel brauchst...*
Der Mensch aber ist keine Sache, mithin nicht etwas, was *bloß* als Mittel gebraucht werden kann, sondern muß bei allen seinen Handlungen jederzeit als Zweck an sich selbst betrachtet werden.»

Kant, Grundlegung zur Metaphysik der Sitten, 2. Abschnitt; 1783

Von Arbeit wurde niemand reich;
durch Arbeiter ist er's geworden!
Was bleibt dem Boß – was zum Vergleich
den Lohnempfängern, meist Importen

Aus Staaten, die nicht fertigbringen,
für ihre Underdogs zu sorgen?
Verächtlich ihre Kulis zwingen,
an Ausländer sich auszuborgen?

Zu vegetieren ohne Familien;
im Alter würdelose Renten.
Schaffen sie den Fremden Immobilien
oder was sonst; meist mit bloßen Händen:

Ihnen bleibt nichts! Doch nehmt nicht hin,
zeitlebens nichts gewesen zu sein,
als Andern das Mittel zum Gewinn.
Euch aber blieb kein Stein

Den Ihr behauen!
Konntet keinen verdienen.
Die lebenslänglich bauen
– was gehört *ihnen*?

Daß die bauen auch – haben:
«Inkompatibel!»
Die ihre Schaffenskraft gaben,
wie's fordert die Bibel

Ein Proletarier-Leben lang
«Im Schweiße des Angesichts»:
Bringen nichts auf die Bank
Bringen's zu nichts!

Tiere sind zwar abgerichtet,
daß Futter, Stall ihr ganzer Lohn.
Menschen aber sind verpflichtet,
dressiert man sie so: *Zur Revolution!*

Besuch beim Masterbomber von Dresden

London, Februar 1965

I.

Wäre Oberstleutnant Maurice Smith im Krieg Angehöriger des britischen Jägerkommandos gewesen, das die Insel gegen deutsche Flieger verteidigte, statt Masterbomber unter Sir Arthur Harris: Vermutlich hätte er dann heute, am Vortage der Beisetzung Churchills, keine Zeit für uns, denn soeben sehen wir in ‹The Evening News›, noch über dem Haupttitel, der die Ankunft der gekrönten und regierenden Häupter in London meldet, ein seitenbreites Foto, das selbst wie eine Ordensspange wirkt und besonders verdienstvolle Überlebende der Jäger zeigt, vierzehn Männer, wieder in ihren alten reichdekorierten Uniformen, die morgen früh in St. Paul ihre Ehrenplätze einnehmen sollen. Daß auch ehemalige Bombardeure zum Staatsakt erscheinen, das liest man nirgends. Jäger und Kampfflieger retteten die Insel vor Hitler – Englands Bomber von damals aber verkörpern heute die ‹unbewältigte Vergangenheit› dieser Nation. Oberluftmarschall Harris hat sehr plötzlich vor wenigen Tagen das Land verlassen – zur Erholung. Und der zweithöchste Marschall des Bomberkommandos, der während der ganzen Kriegszeit die technischen Abwicklungen aller Deutschland-Bombardements vorbereitete, Sir Robert Saundby, wird auch nicht zur Feier gehen. Er hat David Irving und mich für morgen nachmittag in sein Landhaus bestellt, einige Meilen westlich von Reading, der Zuchthausstadt Oscar Wildes in Berkshire, über der sich am Abend des 13. Februar 1945 die Lancasters des Markierer- und Bomberverbandes zum Flug nach Dresden versammelten.

Mr. Smith begrüßt uns im Büro der Flieger-Fachzeitschrift, deren Chefredakteur er heute ist. Offenbar hält er mich, da ich aus Basel komme, für einen Schweizer, vielleicht war er überhaupt nur deshalb zu dem Gespräch bereit. So sage ich sofort, daß ich Deutscher bin.

Seine Reserve wächst, mich wundert, daß er Irving gestattet, das Tonbandgerät zu benutzen. Schließlich aber zieht Smith aus einem Regal hinter seinem Schreibtisch einen uniformblauen Ganzlederband mit schwerer Goldprägung hervor, ein Buch von der Wucht eines Briefmarkenalbums, in dessen Deckel sein Besitzer Name, Rang und die Jahreszahlen seines Wirkens als Bomber in goldenen Großbuchstaben einpressen ließ. Jetzt blättert der etwa 48 Jahre alte Oberstleutnant außer Diensten Einsatzbefehle, Zielkarten, Fotos und flugtechnische Eintragungen vor uns auf, während er erklärt, daß er die Zerstörung Dresdens bedaure und ja überhaupt vor Dresden zahlreiche *militärische Ziele* angeflogen hätte. Vor allem aber, daß er den Krieg ohnehin widerwärtig fände.

Weil ich sie verdrängen will, beunruhigt mich unausgesetzt beim Anblick dieses Lederalbums die Erinnerung an die Foto- und Dokumentensammlung – ich glaube in Pergament – eines anderen Offiziers, deren letzte Seite hieß: «Es gibt keinen jüdischen Wohnbezirk in Warschau mehr.» Ich will daran jetzt nicht denken. Ich weiß, daß Herr Smith, im Gegensatz zu Herrn Stroop, niemals auf die Idee gekommen wäre – denn er hätte es ja tun können nach dem Krieg –, seine Opfer zu zählen, überhaupt Fotos von Leichen in sein Buch zu kleben und etwa einen Satz zu schreiben, wie: «Gesamtzahl der erfaßten und nachweislich vernichteten Juden beträgt insgesamt 56065.» Smith hat die Toten nicht nur nicht gezählt, er will ihre Zahl möglichst noch heute nicht hören. Daß man ihm am Dienstag nachmittag, dem 13. Februar, vor 20 Jahren sagte, er habe die *Ehre*, den ersten Angriff auf das bisher unzerstörte Dresden zu leiten, hat er Irving selbst mit Unbehagen zitiert. Und wie alle anderen Flieger auch, denen Irving diese Frage stellte, bekannte er seine Unfähigkeit, einen Menschen Auge in Auge zu töten. Aber diese Antwort – Verzeihung – überrascht mich nicht. Überraschend finde ich, daß Irving dieser Frage noch irgendeine Bedeutung beimißt. Als sei nicht bekannt, daß die skrupelfreiesten Mörder unseres Zeitalters selten oder nie zum Totschlag durch eigene Hand befähigt gewesen wären. Am Schreibtisch walteten sie ihres Amtes, und Himmler, das wurde ausprobiert, fing an zu schreien, als er einmal einem Massaker zusehen wollte, das er doch selber angeordnet hatte.

Weshalb nun überhaupt diese Gegenüberstellung, durch die man als Deutscher sich unweigerlich dem massiven Verdacht aussetzt, man wolle Dresden gegen Auschwitz aufrechnen? Die Rechnung wäre verwerflich und absurd. Halten wir fest: SS-Männer, die in den Lagern oder in der Etappe oder in ihrer eigenen Heimat mordeten, konnten sich, *weil* sie mordeten, vor der Front drücken. Bomberpiloten, die Zivilisten töteten, setzten dabei ihr Leben ein – und die Bomberflotte der R.A.F. hatte mehr Gefallene zu verkraften als die gesamte englische Armee vom Tag der Invasion in der Normandie bis zum Tod Hitlers. Sie verlor noch tausend Mann mehr, als sie in Hamburg an Zivilisten hatte umbringen können. Und wenn es auch Zufall ist, daß die Briten, in ihren Reihen ungezählte Polen, Franzosen, Kanadier und Tschechen – auch beide Enkelsöhne von Präsident Masarek fielen im Bomberkommando – genau doppelt so viele Bomberbesatzungen verloren wie die Deutschen U-Bootfahrer, nämlich über 56000: es war die meistgefürchtete Waffengattung! Nur sieben, höchstens acht Flüge über Deutschland – und sie wurden abgeschossen. Die Amerikaner, die einen fairen Bombenkrieg führten – sie kamen am Tage und zielten stets, außer in Dresden einmal – *militärische* Ziele an, haben über dem Kontinent 44000 Mann aus ihren Bomberkommandos verloren. Kein einziger SS-Mann dagegen starb, weil er Juden ermordete... Vor allem aber: Im Luftkrieg begingen *beide* Kriegsparteien ruchlose Verbrechen. Während die Juden, die Zigeuner, die polnische Intelligenz nur deshalb getötet wurden, weil sie Merkmale aufwiesen, die abzulegen ihnen unmöglich war. Sie wurden deshalb ermordet, weil sie geboren waren. Dies war vor Hitler nur *einmal* – meines Wissens – in Europa der «Grund» zu einem Todesurteil gewesen: Sadisten in der Französischen Revolution guillotinierten, nicht immer, aber wenn ihnen das Spaß machte, auch Kinder, weil Adlige sie geboren hatten... Man muß auch den Bomberpiloten aller Nationen, sofern sie vorsätzlich Zivilisten töteten – und überhaupt nur von *solchen* Piloten reden wir heute –, zugute halten, daß sie sich einbilden konnten, sie leisteten damit einen Beitrag zum Sieg ihres Landes. Aber das ist natürlich schon ein höchst fragwürdiges Argument.

Wenn ich trotzdem so hartnackig diese beiden benachbarten Orte, Auschwitz und Dresden, im gleichen Satz zusammenfasse, so nur deshalb, weil es uns allen nichts weniger als das Leben kosten kann, wenn *nicht* endlich auch das Massaker von Dresden von den Militärs in West wie Ost verworfen wird – verworfen mit dem gleichen Ekel, den die Herren Generale – hoffentlich – vor Auschwitz empfinden.

Denn nur davon hängt unsere Zukunft ab: Ob der Wehrlose den Kombattanten wieder tabu wird. Ob man die wahnwitzige Idee in den Hirnen der heutigen Luftkriegstrategen aller Länder abtötet, die *Methode*, mit der sie Zivilisten im Ernstfall umbringen wollen, entscheide darüber, ob sie als Verbrecher oder Soldaten beurteilt werden. Nichts entscheidet sie, die *Machart*. Auschwitz kann nur dann zu einer Lehre für uns alle werden, wenn diese Lehre ganz simpel lautet: Zivilisten dürfen niemals das vorsätzliche Ziel sein. Simpel? Das *war* es einmal, in Europa. Vor Guernica, vor Lübeck, vor Belgrad. Da war dieses Gebot – das Gebot des Roten Kreuzes – eine Banalität für den Soldaten, der diese anständige Berufsbezeichnung verdiente. Heute ist aus dieser Banalität – ein unheimlicher Vorgang – wieder eine Zumutung an die Militärs geworden.

Ob es sich um unsere ‹Verteidiger› handelt oder um unsere potentiellen Gegner: Beide wünschen zu vertuschen, daß Mord Mord bleibt, auch dann, wenn man die Zivilisten nicht vergasen will wie in Auschwitz, sondern ‹nur› nuklear verstrahlen wie in Hiroshima, oder ersticken wie in Dresden. Noch einmal: Es kann, es wird uns allen das Leben kosten, eines Tages, eines Nachts, wenn man *nicht* die Zerstörer von Belgrad oder Rostock mit der gleichen Verachtung betrachtet, mit der man auf die Schergen von Treblinka oder Bergen-Belsen blickt. Das ist das unersetzliche, das hoffentlich weiterwirkende historische Verdienst der Kriegsverbrecherprozesse: daß durch sie vor aller Welt die Vergasungen in Lagern als derart ‹unmöglich› und verwerflich offenbart wurden, daß selbst die Vergaser persönlich, Eichmann oder Höss, ihre Taten nicht mehr zu verteidigen versuchten, sondern nur noch sich selbst. Während die «Wohnblockknacker» – so die amtliche britische Bezeichnung auf Deutsch für ihre schwerste Bombe: «Wohnblockknacker» – unter den Piloten, da Städtevernichtungen leider niemals Gegenstand der Prozesse wurden, noch heute allen Ernstes glauben (und die Welt glaubt es auch), sie hätten *als Soldaten gehandelt*. Auch Mr. Smith sagt es gerade wieder, natürlich habe er nichts als seine Pflicht getan. Und das macht Schule! Die heutigen Flieger finden schon selbstverständlich, was den Angehörigen des britischen Bomberkommandos doch immerhin noch Problem war, und was die amerikanischen Bomberbesatzungen zwar nicht über Japan, aber immerhin in

Europa bis Januar 1945 als indiskutabel ablehnten: vorsätzlich Wehrlose zu töten. Die Eröffnung des Raketenzeitalters durch Hitler war ein weiterer Schritt – nicht zur gezielten, sondern vielmehr zur völlig ziel- und zügellosen Ausrottung Wehrloser durch Luftangriffe. Heute – das ist der Fortschritt! – wendet niemand mehr etwas gegen diese Ausgeburt des verzweifelnden Braunauers und seines von Braun ein, weil dieses zweitübelste Werkzeug Hitlers der Stolz aller nicht unterentwickelten Länder geworden ist.

Der britische Luftmarschall Saundby, mit dem man ganz hart und offen sprechen kann, hat mir recht gegeben: Die Angriffe 1941–1945 hätten kaum stattgefunden, meint er, wenn sie durch internationale Abmachung vor 1939 diskreditiert worden wären. Aber solche Abmachungen gab es nicht – und gibt es noch immer nicht, obwohl das Genfer Rote Kreuz seit 1957 dafür kämpft. Luftmarschall Sir Arthur Harris konnte noch kürzlich mit einem Anschein sogar von Recht zu Irving sagen, das einzige internationale Gebot, an das er und sein Bomberkommando sich während des ganzen Krieges gebunden gefühlt hätten, sei eine Vereinbarung aus dem Deutsch-Französischen Krieg 1870 gewesen, die den Abwurf von Sprengkörpern aus gasgefüllten Luftschiffen untersagte. Mit dem ihm eigenen Humor hob Harris sarkastisch hervor, *dieses* Verbot sei während des ganzen Zweiten Weltkrieges vom R.A.F.-Bomberkommando strikt eingehalten worden.

In der Tat, es gibt zwar ein Seekriegsrecht und ein Landkriegsrecht. Ein Luftkriegsrecht gibt es nicht. Und die führenden Mächte *wollen* nicht, daß ein Luftkriegsrecht geschaffen wird, das sie im Kriegsfall zwingen würde, Bevölkerungszentren zu verschonen.

David Irving, der auf meine Bitte hin ein Buch schrieb: ‹Von Guernica bis Vietnam›, resümiert: «In einem Zeitraum von gerade dreißig Jahren ist unsere Zivilisation von dem Schrecken, den der Verlust von neunzig Menschenleben in Guernica bedeutete, über den Mord an sechs Millionen Juden bis hin zu dem Gleichmut ‹fortgeschritten›, mit dem man im Falle des nächsten großen Konflikts dem Verlust von mehr als einer Million Menschenleben in den ersten paar Stunden der kriegerischen Auseinandersetzung entgegensieht. Die Schuld an dieser Entwicklung kann man jenen Staatsmännern geben, die es im Jahre 1930 versäumt haben, Bombardements aus der Luft ganz allgemein zu ächten ... Es ist eine leere Hoffnung, erst auf die drohende Aussicht von Feindseligkeiten zu warten, bevor man über deren Begrenzungen die Diskussion aufnimmt. Die unabdingbaren Interessen der stärkeren Mächte werden solche Bemühungen erfolgreich zu ersticken wissen.»

Den Staatsmännern von 1930, die den vorhandenen Land- und Seekriegs-Gesetzen das Gesetz zum Schutze offener Städten damals versäumten hinzuzufügen, steht das Recht auf Ahnungslosigkeit zu. Niemand *konnte* voraussehen, was Bomber anrichten könnten, demnächst. Wir nach Dresden, nach Hiroshima haben diesen mildernden Umstand nicht mehr.

II.

Auf dem Weg zu Smith zeigte Irving mir zwei der unzähligen Briefe, die vor und nach dem Erscheinen seines Dresden-Buches an ihn geschrieben wurden. Ich zitiere aus einem Satz im Beamtendeutsch eines Mannes vom Statistischen Bundesamt in Wiesbaden:

«Durch den Weitertransport der Toten von ersten Bergungsplätzen zu Massenverbrennungsstellen, durch den Übergang von Einzelaufnahmen zu Pauschalzählungen bei der Bergung und infolge Vernichtung von nicht rasch genug bergbaren Gefallenengruppen in den Kellern wegen beginnender Seuchengefahr mit Hilfe von Flammenwerfern nach überschläglicher Schätzung der Totenzahl...»

An diesen Satzfetzen, bei dem einem wahrhaftig nicht wegen der fehlenden Kommas der Atem stockt, muß ich denken, als ich dem farblosen Mr. Smith gegenübertrete, der natürlich – wieso eigentlich ‹natürlich›? – so unkriminell und normal ist, und gerade dies ist ja so furchtbar, wie der Bruder, der Vetter, den jeder von uns in der eigenen Familie – ja, wie das Bild, das man ungefähr auch im eigenen Spiegelglas findet.

In dem anderen Brief schrieb ein Türke, der 1945 Student in Dresden war und nach dem Angriff seine Braut suchte: «Auf den Straßen lagen u. a. nackte Frauen, mit durch Hitze- und Luftdrukken frühgeborenen Kindern mitten ihren Schenkeln. In einem Fall war sogar ein Kind nur mit dem Kopf herausgeragt, und die Füße steckten noch im Mutterleib. Sie schreiben auch von nackten Toten, erwähnen aber nicht, warum die nackt herumlagen? Jedenfalls suchte ich meine Verlobte unter diesen toten Frauen. Sie war in anderen Umständen, und so mußte ich jede von ähnlichen toten Frauen die Zähne untersuchen, da die Gesichter und alles verbrannt waren. Nachmittags gelangten wir zum Stadtteil Weißer Hirsch. (14.2.) Über die Elbe herrschte eine gewaltige Hurricane, verursacht durch die Brände. Wir mußten auf der Elbesbrücke an die Gitter festhaltend auf dem Boden kriechen, um nicht von den Wirbelwinden aufgesaugt zu werden.» Die Brücken, erläutert mir Irving, die einzigen militärischen Ziele der Stadt, wurden nämlich bei keinem der drei Angriffe getroffen...

Schon während ich Mr. Smith gegenübersitze, empfinde ich die Ungerechtigkeit, gerade seinen Namen, seinen «job», wie er sagt, bei diesen Überlegungen zu Dresdens Untergang hervorzuheben. Gewiß, Smith leitete den Angriff, und doch: Nichts, nicht das geringste hat dieser Mann getan, was nicht vermutlich alle anderen Piloten aller anderen Nationen, sofern sie nur technisch das gleiche Ausbildungsniveau wie Smith erreicht hatten, auch getan hätten. Daher überträgt sich ein Teil seiner Schuld auf uns alle. Schuldiger als dieser einzelne ist die Gesellschaft, die ihm das Gewissen für das genommen hat, was er in ihrem Namen praktizierte.

Diese Gesellschaft und ihre Normen haben sich seit Dresden nicht geändert. Schlimmer noch: Für alle Bomberstrategen wurde Dresden das *Muster*, der Beweis nämlich, daß man eine Stadt aus der Luft – sogar mit ‹konventionellen› Waffen – vernichten könnte. Und da man es *konnte*, wurde bis heute von unseren Militärs niemals bezweifelt, daß man es *durfte*. Hannah Arendt sagte von Eichmann, und es ist vielversprechend, daß diese präziseste aller Formulierungen, mit denen jemals der normale Befehlsempfänger charakterisiert worden ist, auch für die Kennzeichnung der Städte-Bombardeure (aller Völker) des Zweiten Weltkrieges ohne Einschränkung zutrifft: «Er hat sich... niemals vorgestellt, was er eigentlich anstellte.»

Auch Smith nicht, auch Harris nicht, auch nicht Lord Alanbrooke, der Großbritanniens höchster Soldat war. Alanbrooke, der täglich Tagebuch führte, hat Dresden *nicht* erwähnt, und er war ein sehr aufrichtiger Journalführer, und, nebenbei, der zärtlichste Ornithologe. Mit Sir Charles Portal, der persönlich den Angriffsbefehl erteilte, war er in der Woche von Dresden – möglicherweise am gleichen Abend, möglicherweise zwei Abende oder einen früher oder später – im Buckingham-Palace zu Tisch. *Dies*, aber nicht den unmäßigsten Städtebrand der Geschichte, hält er für aufschreibenswert: «Der König und die Königin waren wie immer ganz außergewöhnliche Gastgeber, sie ließen uns die höfische Atmosphäre sofort vergessen. Der König sprach lebhaft von den neuen Ordensbändern, die er sich ausdenkt, und von denen er einen Umschlag voll in der Tasche hatte.»

Smith betont, daß das Flugpersonal keinerlei Haß- oder Rachegefühle empfand – ganz offenbar glaubt er, diese rein technische Betrachtungsweise sei menschlicher, während ja *gerade sie* das Erschreckendste ist: «Ganz gewiß hatten wir keinen Spaß daran, obwohl uns das, was wir taten, technisch sehr interessierte, und wir bemühten uns, es so gut wie möglich zu machen.» Der Menschlichkeit wegen hätte ich zu hören gehofft, Mr. Smith würde im Hinblick auf Dresden auf unsere deutschen Schandtaten gegen die Juden verwiesen haben. Durchaus nicht. So frage ich ausdrücklich danach. Ja, sagt er, mehr und mehr sei drüben davon ruchbar geworden, aber gleichzeitig, fügt er sofort hinzu, kamen ja die Nachrichten, wie «extremely correct» die abgeschossenen Bomberpiloten in Deutschland behandelt wurden. «Wie ich Ihnen schon früher sagte, wenn mir ein Angriff besonders leid getan hätte, so wäre es Dresden gewesen, aber das war eigentlich eine persönliche Angelegenheit – eigentlich ein Mißverständnis meinerseits, weil wir alle die Vorstellung hatten, daß Dresden eine besonders schöne Stadt war, und wir dachten daran, so im Sinne von Dresdner Porzellan (in terms of Dresden china), und ich glaube, einige von uns hätten es lieber gesehen, der Angriff hätte einer weniger hübschen alten Stadt gegolten.»

David Irving, diplomatisch, beginnt seine neue Frage mit der Vorbemerkung, sie träfe ja weniger auf ihn, Oberstleutnant Smith, zu, der oft sehr viel lohnendere Ziele als Dresden oder Heilbronn oder Karlsruhe in seiner Eigenschaft als Masterbomber angegriffen habe, nämlich militärische, Eisenbahnanlagen zum Beispiel. Was aber wohl *andere* Offiziere des Bomberkommandos gedacht hätten, möchte Irving wissen.

Mr. Smith antwortet: «Ja. Ich kann mir denken, daß sie ein gewisses Bedauern empfunden hätten, wenn sie sich über so etwas tiefere Gedanken gemacht hätten. Und ich glaube nicht, daß sie das verhehlt hätten, indem sie sagten, die Deutschen hätten es verdient. Ich glaube nicht, daß sie das gesagt hätten. Sie hätten wahrscheinlich gesagt: Wir haben Krieg und wie kann man es von Krieg trennen? Die ganze Sache ist faul.» Das Bodenpersonal, gesteht Mr. Smith zu – und man empfindet diesen menschlichen Aspekt als Erleichterung –, das näher mit den Zerstörungen der deutschen Luftwaffe in englischen Städten in Berührung gekommen sei, habe schon eher gesagt: «Gebt's ihnen wieder» (Let'em have one for us).

Er selbst: kein Haßgefühl, kein Mitgefühl. Ergaben die Luftfotos, daß eine Stadt *total* vernichtet war, so reagierten die Piloten: «Gott sei Dank, da müssen wir nicht wieder hin.»

Für den zweiten Angriff auf Dresden, in der gleichen Nacht und bevor am nächsten Tag die Amerikaner bomben sollten, war als Masterbomber ein Offizier ausgewählt worden, der schon im November 1944 aufgefordert worden war, nach Freiburg voranzufliegen. Das hatte er damals abgelehnt, da er an der dortigen Universität studiert hatte und viele seiner Freunde dort wohnten. Offenbar hatte er das ablehnen dürfen, ohne daß ihm deshalb die gefürchtete – und die Laufbahn eines Offiziers sehr erschwerende – Formel: Lmf – «Lack of moral fibre» – ins Soldbuch gestempelt wurde. Das hieß nicht ganz: Feigling. Aber fast.

Studiert man bei Irving die heute sadistisch wirkende, obwohl völlig sachlich gemeinten Einzelanweisungen für die Angriffe, Vorkehrungen etwa, daß der zweite Angriff, ja nicht eine Minute früher erfolgt als nach Ablauf eines Zeitraumes, dessen Länge unbedingt gewährleistet, daß die Löschzüge aus anderen mitteldeutschen Städten schon zur Hilfe am Tatort eingetroffen sind und also beim zweiten Schlag mitvernichtet werden können: liest man das, seitenweise, so glaubt man kaum mehr, daß die Verbrennung der Städte der *erste* Vorsatz war, sondern die Ausrottung von Non-Kombattanten.

Harris, der Chef, hat das mit der ihm eigenen Forschheit – zum Unbehagen des Kabinetts – auch niemals bemäntelt, sondern noch betont, und damit den beharrlich und jahrelang das Parlament belügenden Luftfahrtminister verärgert. So sagte Harris: «Ehe wir den Krieg gewinnen können, müssen wir zuvor einen ganzen Haufen deutscher Zivilisten töten.» Solche und viele ähnliche Äußerungen führender Briten machen es so schwer, daran festzuhalten, was mir bisher *der* entscheidende Unterschied zwischen einem Eichmann und einem Harris zu sein schien. Ich sagte: Eichmann kann nicht geglaubt haben, die Vergasung jüdischer Familien bringe Hitlers Deutschland dem «Endsieg» *einen* Schritt näher. Das kann er nicht geglaubt haben.

Und Harris? Ohne Frage hat er geglaubt, die Niederbrennung

der Städte führe zu Hitlers Untergang. Aber auch die Verbrennung der Städter? Ein General soll das geglaubt haben? Übrigens besitzt Irving das Flugblatt, das die R.A.F. beim Angriff auf Dresden abwarf, und aus dem leider hervorgeht, daß in London die Überfüllung der Stadt durch die Flüchtlingsströme bekannt war. Fataler noch: Es gibt den Beweis, daß diese Tatsache einer der Gründe war, wenn nicht der Hauptgrund, warum Churchill das Massaker anordnete. Maurice Smith sagt von seinem alten Chef, Harris sei immer als «butcher» bekannt gewesen. «Gewiß dachten manche Leute, er sei ein ‹butcher›, und ich habe Leute ihn deswegen verteidigen und auch angreifen hören. Aber wenn man überhaupt zu einem Schluß kam, so war es fast jedesmal der, ob er nun ein ‹butcher› war oder nicht, er hatte auch seinen ‹job› zu tun, und so weiß ich nicht, wo man die letzte Verantwortung suchen soll.»

Harris sagt, er trage sie nicht. Tatsächlich war das Flächenbombardement vom Kabinett bereits angeordnet, als er im Februar 1942 das Kommando übernahm. Sein Stellvertreter, Marschall Saundby, bei dem wir morgen Tee trinken sollen, leitet denn auch mit großer Gelassenheit Irvings Dresden-Buch durch folgende Worte ein: «Als mich der Autor... bat, ein Vorwort zu schreiben, war meine erste Reaktion, daß ich eigentlich zu unmittelbar an dem Geschehen beteiligt gewesen sei. Aber trotz meiner unmittelbaren Beteiligung war ich doch in keiner Weise für die Entscheidung verantwortlich, einen großangelegten Luftangriff auf Dresden durchzuführen. Ebensowenig war es mein Oberfehlshaber, Sir Arthur Harris. Unsere Aufgabe bestand darin, die Befehle des Luftfahrtministeriums nach besten Kräften auszuführen. Und in diesem Falle gab das Luftfahrtministerium nur die Befehle weiter, die es von den für die oberste Kriegsführung Verantwortlichen erhalten hatte.»

Solche Worte zu lesen, fast wörtlich dieselben, bedarf es aber leider nicht des Dresden-Buches von Irving. Man findet sie heute in jeder Tageszeitung, in jeder Verteidigungsrede eines deutschen Kriegsverbrechers.

Nicht nur dieses Zitat belegt, daß Widerstand gegen das *vorsätzliche* Ausrotten von Non-Kombattanten von den Militärs erstens *dann* nicht zu erwarten ist, wenn diese Morde per Luftangriff geschehen; zweitens dann nicht, wenn ein militärischer Effekt sich von der Ermordung Wehrloser versprochen wird; drittens dann nicht, wenn die «Herren» sich auf einen Befehl herausreden können.

Hitlers Generaloberst Jodl, sein gefügigster Offizier neben Feldmarschall Keitel, hat bereits in seiner Denkschrift: ‹Die Weiterführung des Krieges gegen England›, die Hitler am 30. Juni 1940 im Hauptquartier Tannenberg bei Freudenstadt las, die Terrorangriffe gefordert: «Verbunden mit Propaganda und zeitweiligen Terrorangriffen – als Vergeltung erklärt –, wird diese zunehmende Schwächung der englischen Ernährungsbasis den Widerstandswillen des Volkes lähmen und endlich brechen und damit seine Regierung zur Kapitulation zwingen.»

Das ist aufschlußreich: Ein *Heeres*-General, noch altbayerisch erzogen, verlangt das bereits zehn Wochen, *bevor* Hitlers Luftwaffen-Generalstabschef Jeschonnek erkennt, daß mit *fairen* Mitteln die Battle of Britain nicht zu gewinnen sein wird, und von Hitler – noch vergebens – die Erlaubnis erbittet, am 14. September 1940, Terrorangriffe gegen London fliegen zu dürfen! Zehn Wochen vorher schon ist Jodl völlig enthemmt: Der intelligente Offizier hat nie begriffen, warum er in Nürnberg gehängt werden sollte, hat aber schriftlich lange, bevor Hitler das wollte, die Ausrottung von Non-Kombattanten in England durch Luftangriffe vorgeschlagen... (Jodl war Bayer.)

Wer sich nun damit trösten will, daß ein Nazi-General nicht repräsentativ für das Denken auch der Militärs anderer Zeiten oder Nationen sei, der muß hier enttäuscht werden: Wir belegen die absolute moralische ‹Neutralität› der Militärs gegenüber den Luftangriffen auf Bevölkerungszentren durch Äußerungen des höchsten britischen Generals, des Empire-Stabchefs Lord Alanbrooke, durch Briefe des britischen Admirals Hamilton, durch den amerikanischen Seeoffizier und Historiker S. E. Morison – und vor allem durch Äußerungen Winston Churchills, deren erschreckende Ruchlosigkeit darin besteht, daß sie sich nicht auf Deutschland beziehen, nicht auf die Behandlung jener Nation, die für die Verbrechen von Guernica, Coventry, Warschau verantwortlich ist –, sondern auf die Russen, die zum Zeitpunkt dieser Äußerungen sogar noch Churchills Kriegskameraden gewesen sind!

Der am 5. März 1942, zwei Wochen nach der Kapitulation der Festung Singapur vor den Japanern, in London zum Vorsitzenden des Dreierkomitees der Stabschefs ernannte General und spätere

Feldmarschall Sir Alan Brooke hat nicht in dem Maße, wie es in meinem Drama ‹Soldaten› geschieht, seinem Premierminister in dessen Konzeption hineingeredet, den Sieg über Deutschland durch Bombenangriffe zu erzwingen. Im Gegenteil, der Herausgeber der Tagebücher Brookes schreibt, daß bis Frühjahr 1942 «Englands einzige Hoffnung, den Krieg zu gewinnen, in einer Steigerung der Luftangriffe bestanden habe, wenn man von Churchills heroischen Anweisungen zur Ausbildung von ‹Kommandos› und zur Aufstellung von Landungsstreitkräften für amphibische Operationen absieht». Aber Brooke, der so mutig, daß es in Deutschland den Kopf gekostet hätte, seinem Verteidigungsminister Churchill zu widersprechen pflegte und sich dafür mit wahrhaft antikischer Gelassenheit entnervende Wutanfälle zuzog, spricht in meinem Drama auch für alle jene hohen Offiziere, die aus rein militärischen (aber keineswegs moralischen) Gründen das Flächenbombardement von Wohnzentren ablehnten und seine einmalige Bevorzugung in der britischen Strategie als fehlerhaft bekämpft haben. David Irving, der für seinen Report der Geleitzug-Katastrophe PQ 17, von der Churchill sagte, «das düstere Geschick eines jeden Schiffes gäbe Stoff zu einer Sage, es war eine der schlimmsten Episoden des gesamten Seekriegs», auch den privaten Nachlaß des Konteradmirals Sir Louis Hamilton durchforstet hat, fand in dessen Briefen – die hier zum erstenmal gedruckt werden – die Ablehnung des unterschiedslosen Flächenbombardements von Wohnzentren so bösartig formuliert, daß diese Kritik an den Kameraden des Bomberkommandos nur aus der Sorge des Patrioten verständlich wird. So schrieb der Admiral am 26. März 1942 seiner Mutter: «... Keiner kann mit Sicherheit sagen, was der Boche in puncto Bomben tun wird; aber ich neige zu der Ansicht, daß er nicht imstande ist, die Flugzeuge für großangelegte Angriffe auf London aufzubringen, bevor er die Russen geschlagen hat, und das wird noch eine ganze Weile dauern. Meine persönliche Theorie ist: Er hat sich klargemacht, daß man den Krieg nicht gewinnen kann, indem man Frauen und Kinder tötet, und daß er jetzt alle Flugzeuge, die er hat, auf den Schlachtfeldern in Rußland und im Mittelmeerraum einsetzt.

Frauen und Kinder zu bombardieren ist ein Luxus, den man sich nur dann leisten kann, wenn man überschüssige Flugzeuge hat, die auch noch mitmachen wollen. Die deutsche Wehrmacht hat die R.A.F. ganz schön an der Nase herumgeführt. Letztere baut jetzt nämlich wirklich eine große Zahl von teuren und schweren Bombern, die zu nichts *anderem* zu gebrauchen sind, als um Frauen und Kinder zu bombardieren; das Argument der R.A.F. lautet, die Bomber seien die einzigen, die die russische Offensive unterstützen, weil sie deutsche Kampfflugzeuge im Westen festhalten. Was sie aber nicht dazusagen, das ist, daß die Deutschen eine gleich große Anzahl von unseren eigenen Kampfflugzeugen in England festhalten, indem sie jede Nacht ein paar Maschinen hier herüber zu uns schikken. Ich fürchte, daß die Gefahr, den Krieg zu verlieren, ziemlich groß ist, wenn man sich nicht endlich folgendes klarmacht:

1. daß dies in erster Linie ein Seekrieg ist;
2. daß man Kriege nur gewinnt, wenn man die Soldaten und Seeleute des Feindes tötet;
3. daß das Flugzeug ebensogut eine Seewaffe ist wie ein U-Boot oder ein Zerstörer...»

Am 20. April 1942 schrieb der Admiral, ebenfalls seiner Mutter: «...Immer wenn ich jetzt einen von der Luftwaffe sehe, dann lade ich ihn ein, sich doch am ‹Kampf› zu beteiligen; ich sage ihm dann jedesmal, daß es eine höchst lobenswerte Freizeitbeschäftigung ist, die Boche-Frauen und -Kinder umzubringen, und daß ich das durchaus gutheiße, aber wenn er im Krieg mithelfen wolle, dann müsse er schon die Soldaten und Seeleute des Feindes töten...»

Sechs Wochen später, heute unfaßbar, mußte damals General Wavell aus Indien in Erwartung der japanischen Invasion und einer Revolution beim Empire-Stabschef Brooke Beschwerde führen: «Wenn man bedenkt, daß man mit zwanzig Bombern einem Angriff hätte begegnen können, der uns drei wichtige Kriegsschiffe und einhunderttausend Tonnen Handelsschiffraum kostete, und dann hört, daß über zweihundert schwere Bomber eine einzige Stadt in Deutschland angegriffen haben, dann wird man gewiß wütend.»

Krieg macht blind, der Handelnde ist es ohnehin. Es bedingt einander, daß der Entschluß, auf Städtetilgungen die meiste Kraft zu konzentrieren, zeitlich zusammenfällt mit den demütigendsten Niederlagen der britischen Geschichte, der höchsten Gefährdung der Karriere Churchills – wie er selbst über das Frühjahr 1942 schreibt – und mit der logischen Tatsache, daß diese Katastrophen *auch* dadurch hervorgerufen wurden, daß man die Elitemannschaften und die Rüstungskapazität weitgehend für eine Waffengattung zusammenhielt, die nicht an der *Front* eingesetzt wurde. Kreislauf des Absurden: die Katastrophen an der Front enthemmten moralisch Lindemann und Churchill – und ließen sie Entschlüsse fassen, deren Praktizierung die Katastrophen in der Armee noch steigerten!

Der Zweite Weltkrieg ist vorüber – *geblieben* indessen ist jene Auffassung vom Bombenkrieg, die erst während der Tobsuchtsanfälle zwischen Rotterdam und Hiroshima sich gebildet hat. Geblieben ist die entsetzliche Frage: was halten Luftkriegs-Strategen nicht nur für erlaubt gegenüber einem Volk, das mit Auschwitz die ‹moralische› Voraussetzung für die Wegtilgung Dresdens geliefert hat, sondern was halten sie überhaupt für erlaubt, selbst gegenüber einem Volk, das niemals Bombenkrieg gegen ein anderes Volk geführt hat?

Churchill, der als Sieger zum großen Maßgebenden wurde, gab noch im Amt die Antwort, *was* er für erlaubt hielt – nicht gegenüber den Deutschen, wie wir wiederholen. Sondern gegenüber *dem* Volk, das an der Seite des britischen soeben die vermutlich meisten Opfer aller Kriege gebracht hatte, um sich und das Abendland und die – Briten vor Hitler zu retten: gegenüber dem russischen!

Feldmarschall Lord Alanbrooke notierte, bereits am 23. Juli 1945 in Potsdam sei Churchill, der «die amerikanischen Berichte über die Ergebnisse der soeben in den Staaten mit dem neuen Sprengkörper angestellten geheimen Versuche gelesen» hatte, «ganz hingerissen» gewesen, da er sich bereits «in der Lage sah, alle russischen Industrie- und Bevölkerungszentren austilgen zu können, ohne eines der damit verbundenen Probleme, wie die Lieferung der Bombe, die Produktion der Bomben, die Möglichkeit, daß die Russen ebenfalls solche Bomben besaßen, usw. in Betracht zu ziehen. Sofort hatte er sich selbst als den alleinigen Besitzer dieser Bomben vorgestellt, der sie abwerfen konnte, wo er wollte, und somit allmächtig und imstande war, Stalin zu diktieren!»

Festhaltenswert ist, daß selbst Alanbrooke – sogar später: in Friedensjahren, als er seine Tagebuchnotizen kommentierte – in der Wegtilgung auch der *Bevölkerungszentren* des Waffenbruders Stalin, mit dem er wie Churchill in diesen Potsdamer Tagen stundenlang getafelt, getrunken, konferiert und Autogramme getauscht hat, ausschließlich *technische* Probleme sah, wie etwa die Produktion der Bomben. So liefert Brooke, der – immerhin Chef des Empire-Generalstabs – auch die Angriffe auf Dresden überhaupt nicht *erwähnt*, obgleich er täglich Tagebuch schrieb, ich glaube: das beste, interessanteste überhaupt aus dem Zweiten Weltkrieg –, so liefert er den eindrucksvollen Nachweis, was aus einem guten Menschen, aus dem moralisch Durchschnittlichen, Normalen, in nur fünfjähriger Tätigkeit am grünen Tisch werden kann.

Beunruhigend ist, daß auch Arthur Bryant, der kenntnisreich kommentierende Herausgeber der Tagebücher Lord Alanbrookes, das *moralische* Problem der jahrelang durchgeführten Flächenbombardements mit keiner Silbe streift – es offensichtlich überhaupt nicht *wahrnimmt*. Mochte ihm das Volk, das Raketen in die City von London geschossen hatte, verständlicherweise gleichgültig sein: Warum waren es auch die *japanischen* Zivilisten, deren Anführer ja niemals ein britisches oder amerikanisches Bevölkerungszentrum gebombt hatten? Und dessen Leid, vor dem alle Worte schwach werden, der Feldmarschall Brooke durchaus studieren konnte, als er mit MacArthur durch das weggebrannte Tokio – fünfundachtzigtausend Tote in *einer* Nacht – spazierenfuhr?

Amerikanische Historiker sind fair genug, wie S. E. Morison, der offizielle Seekriegshistoriker der US-Navy und Veteran von Guadalcanal, dem ‹Verdun› des Krieges im Pazifik, harte Wahrheiten zuzugeben: «Wir führten keinen ritterlichen, zivilisierten Krieg. Alle Griffe waren erlaubt; sie glaubten, sie könnten auf diese Weise eine ‹verweichlichte Demokratie› in Schrecken versetzen. Wir zahlten es ihnen heim, mit all dem zusätzlichen Grauen, das die moderne Wissenschaft hervorbringen kann.»

Dagegen mußte der Brite David Irving, zwanzig Jahre nach Dresdens Verfeuerung, am Schluß eines ergreifenden Nekrologs feststellen, daß die um 1960 im Auftrag der Regierung Ihrer Majestät verfaßte offizielle vierbändige britische Geschichte der strategischen Bombardierung Deutschlands zwar über zehn Seiten der *Vor*geschichte der Angriffe auf Dresden widmet, ihrem Resultat jedoch keinen einzigen Satz.

Dresden, den 22.3.1940
korr. 1945

Der Befehlshaber der Ordnungspolizei.

Tagesbefehl Nr. 47.

1) Luftangriff auf Dresden.

Um den wilden Gerüchten entgegentreten zu können, folgt nachstehend kurzer Auszug der Schlußaufstellung des Polizeipräsidenten von Dresden über die 4 Angriffe am 13./14./15.2.1945 (korr. 13./14.2., 15.4.1945) auf Dresden.

1. Angriff am 13.2.1945 von 22.09–22.55 (22.55 korr.: unleserlich) Uhr; Abwurf von etwa 3000 Spreng- und 400000 Stabbrandbomben
2. Angriff am 14.2.45 (korr.: 13.2.45) von 1.22–1.54 (korr.: 2.04) Uhr; Abwurf von etwa 4500 Spreng- und 170000 Stabbrandbomben
3. Angriff am 14.2.1945 von 12.15–12.25 Uhr; Abwurf von etwa 1500 Spreng- und 50000 Stabbrandbomben
4. Angriff am 15.2.45 (korr.: 15.4.45) von 12.10–12.50 Uhr; Abwurf von etwa 900 Spreng- und 50000 Stabbrandbomben.

Total vernichtet bzw. schwer beschädigt wurden 13441 Wohngebäude, das sind 36% aller Wohngebäude in Dresden.

Weiter wurden total vernichtet, bzw. so schwer beschädigt, daß sie nicht mehr benutzt werden können:

30 Banken	647 Geschäftshäuser
36 Versicherungsgebäude	2 Museen
31 Waren- und Kaufhäuser	19 Kirchen
32 größere Hotels	6 Kapellen
25 größere Gaststätten	22 Krankenanstalten
75 Verwaltungsgebäude	72 Schulen
6 Theater	5 Konsulate, darunter das Spanische und das Schweizer Konsulat
18 Lichtspielhäuser	

Im Kühlhaus wurden nur 180 Faß (hs. Zusatz: Butter) (zu je 50 kg) vernichtet, alle anderen Bestände wurden gerettet.

Bis zum 20.3.1945 abends wurden 202040 Tote, überwiegend Frauen und Kinder geborgen.

Es ist damit zu rechnen, daß die Zahl auf 250000 Tote ansteigen wird. Von den Toten konnten nur annähernd 30% identifiziert

werden. Die Ordnungspolizei Dresden (Schutzpolizei) hat 73 Tote, 276 Vermißte, die zum großen Teil zu den Toten gerechnet werden müssen, zu verzeichnen.
Da der Abtransport der Toten nicht rechtzeitig und rasch vonstatten gehen konnte, wurden 68650 Gefallene eingeäschert, die Asche auf einem Friedhof beigesetzt.
Da die Gerüchte die Wirklichkeit weit übertreffen, kann von den tatsächlichen Zahlen offen Gebrauch gemacht werden.
Die Verluste und Schäden sind schwer genug.
Die ganze Schwere des Angriffes liegt darin, daß dieser Umfang der Schäden in wenigen Stunden hervorgerufen wurde.

Für den Befehlshaber der Ordnungspolizei
Der Chef des Stabes, gez. Grosse
Oberst der Schutzpolizei.

Ich kommentiere: Als 1965 Dr. med. Max Funfack, einst ein hoher Medizinal-Offizier in Dresden – sichtbar auf einem der Fotos von der Verbrennung der Luftkriegs-Leichen auf dem Dresdner Altmarkt –, das alsbald umstrittene Grosse-Dokument in den Westen brachte, da wurde dessen Echtheit zuerst von David Irving angezweifelt, jenem Engländer, der das berühmte Buch über Dresden schrieb, das als Zahl der dort Umgekommenen aufgrund sorgfältiger Forschungen 135000 angab. Denn der Befehlshaber der Ordnungspolizei in Dresden, Oberst Grosse – niemals Mitglied der SS –, hatte geschrieben: «Bis zum 20.3.45 abends wurden 202040 Tote geborgen, in der Mehrzahl Frauen und Kinder... Es ist damit zu rechnen, daß die Zahl auf 250000 ansteigen wird... Da die Gerüchte die Wirklichkeit weit übertreffen, kann von den tatsächlichen Zahlen offen Gebrauch gemacht werden.» Der Hamburger ‹Stern› beauftragte Irving, dessen Buch über Dresden – in meiner Gegenwart – der Planer des Angriffs, Vice-Airmarshall Sir Robert Saundby und – ebenfalls in meiner Gegenwart – Oberst Maurice Smith, der sogenannte «Masterbomber», der dem ersten der Angriffe vorangeflogen war, als fair und objektiv beurteilt haben –, der ‹Stern› sandte Irving zur Witwe Grosses, einer 1965 Sechzigjährigen nach München, die am 10. Juli 1965 Irving die Echtheit bestätigte und ihm sagte – das Protokoll ist nachzulesen heute in dem Heyne-Taschenbuch Nr. 5485, Irving: ‹Der Untergang Dresdens› –, auch ihr Mann sei auf dem gleichen Foto hinter Dr. Funfack sichtbar. Frau Grosse «erinnert sich gut daran, wie ihr Mann ihr während der Wochen nach dem Angriff die Zahl der täglich gefundenen Opfer anvertraute – sie wuchs auf die Zahl von 10000 täglich an. Sie erinnert sich an seine Vorhersage, daß die Gesamtzahl eine Viertelmillion sein würde... Sie bestätigte, daß die Zusammenfassung der Totenlisten... Oberst Grosses direkte Aufgabe war.»

Wenn DDR-Historiker im westdeutschen Fernsehen behauptet haben, Grosses 1965 aufgefundene Zählung sei eine Fälschung der Nazis, so ist das – nicht nur wegen der Aussagen der Witwe Grosse und Dr. Funfacks – deshalb so unglaubhaft, weil die Nazis nachweislich diese Zahl *niemals irgendwo publiziert* haben, nicht im Funk, nicht in der Presse, nicht einmal im Tagebuch von Goebbels steht sie: sie hielten sie so geheim – wie kein Mensch das mit Propaganda-Lügen macht! Warum fälschen, wenn man die Fälschung nicht benutzt? Sie hatten den Funk bis fast zum letzten ihrer Tage. Sie hatten im Februar noch Hunderte von Zeitungen: warum hätten sie diese Zahl nicht ausposaunen sollen, hätten sie ihren Chefflügnern in Funk und Presse befohlen, sie zu erfinden?

Einer der DDR-Historiker erklärte im westdeutschen Fernsehen am 40. Jahrestag der Verbrennung Dresdens, «faschistische Propagandisten» hätten an die Zahl in Grosses Tagesbefehl «einfach eine Null angehängt». Nun, eine schlichte Bemerkung – denn weniger als 35000 Tote hat selbst der erste, von den Russen eingesetzte Nachkriegs-Bürgermeister, ein strammer Kommunist, niemals angegeben; und wer an 35 eine Null hängt – kommt ja kaum, sofern ich richtig rechne, auf 250.

Warum hätte Witwe Grosse in München zwanzig Jahre nach Kriegsende den Briten anlügen sollen? Wenn zwei Jahre vor Dresdens Vernichtung, wenn 1943 während der Augusthitze in Hamburg keine Notwendigkeit bestanden hat, die 50000 Toten auf Scheiterhaufen einzuäschern – warum hätte man dann nicht auch in Dresden, als keine Sommer-Hitze war, die Toten ebenso wie in Hamburg in Massengräbern beisetzen können? Mitte Februar kann man auch im Winter in Mitteleuropa Gräber ausheben. Die Scheiterhaufen wurden errichtet, weil die Massen der Toten nicht beizusetzen waren, erstmals in einer deutschen Stadt! Die genaue Zahl wird nie zu ermitteln sein.

Vermutlich meinte der erste Dresdner Bürgermeister nach dem Einzug der Russen, es seien 35000 Dresdner umgekommen, was wahr sein kann. Denn die Mehrzahl der Toten waren Nichtregistrierte, Durchreisende, Flüchtlinge, auch Verwundete oder noch unverwundete Soldaten. Vor allem jedoch: der linientreue Kommunist machte seine Angabe auf dem – scheinbaren – Höhepunkt der russisch-westlichen Freundschaft, während der Potsdamer Konferenz, als es sich «noch gehörte» für einen Deutschen nicht die Moral der Großen Koalition anzuzweifeln... Als dann der Kalte Krieg zwischen Russen und Briten und Amerikanern ausbrach, konnte der Bürgermeister von seiner Schutzlüge des Jahres 1945 freilich nicht mehr herunter...

Es gibt keinen Grund anzunehmen, das *fassungslose* Entsetzen über Dresden – hätte nicht auch eine neue, in seinen Dimensionen nicht mehr *faßbare* Ursache gehabt! Wären in Dresden nicht mehr Menschen umgekommen als in vielen anderen Städten, warum würde dann nicht heute auch anläßlich der Gedenktage an die Feuerstürme in Kassel, in Pforzheim – und im alliierten Lager: in Warschau, in Rotterdam des Luftkrieges gedacht?

Wer hätte 1965 Frau Grosse und Dr. Funfack hindern können zu sagen, die Nazis hätten Grosse gezwungen, eine falsche Zahl anzugeben? Und übrigens, wer als Deutscher über Dresden spricht, der vergesse nie zu erwähnen, daß allein in Dresdens Nachbar-Städtchen Auschwitz, *allein dort*, mindestens zehnmal so viele Menschen verbrannt wurden, nämlich 2,5 von sechs Millionen Juden, die Deutsche ermordet haben...

So daß es denn auch nicht ganz unbegreiflich wird, wenn man hört, wie der Täter – Churchill leugnete nie, es zu sein – auf die Nachrichten über Dresden reagiert hat. Churchills Privatsekretär spricht von der «offensichtlichen Gleichgültigkeit», mit der Churchill, obgleich er zweimal: «Shocking» murmelte, vom Resultat seines Dresden-Befehls erfahren hat.

Auch Lord Moran, der ihn als Leibarzt natürlich auch zur Potsdamer Konferenz begleitete, spricht von Churchills Gleichgültigkeit angesichts der gequälten Menschen in den Trümmern Berlins, die er sah, als er dort in die Urzelle des Auschwitzers hinabstieg, in den Bunker der Reichskanzlei.

III.

Und übrigens, ob nun in Dresden eine Viertelmillion oder 135 000 umkamen: Außer für Angehörige ist diese *Zahl* nicht so entscheidend – wie es der moralische Kollaps ist, den unsere Zivilisation in Dresden erlitten hat. Und der uns auch deshalb heute noch schokkieren und immer wieder aufscheuchen sollte, weil bis auf diesen heutigen Tag Dresden und Hiroshima nicht bewirkt haben, daß endlich ein internationales Luftkriegsrecht geschaffen wurde, als Ergänzung der seit Generationen bestehenden Landkriegs- und Seekriegsrechte, die doch immerhin dazu führten, daß in beiden Weltkriegen Gefangene und Verwundete zwar heimlich – nicht aber öffentlich ermordet wurden. Es war international geächtet. Während die Verbrennung von Städtern *nicht gesetzwidrig* ist, absurderweise! Der Dresdens Verbrennung plante an der Seite des berüchtigten Bomber-Harris, sein Vice-Luftmarshall Sir Robert Saundby, hat mir gesagt, wir durften das tun, weil es international nicht geächtet war – und die Opposition in England war so stark, daß wir es nicht riskiert hätten, würde Genf das vor dem Kriege geächtet haben. So ist noch heute – und genau daran werden wir vielleicht alle eines Tages sterben – die Vernichtung unsrer Bevölkerungszentren durch Raketen nicht gesetzwidrig. Herr von Braun, der das zuerst versucht hat, wurde nicht in Nürnberg gehängt, sondern von Kennedy zum Ehrenbürger der Vereinigten Staaten ernannt. Marschall Kesselring stand nicht vor Gericht, weil er 980 neutrale Rotterdamer verbrannte, sondern wegen Geiseltötungen in Italien. Der einzige Bomber, der nach dem Kriege umgebracht wurde, war der Österreicher Löhr, den die Belgrader nicht aufhängten, weil er sie bombte – sondern weil er sie schlafend mitten im Frieden ohne Kriegserklärung, Ostersonntag 1941, in ihren Betten totmachte. Schaffen wir dieses internationale Luftkriegsrecht nicht, so lebt unsere Zivilisation auf Abruf in den Tod. Der das zuerst verlangt hat, 1953 auf der Bermuda-Konferenz, war der wieder amtierende britische Premierminister Winston Churchill, der inzwischen eingesehen hatte, daß seine Insel – als Insel – keinen Schutz mehr bot, wie zweitausend Jahre lang zuvor. Churchill konnte sich gegen die Militärs aber 1953 nicht mehr durchsetzen... Denn zur Paradewaffe der Zivilisation war nunmehr Hitlers und von Brauns Rakete geworden: Der Militärs liebstes Kind. Und Raketen sind gegen Panzerdivisionen bei weitem nicht so effektiv einzusetzen wie gegen Weltstadt-Zentren. Also sind heute *sie*, nicht die feindlichen Soldaten, das «vornehmste» Ziel der Militärs! Die Frage, ob das moralisch sei, sich zuerst und vor allem an den Zivilisten des Gegners zu vergreifen, kümmert sie nicht. Wer aber von der *Art der Waffe* abhängig macht, wie er sich gegenüber Frauen und Kindern und waffenlosen Männern im Kriegsfall verhält, der ist kein Soldat, sondern ein Berufsverbrecher.

Aktennotiz zu einem Interview mit Frau Eva Grosse, München, Johannisplatz 14, am 10. Juli 1965 von 21.30 bis 22.30 Uhr in ihrer Wohnung.

1. Frau Grosse machte einen sehr entgegenkommenden, vornehmen und gebildeten Eindruck. Sie ist 60, sieht aber wie höchstens 45 aus. Ihr Ehemann, der Oberst, um den es sich hier handelt, starb 1949 nach seiner Entlassung aus französischer Gefangenschaft.

2. Sie verlor im Juli 1944 einen Sohn (Reinhold) an der Ostfront. Ihr zweiter Sohn starb im Alter von vier Jahren während eines russischen Bombenangriffs auf eine motorisierte Kolonne des Stabes ihres Mannes, der das Gebiet um Dresden räumte. Der Vorfall ereignete sich am 7. 5. 1945 in der Tschechoslowakei.

3. Frau Grosse besitzt viele Fotos, die ihren Mann in Uniform zeigen. Der Oberst trug einen Bart, er war der Typ eines Junkers, gut gebaut und mit einem intelligenten Gesichtsausdruck, etwa wie Luftmarschall Saundby oder Feldmarschall Keitel in ihrer allgemeinen Erscheinung.

4. Seit ‹Stern› in meinem Namen mit ihr im Februar wegen der Authentizität des *Tagesbefehls* Kontakt aufnahm, hat sie alle Papiere ihres Mannes gesammelt und sortiert. Sie hat zwei Ordner, die persönliche Unterlagen enthalten: (a) die militärischen Ausweise ihres Mannes, Führerschein usw.; (b) militärische Beurteilungen seiner Person, erstellt von vorgesetzten Offizieren für das militärische Personalamt von Anfang 1930 bis April 1943; Zeugnisse, die zu bekommen Frau Grosse nach dem Krieg gelang; (c) Korrespondenz von Frau Grosse mit den alliierten Kontrollorganen, um ihren Mann aus der Gefangenschaft freizubekommen, usw.; (d) Briefe, die er an sie während der Gefangenschaft geschrieben hatte. Frau Grosse ist zur Zeit mit einem Sohn, ungefähr 30, damit beschäftigt, diese Unterlagen auf Anhaltspunkte zur Authentizität des *Tagesbefehls* zu sichten.

5. Der volle Name ihres Mannes war: Gerhard Gustav Hermann Grosse (geboren 14. 2. 1892), Chef des Stabes des Befehlshabers der Ordnungspolizei, Dresden. Bemerkenswerterweise gehörte er nicht der SS an. Er stammte aus einer religiösen Familie – der Vater war Pfarrer –, und er weigerte sich jedesmal, wenn er aufgefordert wurde, in die Reihen der SS einzutreten, mit der Begründung, dies wäre der Tod für seine betagte Mutter. Vorher hatte er einen Polizeiposten in Norwegen geleitet.

6. Bei Kriegsende ergab er sich den Amerikanern, die ihn zu seiner militärischen Vergangenheit verhörten, in Dresden bei den Behörden Nachforschungen anstellten und ihn dann entließen. Die Verhöre durch die US Army zogen sich über mehrere Tage hin und fanden in Klingenberg im sächsischen Erzgebirge statt. Es mag eine Akte darüber existieren, jedoch wird angenommen, daß es hauptsächlich darum ging, festzustellen, ob die Gerüchte stimmten, daß Grosse einen Widerstand bis zum letzten Blutstropfen gegen die sowjetische Armee organisiert hat. Sie stimmten nicht.

7. Nach der Freilassung durch die Amerikaner ließen sich die Grosses in Wiesbaden (?) nieder, wo sie unter französischer Verwaltung standen. Diesmal wurde Grosse von den Franzosen verhaftet und zwar lediglich wegen seines Dienstgrades. Er wurde bis 1949 als Gefangener gehalten. Während dieser Zeit schrieb er eine Anzahl langer Briefe in deutscher Schrift an seine Frau. Ich habe Frau Grosse gebeten, alle diese Briefe durchzugehen, um festzustellen, ob sich darin irgendwelche Tatsachen zu den Angriffen auf Dresden finden.

8. Frau Grosse erinnert sich gut daran, wie ihr Mann ihr während der Wochen nach den Angriffen die tägliche Anzahl der gefundenen Opfer anvertraute – sie wuchs auf die Zahl von 10000 täglich an. Sie erinnert sich an seine Vorhersage, daß die Gesamtsumme eine Viertelmillion sein würde. Das sagte er so oft, daß es sich tief in ihr Gedächtnis einprägte. Sie bestätigte, daß die Zusammenfassung der Totenlisten während der Angriffe Oberst Grosses direkte Aufgabe war. General Karl Mehnert, Stadtkommandant, den sie gut kannte, war von Aufgaben auf dieser Ebene befreit.

9. Grosses Ia war Oberstleutnant Olbrich, der jetzt vermutlich in der Sonnenbergstraße in Wiesbaden wohnt. Er war der Ia in Grosses Stab. Er wäre sicher in der Lage, die Echtheit des Tagesbefehls zu bestätigen oder zu verneinen, obwohl die Familie sehr we-

nig von ihm hält, weil sie glaubt, daß er derjenige gewesen sei, der die Gerüchte vom «Widerstand gegen die Russen» aufgebracht hat.

10. Es gibt deutliche Ähnlichkeiten zwischen Stil und Ausdruck des Tagesbefehls und einiger von Grosses Briefen aus der Zeit Mai bis Juli 1945.

David Irving,
10. 7. 1965
‹Stern›, Hamburg, 1965. Ergänzt

«Der Verurteilte erklärte nichts»: Filbinger ermordet Gröger

In dieser Stunde...
verfallen die schwarzen Mauern am Platz,
ruft der tote Soldat zum Gebet

Trakl

Nur wenn der Soldat Schwejk auch noch ein Schwabe gewesen wäre, hätte er so listig-lustig mit einem Stuttgarter Gericht Blindekuh spielen können wie 1972 der Ministerpräsident Filbinger. Der hatte dem ‹Spiegel› verbieten lassen, die Aussage eines Obergefreiten zu verbreiten, Filbinger habe noch drei Wochen nach der Kapitulation, als er in britischer Gefangenschaft diesen Obergefreiten zu sechs Monaten Gefängnis verurteilte, hitlerfreundlich herumgeschrien.

Zum Prozeß hatte Filbinger 1972 einen Kronzeugen mitgebracht, der Filbingers «bekannte antinazistische Haltung im Krieg» bezeugte – was ihm allerdings nur geglaubt wurde dank des Schweigens zum Beispiel eines 22jährigen Matrosen, den sie gemeinsam, dieser Zeuge und Filbinger, noch unmittelbar vor Kriegsende in Norwegen totgemacht haben.

Nun sollte wiederum ein Stuttgarter Gericht entscheiden, ob ich dem Ministerpräsidenten «Ordnungsgeld in Höhe bis zu 500000 DM zahlen» muß, wie seine Anwälte fordern, mit dem Zusatz, mich zu verpflichten, niemals öffentlich zu sprechen über diese – Filbingers – Drohung, weil ich in der ‹Zeit› schrieb, Filbinger sei unter Hitler ein so furchtbarer Jurist gewesen, daß er heute nur frei sei dank des Schweigens derer, die ihn kannten.

Tatsächlich aber war meine Formulierung: «Auf freiem Fuß» – absurd, bestimmt werde ich sie nie wiederholen. Denn kein Richter hat je in der BRD auch nur eine Stunde sitzen müssen, weil er für Hitler Deutsche umgebracht hat. Als sich herausstellte, daß der höchste Staatsanwalt der BRD als Sonderrichter Hitlers mehr als dreißig Menschen zum Tode verurteilt hat, wurde dieser vielfache Justizmörder, ohne Kürzung seiner riesigen Pension, vorzeitig pensioniert; nicht etwa vor Gericht gestellt. *Den* Angehörigen eines seiner Hingerichteten möchte ich finden, der auch nur zehn Prozent dieser Pension als Rente erhält! Nur amtliche Regierungssprecher können einen derartigen Mangel an Ironie aufbringen, diese BRD als einen Rechtsstaat auszugeben...

Nun war ja dem Geschrei des Auslands nach Bestrafung von Kriegsverbrechern zuweilen Gehör zu schenken. Also hielt die bundesdeutsche Justiz sich an jene Mörder, die nicht wie sie Jura studiert hatten: an SS-Männer. War einer mit siebzehn zur SS geholt worden und hatte geholfen, Juden umzubringen, so wurde ihm keinesfalls «Befehlsnotstand» zugebilligt von seinen Richtern, die jedem Nazi-Richter aber durchaus zugute hielten, daß *er* den damaligen «Gesetzen» zufolge hätte köpfen, hängen, erschießen *müssen*. Das ist aber nicht wahr: Die Richter hatten unverhältnismäßig *mehr* Freiheit, human zu urteilen, als ein Soldat Freiheit hatte, sich einem verbrecherischen Befehl zu entziehen!

Schon erstaunlich. Der Recht sprechende Stand der Nation hat die Lebenslüge, auf die seine Existenz gründet, nie als Problem artikuliert: Mord-Richter in seiner Zunft zu haben, die heute Warenhausdiebe aburteilen. Die Laufbahn aller dieser Hitlerjuristen – «und wenn sie nicht gestorben sind, so leben sie heute noch» – schließt deshalb wie jedes deutsche Märchen, weil es auch eines ist: das Märchen, die BRD sei ein Rechtsstaat.

Also ist es nur logisch zu sagen, Filbinger war unter Hitler ein so furchtbarer Jurist, daß seiner Laufbahn in höchste Ämter nichts im Wege steht. Denn die von allen Filbingers in corpore mitzuverantwortende Tatsache, daß unsere Wehrmachtsrichter allein bis zum 31. Januar 45 im Krieg 24559 Todesurteile gegen Wehrmachtsangehörige aussprachen, interessiert keinen Deutschen.

So konnte auch ich erst spät herausfinden, ob ich den Namen dieses unter Filbingers Regie getöteten Jungen, Walter Gröger, hinschreiben darf: Befindet sich doch in den Akten auch ein Brief der Mutter, aus dem abzulesen ist, daß noch 1954 die Frau nicht wußte, was ihrem einzigen Sohn geschah. Filbinger hatte sie nicht informiert. Filbinger, der sonst so gründlich «leitende Offizier für das Vollstreckungsverfahren», der mit deutschem Eifer nach der Hinrichtung des Schlossergesellen genau protokollieren ließ: «Der Verurteilte stand um 16.00 mit verbundenen Augen auf dem Richtplatz... Der Verurteilte erklärte nichts... Das Vollzugskommando von 10 Mann war 5 Schritte von dem Verurteilten aufgestellt. Das Kommando ‹Feuer› erfolgte 16.02 Uhr. Der Verurteilte starb um 16.04 Uhr» – so gründlich also der totale Verrichtungsgehilfe Filbinger die Tötung, persönlich: «Feuer!» schreiend, besorgte, der drei Tage später auch noch in geräumiger Aktennotiz festlegte, wohin alle Unterlagen, Strafakten und so fort zu senden seien: Von einer Notiz, auch die Eltern zu benachrichtigen, findet sich nichts.

Monate später schreibt sein Unterling: «Aktenumlauf und Benachrichtigung der Angehörigen und vorgesehenen Dienststellen können unterbleiben... Akten und Urteil 1976 vernichtet, Karteikarte fertigen. Weglegen.» Noch nach der Kapitulation glaubten sie anordnen zu können – und blieben ja auch meist auf ihren Posten –, was 1976 zu geschehen habe. Wie viele Deutsche, die ihren Mann oder Vater oder Bruder oder Sohn noch heute für «vermißt» halten – wurden nur nicht informiert, daß Hitlers Militärjuristen ihn ermordet haben! Man muß sich das vorstellen, daß auch noch amtlich irgendeiner festlegt, die Benachrichtigung der Angehörigen könne «unterbleiben»!

Hätte ich nicht zufällig die Mutter ausfindig gemacht, ich hätte nicht wissen können, ob sie vielleicht erst jetzt per Zeitung erfahren würde, daß ihr Sohn tot sei. Und also den Namen nicht nennen können.

Ein Detail – das beleuchtet, wie illusionär der Seufzer eines der sehr wenigen Chronisten dieser ungeschriebenen Soldatentragödien ist: «Hoffentlich werden auch diese Toten (zumal im Hinblick auf künftige Fahnenfluchten aus einem in das andere Deutschland) nicht vergessen.» Das schrieb in seinen «Spähtrupp»-Erinnerungen der Panzeroberleutnant Kunrad v. Hammerstein, der auch daran erinnert, daß 1914/18 wir Deutschen noch mit 48 hingerichteten Soldaten ausgekommen waren, doch zu den schon genannten 24559 bis Ende Januar 1945 noch einmal 5000 bis 6000 im Frühjahr umbrachten. Während die Amerikaner bis heute kaum damit fertig werden, daß ihr populärer Panzer-Patton den *einen* Soldaten hinrichtete, den sie überhaupt während des ganzen Krieges durch Militärjustiz getötet haben.

Filbingers kursierender Lebenslauf vom Munzinger-Archiv, der Lücken hat wie Schweizer Käse, berichtet: Zweimal habe er Soldaten vor dem Tode bewahrt, auch den Marinepfarrer Möbius. Warum aber läßt Filbinger dann, um seine «bekannte antinazistische Tätigkeit» zu dokumentieren, als Zeuge einen Todesurteiler aufmarschieren? Warum verhält er sich noch bei dieser Hinrichtung unmittelbar vor Kriegsende und in der Gewißheit, daß immerhin ranghöhere Marine-Richter sein Opfer weder für «todeswürdig» noch für ehrlos halten, so tiefgefroren unmenschlich wie jener andere Nazi-Gerichtsrat, von dem Kriegspfarrer Goes in seiner Novelle ‹Unruhige Nacht› schreibt: «Es gibt Menschen, die dürfte es nicht geben»? Nicht mehr zu ändern, daß es sie gibt, doch bleibt ein Unterschied, ob es sie gibt nur in Industrie oder Pension – oder ob sie *das* Land repräsentieren, das Schiller und Stauffenberg hervorgebracht hat.

Als Filbinger sich am 16. März 1945 um 14 Uhr 05 den 22jährigen «vorführen» läßt, dessen Exekution er um 16 Uhr leiten will – Filbinger selbst hat sich zum «leitenden Offizier für das Vollstrekkungsverfahren» bestimmt –, als er die «Verfügung für den Gerichtsherrn» diktierte und unterschrieb: Da ist außer seinem Opfer nur noch Inspektor Magerle im Raum. Hier unter sechs Ohren könnte nun durchaus «Antifaschist» Filbinger ein *Mensch* sein. Aber er ist nur «genau». Denn der «Vorgeführte» hat ja noch zwei Stunden zu leben. Also hält Filbinger es für nötig, ihm noch einmal ausdrücklich zu erklären, daß er «die bürgerlichen Ehrenrechte auf Lebenszeit» verloren habe.

Und das wird Filbinger in weniger als zwei Stunden abermals umständlich wiederholen, wenn schon der Junge mit der Augenbinde dasteht und auf die Salve wartet. Filbinger läßt den Matrosen auch unterschreiben, daß ihm soeben «bekanntgegeben» wurde, wie es sich für die zwei letzten Lebensstunden mit den «bürgerlichen Ehrenrechten auf Lebenszeit» und der ausbleibenden Gnade des Dönitz verhält: Ordnung, Ordnung über alles! Tut doch Filbinger nichts als seine Pflicht, allerdings eine, die er mit seinem Antrag, den Jungen zu töten, erst schuf. Unsere Justiz ist die Ursache ihrer Notwendigkeit.

So detailfreudig läßt Filbinger protokollieren: «Gegenwärtig Marinestabsrichter Dr. Filbinger, Marine-Justizinspektor Magerle», dessen Name gesperrt, daß Magerle auch notiert hätte, würde der Vollstrecker und spätere Landesvater sich noch zu einer Entgleisung ins Menschliche haben hinreißen lassen.

Wenn der ach so nazifeindliche Katholik Filbinger den katholischen Schlesier jetzt Mitte März angeredet hätte auf die Tatsache, daß der keine Verbindung zu seiner Familie herstellen konnte, da schon die Russen in Schlesien sind. Und nach eventuellen Adressen im Westen, nach Nachlaß und Post gefragt hätte. War doch durchaus mitfühlend in den Gerichtsakten nachzulesen, nur «fühlte» Filbinger nichts, was den humanen Richter Neumann bewogen hatte, den Schlesier nur zu Haft zu verurteilen: Daß Trennung von Eltern und Heimat *die* Ursache gewesen war, die den Unglücklichen zuletzt vor Filbingers Peloton lieferte. Denn alles hatte sich aus dem Heimweh des mit 17 Jahren als Freiwilliger eingetretenen Matrosen entwickelt, den sadistische Vorgesetzte immer wieder um Urlaub prellten. So daß ihn Richter Neumann auch nur zu Haft verurteilt hatte...

Es ist fraglich, ob selbst Hitler wollte, was sein Handlanger Filbinger diesem Jungen angetan hat. Hammersteins Beobachtung: «Die zugemessenen Strafen waren strenger, als das Gesetz und Hitlers Richtlinie es verlangten», wird bewiesen erstens durch das vorangegangene Urteil Neumanns (8 Jahre), zweitens durch den Pflichtverteidiger, drittens durch die über-angestrengte Verbal-Akrobatik des Richters, der Hitlers Richtlinien so hinbiegt, daß sie auch auf diesen Angeklagten zutreffen, viertens durch die Nichtbeachtung des wesentlichen Entlastungszeugnisses, das der Gefängnishauptmann ausgestellt hat, während «natürlich» ein im brutalsten NS-Rotwelsch verfaßtes Gutachten bei Gericht Gehör findet: «Von einer Bewährung beim Feldsonderbataillon kann keine Rede sein. Hier hat er sich lediglich endlich einmal zusammengenommen, weil er nur noch die Wahl hatte zwischen der Einlieferung ins Konzentrationslager und der Rückkommandierung in die 31. S. St. A.» (Sonder-Straf-Abteilung).

Also, es half nicht, daß sich der damals Zwanzigjährige «endlich einmal zusammengenommen hatte», da der Vorgesetzte unterstellt, er habe das nur aus Angst vor dem KZ getan! Dagegen hielten Filbinger und sein Richter-Kumpan es nicht für der Mühe wert, den Hauptmann, der am gleichen Ort das Gefängnis leitete, an dem das Gericht tagte, auch nur vorzuladen. Der schrieb:

«...wurde im Arbeitseinsatz innerhalb der Anstalt verwendet. Durch seine Aufrichtigkeit erwarb er sich das Vertrauen seines Vorgesetzten und des Wachpersonals. Er bezeugte dies durch Fleiß und

Sauberkeit. Seine Offenheit und sein kameradschaftliches Verhalten wirkte sich auf seine bestraften Arbeitskameraden aus. Im allgemeinen kann seine Führung als sehr gut bezeichnet werden.»

Statt von Reinhold Schneider-Lektüre zu faseln, um zu «beweisen», er sei Anti-Nazi gewesen, sollte Filbinger beantworten: Hat er diesen Jungen in den Tod gehen lassen, weil Admiral Schniewind das Urteil Neumanns als zu milde verwarf? Oder weil er selber, Filbinger, überzeugt war, der Junge sei ein ehrloser Verbrecher? Im ersten Fall wäre Filbinger ein gehorsamer Feigling gewesen, der gegen sein Gewissen einen Mord zuließ – er hätte vor Gerichten der BRD ebensowenig das Recht, sich auf «Befehlsnotstand» zu berufen wie SS-Leute. Im zweiten Fall wäre er als Jurist ein Sadist. Tertium non datur.

Daß Filbinger einen ganzen Staat innerhalb Rest-Deutschlands repräsentiert, ist auch deshalb beängstigend, weil er betont, er sei bereits 1933 Anti-Nazi gewesen. So ist moralisch so furchtbar verwerflich, daß er sogar noch im März 45 ein Todesurteil beantragte und vollstrecken half. Hätte Filbinger dagegen argumentiert, er sei zur Sense Hitlers entartet, weil er überzeugter Nazi gewesen sei: Dann müßten ihm sogar für dieses späte Todesurteil vom März noch die mildernden Umstände zugebilligt werden, auf die ein Dummkopf natürlich Anspruch hat.

Der Staat war an dem kriegsfreiwilligen Schlossergesellen kriminell geworden – nicht der am Staat –, als Feldpolizei den Brief aufbrach, in welchem der Heimwehkranke seine Schwester bat, zu telegrafieren, Mutter sei krank, er sollte kommen. Diese «Untat» belegte man mit dem kolossalen Verdikt «Wehrkraftzersetzung». Der 21jährige, der mit 17 – freiwillig – eingerückt war, verteidigte sich, nach Teilnahme an der Norwegen-Invasion, nach zwei Atlantikfeindfahrten auf dem Schlachtschiff ‹Gneisenau›, nach zweimaligem Infanterie-Einsatz in Rußland, wegen harmloser disziplinarischer Vergehen, zu denen er wegen Urlaubsverweigerung gekommen war:

«Mir ist endlich die Galle hochgekommen, und man muß das verstehen. Drei Jahre habe ich keinen Urlaub gehabt. Schon deshalb kam ich auf die unglückliche Idee, mir zu Unrecht einen Urlaub durch ein unrichtiges Telegramm zu erschleichen.»

Verteidiger Dr. Schön:

«Zu den Straftaten ist zu sagen, daß sie größtenteils in der Zeit der Schulung des Angeklagten in Sonderkommandos erfolgten, in denen bekanntermaßen sehr streng vorgegangen wird. Auch seine gerichtliche Bestrafung, die diese Kommandos zur Folge hatte, erscheint hart. Der Angeklagte war, als er die Urlaubsüberschreitung beging, die zu der Strafe führte, noch sehr jugendlich, und nach meiner Ansicht hätte der unter günstigsten Kriegsverhältnissen im Sommer 1940 an den Tag gelegte Leichtsinn durchaus eine mildere Bestrafung ... gerechtfertigt.»

Die Marine machte es nicht anders als viele Zivilbüttel Hitlers: Nach der barbarischen Strafe von vier Monaten Gefängnis für den von Feldpolizei aufgebrochenen Brief an die Schwester, ließ sie den Matrosen weiterhin in Strafeinheiten für das längst «gesühnte» Delikt büßen, was schließlich zu immer erneuten Urlaubsverweigerungen und daher neuen Disziplinarvergehen führte, so daß er sich endlich, wofür er acht Jahre bekam, ehe Filbinger die «gerechtere», die Todesstrafe durchsetzte, vom 12. 11 bis 3. 12. 43, bei einer Osloerin verbarg, die aussagte: «Zu Walter fühlte ich mich hingezogen, weil er so rührend von seinen Eltern und seiner Heimat sprach ...» Sie erhielt zwei Jahre Gefängnis, weil sie Fluchtpläne nach Schweden mit dem Deutschen erörtert hatte, der sich aber stellen wollte – unmittelbar bevor Deutsche ihn denunzierten und aufgriffen. Er hatte in seinem Koffer den mit zwei niedrigen Auszeichnungen dekorierten Rock eines Matrosen aufbewahrt. Als ihm der im Gefängnis irrtümlich gegeben wurde, sagte der Feldwebel, diese Auszeichnungen würden ihm sehr helfen. So trug er sie in der ersten Verhandlung. Nach der letzten ging auch darauf sein vorbildlicher Verteidiger ein: «Er sah darin wohl eine Chance, sich zu retten. Und wer will es letzten Endes einem, um dessen Kopf es geht, verübeln, wenn er jede Chance nutzt.»

Filbinger und sein Komplice wollten das! Dr. Schön wiederholte vergebens, was fast wörtlich schon Richter Neumann im ersten Verfahren zugunsten des Matrosen geltend gemacht hatte:

«Die Härte, mit der das Militär ihn jahrelang wegen eines verhältnismäßig harmlosen Vergehens angefaßt hatte, und die Tatsache, daß er seit Einziehung zur Kriegsmarine nur einmal Urlaub gehabt hat (nämlich den erschwindelten im Herbst 40), zwingen ... dazu, ihm neben jugendlichem Leichtsinn auch falsche dienstliche Behandlung zuzubilligen.»

Zur Nachrede Filbingers und des Richters, der Matrose habe Pläne zur Flucht ins Ausland zeitweise erwogen, sagte der Verteidiger: «Wenn ein Täter einen vielleicht erwogenen Mord nicht ausführt, so ist er nicht strafbar, und zwar gleichgültig, ob subjektive oder objektive Gründe ihn daran hinderten.»

Der Marinerichter dagegen, der dann 1972 in Stuttgart gegen den ‹Spiegel› Filbingers antinazistische Einstellung «bezeugte», ging genau auf diesen Satz des Verteidigers ein, indem er nicht bestritt, daß dies so sei – aber geltend machte, vielleicht habe der Führer, der das freilich auch nicht genau definierte, in seiner Richtlinie es 1940 anders gemeint.

Filbinger und sein Mitmörder müssen gewußt haben, was glücklicherweise Hammerstein ergänzend zu der lähmenden Zahlenangabe «24559 Todesurteile» hinzufügen konnte: «Viele kamen in Strafbataillone.» Während also zahlreiche Richter bereits gefällte Todesurteile sogar schon auf dem Höhepunkt von Deutschlands Machtwahn umwandelten in «Bewährung» – hielten Filbinger und das Gericht für unausweichlich, noch Mitte März 45 einen jahrelang ohnehin schon Verfolgten erschießen zu lassen.

Für heute reicht dies, zu bezeugen, daß auf den baden-württembergischen Ministerpräsidenten damals uneingeschränkt die Definition anwendbar war, die Jaspers in seinen Notizen zu Heidegger trifft – und worin er bei Nazis unterscheidet zwischen gemeingefährlichen und den nur mitgelaufenen Parteitrotteln im gelben Hemde: daß nämlich einer – zum Beispiel in der Wehrmacht – «an der Gemeinheit dieser Gewalt» teilgenommen haben müsse, wie Filbinger das sogar noch bei Kriegsende und dort getan hat, wo es Kollegen genügt hatte, einen Soldaten, der dann Filbingers Opfer wurde, ins Zuchthaus zu bringen.

Einer der Verteidiger Hochhuths, der Stuttgarter Dr. Rolf Jauch, konnte *beweisen*, daß Filbinger fürchterlicher geurteilt hat als selbst Hitler. Denn Hitler hat am 5. August 1940, auf dem Höhepunkt seiner Macht angeordnet, Todesstrafe sei bei Fahnenflucht in zwei Fällen *nicht* anzuwenden: Erstens dann nicht, wenn «jugendliche Unüberlegtheit» dazu geführt habe; zweitens, wenn sie nicht «an der Front» erfolgt sei, also nicht Kameraden im Gefecht in Stich gelassen worden sind.

Beides traf hier zu: Gröger war ein gequälter – durch ständigen Urlaubsentzug gequälter – Jugendlicher. Und hat zweitens nicht während seiner Fronteinsätze sich einige Tage von der Truppe entfernt, sondern in der norwegischen Etappe, wo so wenig gekämpft wurde, daß Churchill gesagt hat, Norwegen müsse man gar nicht angreifen, die Deutschen dort seien «unsre billigsten Gefangenen». Mit einem Satz: Deutschen Soldaten gegenüber war Filbinger ein gefährlicherer Nazi als sogar Hitler!

Der Machthaber und die Erinnerung

Offenbarungen, Unterschlagungen in Politiker-Memoiren

«Bei hellem Tageslichte
hab' ich es *anders* gesehen!»
Gewiß, Geschichten und Geschichte
wachsen und wechseln schon im Entstehen!

Fontane

Memoiren: jener Machthaber, der die maßgebende deutsche Autobiographie als Politiker schrieb, hatte auch, als er starb, Memoiren auf seinem Nachttisch. Herbert Bismarck, am Vorabend Fürst geworden, sagte, als sein Vater am 30. Juli 1898 gestorben war, «vorwärts» sein letztes Wort –, das letzte Buch, in dem Bismarck gelesen habe, seien die Memoiren der Herzogin von Abrantès gewesen. Sie war die vielleicht intimste Jugendfreundin Napoleons, in ihrem Elternhause war sein Vater gestorben, und der Korse machte die Advokatentochter zur Herzogin, nachdem er sie mit seinem General Junot verheiratet hatte. (Napoleon, das Menschlichste, was man ihm nachsagen kann, hat immer alle seine Freundinnen sehr günstig verheiratet.) Diese Frau war durch keinen Geringeren als Balzac, der ihr auch den Verleger besorgte, dazu gedrängt worden, aus ihren Tagebüchern Memoiren zu machen; und da sie die Journale nicht, wie üblich nach Auswertung, verbrannte, so ist reizvoll und durchaus kennzeichnend überhaupt für Memoiren, zu lesen, was sie unterschlug; natürlich auch ihr Liebesleben bei Abwesenheit des Gatten, der ja nicht nur Gouverneur von Paris, sondern im Felde dienender General war. Ihr berühmtester Liebhaber war Metternich, als Wiens Botschafter in Paris. Die Memoiren dieser Frau, aus deren Dialogen sich mühelos Szenen zu einem Fernsehspiel unverändert übernehmen ließen, müssen den todnahen Bismarck aufgeheitert haben – irgendwie, schwer zu bestimmen warum, bringen sie das schier Unmögliche zuwege: Geschichte nicht als Tragödie, sondern als Lustspiel zu sehen, da diese Frau ja nicht in die Schlachten mitreiten mußte, sondern nur zur Jagd. Reizend, wie sie erzählt, daß sie dem Ersten Konsul die Neigung, sie auch noch in Malmaison morgens zu wekken, nur dadurch abgewöhnen konnte, daß sie einst ihren Gatten, der abends wieder nach Paris hätte reiten müssen, dazu bewegte, diesen Befehl zu mißachten und bei ihr zu schlafen: «Man muß oft», erläutert die Herzogin, «für eine gute Sache mit unrechten Mitteln kämpfen, und ich wußte mir keinen anderen Rat, als Junot zu bewegen, die Nacht bei mir zu bleiben... Junots Anblick hatte etwas Imposantes, dieses männlich schöne Gesicht, noch dunkel gebrannt von der afrikanischen Sonne, und die noch so junge und schon von Narben gezeichnete Stirn... der blonde Kopf mit den charaktervollen Zügen in einen Schal von Musselin gewickelt, der ihm abends in die Hände gekommen war und den er als Nachtmütze benützte. Ohne besonders schön zu sein, war Junot im ganzen doch ein sehr gutaussehender Mann, erst knapp achtundzwanzig, und die ihm von Natur geschenkten Gaben noch durch Jugend verklärt... er machte eine Bewegung im Schlaf, daß sich sein Hemd öffnete und die Narben seiner Verwundung entblößte. Etwas tiefer, unter dem Herzen war die, die ihm Lanusse in Ägypten beigebracht hatte, als er seinen geliebten General (das war Bonaparte) verteidigt hatte... die Türe flog geräuschvoll auf... der Erste Konsul hob den Vorhang meines Bettes und stand nun starr beim Anblick seines... treuesten und ergebensten Freundes»... Selbst dieser Schreihals zog dann wortlos ab, wie sollte sogar Napoleon jemanden anherrschen, dessen Leib für ihn Wunden empfangen hatte! Daß Balzac diese Frau überredete, Memoiren zu publizieren, erwähnen wir auch deshalb, weil es doch sehr bedenklich ist, daß ausgerechnet *er*, einer der bedeutendsten *Romanciers*, durchaus nicht im Roman, sondern – wie übrigens auch Stendhal – in Selbstbiographien die faszinierendsten Erzählungen sah. Der Göttinger Philologe Georg Misch hat vor seine 3885 großformatige Seiten umfassende Geschichte der Autobiographie, die er als Fragment liegenlassen mußte, denn er hatte nur fünfundsechzig Jahre daran schreiben können, das Wort von Balzac gesetzt: «Die fesselndsten Romane sind autobiographische Studien, verlotet im Ozean der Welt.»

Dieses Motto vor seinem uferlosen Werk hat Georg Misch in

keiner Weise beherzigt, denn er machte – aus der Ängstlichkeit eines gradezu grotesk entstellten Spießbürgers – den sinnlosen Unterschied, den er gleichwohl als «Wissenschaft» ausgab, zwischen Autobiographie, für deren Erläuterung er lebte, und zwischen Memoiren. Memoiren ignorierte er durchaus, die enthielten ja Geschichten wie die soeben zitierte, also Unschickliches. So fand denn in diesem fast viertausend Seiten umfassenden Fragment der berühmteste Autobiograph aller Zeiten, Casanova, nicht einmal in einer Fußnote Aufnahme; Casanova war sittlich nicht standesgemäß ... und daher für Misch auch literarisch nicht.

Wir können uns am Ende des 20. Jahrhunderts die alles Biographische verfälschende Verkrampftheit des neunzehnten ja überhaupt nicht mehr vorstellen. Professor Otto Jahn, zum Beispiel, der aus dieser Sicht in seinen grundlegenden Mozart- und Beethoven-Biographien alles, was er unschicklich fand, einfach unterschlug – aber diese Unterschlagungen in einem Essay, außerhalb seiner sonst bedeutenden Biographien, eingestanden hat; ein Mann, dem immerhin der berühmteste Zeitgenosse unter den deutschen Autoren, der große Mommsen, die Grabrede hielt –, dieser Jahn war außer sich vor Abscheu, als er eines Tages einen Fürsten in der Postkutsche dabei «erwischte», daß der Casanova las. Dermaßen verächtlich fand Jahn es, daß er sich nicht überwinden konnte, auch nur den Namen dieses amoralischen Aristokraten zu nennen! Und so noch Misch als «sittlich» absolut unselbständig gebliebener Zögling dieses viktorianisch verheuchelten Jahrhunderts.

Da er also nicht allein Casanova, sondern alle seinesgleichen, wenn es denn einen seinesgleichen gegeben haben sollte, «draußen» ließ – so ließ Misch ebenso alles draußen, was Balzac «Ozean der Welt» genannt hatte, nämlich alle jene Lebensberichte, deren Verfasserinnen und Verfasser ihr Dasein weniger am Schreibtisch zugebracht haben als zu Pferde oder auf See, weniger mit der Feder in der Hand als mit der Flinte oder gar – Gott behüte – mit einem Handwerkszeug oder als Arzt. Mit wahrhaft pontifikaler Hochnasigkeit schloß Misch damit überhaupt das Leben weitgehend aus – nicht ganz. Denn immerhin: Bismarcks ‹Gedanken und Erinnerungen› genügen seinen Ansprüchen und werden einer Betrachtung für würdig befunden. Aber obgleich Misch die Nazi-Zeit als emigrierter Professor in Großbritannien überstanden hat (übrigens Schwiegersohn Wilhelm Diltheys), ließ er sich drüben nicht dazu hinreißen, die beiden in ihren Jahrhunderten, im siebzehnten und achtzehnten, bedeutendsten Chronisten Englands, die Journalschreiber Samuel Pepys und James Boswell, zur Kenntnis zu nehmen, vermutlich deshalb nicht, weil Pepys als erster Staatssekretär der von ihm im 17. Jahrhundert geschaffenen Admiralität ein fleißiger Schürzenjäger war, der kein Dienstmädchen in Frieden ließ und das alles getreulich in einer Geheimschrift, heute neun Dünndruckbände bei Oxford University Press, aufschrieb; und weil dann im 18. Jahrhundert Boswell auch nicht besser war, sondern sogar die Zofe Voltaires verführte, als er in Ferney seine Aufwartung machte, und so blendend über den Hausherrn schrieb wie einige Monate später über den von Sanssouci.

So hat denn Misch die literarisch wie historisch relevantesten Werke über Napoleon auch nicht nur nicht gelesen, geschweige denn zugelassen zu den von ihm kanonisierten Autobiographien. Etwa die des einfachen Soldaten und späteren Offiziers aus Frankfurt am Main – Goethes Mutter hatte ihn übers Taufbecken gehalten – Johann Konrad Friedrich. Diese Memoiren – drei Bände – ‹Vierzig Jahre aus dem Leben eines Toten› – hat endlich 1978 der Gustav Kiepenheuer Verlag in Leipzig neu gedruckt. Vermutlich das *literarisch* bedeutendste aller verschollenen deutschsprachigen Bücher des 19. Jahrhunderts. So sehr verschollen, daß wir nicht einmal mehr wissen, daß Friedrich unter dem Pseudonym Carl Strahlheim: «Die Geschichte unserer Zeit bearbeitet» hat: Die *einzige* deutsche Chronik der Napoleon-Kriege, die ein Mitkämpfer über den Gesamtablauf schrieb. Wann wird sie neu entdeckt als unersetzlich? Hier der Titel, da so deprimierend vergessen: «Die Geschichte unserer Zeit, bearbeitet von Carl Strahlheim, ehemaliger Officier der Kaiserlich französischen Armée. Stuttgart gedruckt bey E. F. Woiters, 1828. Bände 1–30.» Die Bändchen sind handteller-klein.

Misch hat sich auch nicht mit jenen drei Autoren befaßt, die wie zahllose andere Offiziere, Politiker, Staatsmänner der Napoleon-Epoche durch ihre Memoiren überhaupt erst ernstzunehmende Beiträge über die Feldzüge und oft gradezu hitlerdummen Abenteuer des Korsen geliefert haben; denn des Korsen Memoiren selber sind nichtswürdig, weil der Lügner in ihm dem mörderischen Egomanen Bonaparte fast ebenbürtig ist, der gesagt hat: «So lange man von Gott redet, wird man auch von mir reden» – was ja *wahr* ist! Doch gewiß nicht die Interpretation seiner so zwecklosen wie mörderischen Kriegsabenteuer ausgerechnet durch ihn selbst lesenswert macht... Jedenfalls schrieben die aufregendsten und stichhaltigen Bücher über Napoleon nicht die Historiker, die vielmehr von Generation zu Generation aus immer neuer Sicht und zusätzlicher Erfahrung schreiben; während ja die Primär-Quellen zwar immer auch einseitig sind, aber dennoch bleiben als *unersetzlich*: Wer mit dem Korsen Gespräche hatte und sie aufschrieb, der mag ja im einzelnen geirrt und eingefärbt und zu seinem Vorteil auch gefälscht haben, aber doch bleibt sein Gespräch mit Napoleon, war es von Bedeutung schon damals – bedeutend auch für heute. Wissenschaft, wenn man die Historie ihr zuzählen will – doch ist wohl große Geschichtsschreibung als Reproduktion von Dasein eher eine Kunst wie jeder andere Roman auch –, wird immer überholt durch neue Funde, durch neue Sicht auf alte Dinge. Doch Augenzeugen ersten Ranges sind nicht überholbar durch Neu-Schreibungen. So sind – um drei hervorragende zu nennen – die Autobiographien, Tagebücher, Reporte Stendhals, der mit Napoleon in den Kreml geritten ist – der Kaiser nannte ihn einen mutigen Mann, weil Stendhal die Ruhe aufgebracht hatte, in der Panik, als Moskau brannte, sich zu rasieren –, sind Stendhals und Caulaincourts und Ségurs Berichte unersetzlich.

Napoleons Groß-Stallmeister, der «Treueste der Treuen», wie der Kaiser seinen Herzog von Caulaincourt und Botschafter in Petersburg nannte, schrieb ein Tagebuch, das erst anfangs der dreißiger Jahre des 20. Jahrhunderts gedruckt wurde: dieser Herzog reiste vom 5. bis 18. Dezember 1812, als Napoleon seine Armee in Moskau im Stich ließ, allein mit ihm und den Kutschern per Schlitten nach Paris und hatte die Energie, bei Pferdewechseln, wenn der Kaiser aß oder sich rasierte – man fuhr Tag und Nacht –, dessen Gespräche aufzuschreiben, Monologe meist, Rechtfertigungs-Tiraden. Denn Napoleon brachte von den 550000 – nach General Ségur sogar 617000 – Soldaten, die er «in ein Land kommandierte, in dem nur 20000 Schweden Karls XII. hundert Jahre zuvor schon nicht hatten ernährt werden können», allenfalls fünf Prozent lebend nach Hause. Die weitaus meisten, die jammervoll zugrunde gingen, waren Deutsche, was Napoleon später zu seiner Rechtfertigung anführte: er habe doch fast «nur» Deutsche in Rußland verloren... Graf Werner von der Schulenburg, Hitlers letzter Botschafter bei Stalin, verordnete die Memoiren Caulaincourts den Angehörigen der deutschen Botschaft in Moskau als Pflichtlektüre, weil aus dem Buch hervorgeht, daß der Herzog genau die gleichen Argumente – oft wörtlich – gegenüber Napoleon gebrauchte, mit denen dann, ebenso vergebens, Graf Schulenburg versuchte, den Braunauer – hier immerhin angsterfüllten – Amokläufer vor seinem Überfall auf Rußland zurückzureißen.

Das zweite Werk ist der Bericht des Brigadegenerals Ségur: ‹Napoleon und die Große Armee 1812›. Zu diesen zwei Meisterwerken noch Stendhal.

Stendhal hat als Jüngling den Kaiser, der damals, als er mit ihm nach Mailand geritten ist, noch keiner war, sehr idealisiert. Aber doch ist dann seinen Schriften, mit denen der zwei anderen Autoren, die alles aus erster Hand haben, ein Napoleon-Zeitalter-Gemälde zu entnehmen, das es sehr verständlich macht, wenn der alte Churchill zu seinem Arzt über Tolstois ‹Krieg und Frieden› urteilte: «Da ist nicht viel dran!» Denn wirklich hat der Russe, dessen ‹Anna Karenina› mit jener Objektivität gesegnet ist, die allein den großen Epiker macht, dem Rußland-Feldzug nicht gerecht werden können, aus Fremdenhaß: jeder Deutsche im Roman ist ein Idiot, jeder Idiot ein Deutscher, allenfalls ein Franzose. Doch Metternich als Chronist konnte den Ereignissen gerecht werden. Golo Mann hat einmal die Frage gestellt, warum wir kein Napoleon-Drama haben, und er hat geantwortet: «Sein letztes Gespräch mit Metternich, Juni 1813, liest sich wie eine Szene von Schiller. Ein Dichter hätte da nichts anderes tun können als abschreiben...»

Ja, große Memoiren sind Literatur so sehr aus frischer Quelle, daß sie vielleicht von jener Literatur, die sich zum Ziel setzt, die Wirklichkeit zu erfassen, überhaupt die originalsten Werke sind, die ursprünglichen, ja die bedeutendsten. Wie dumm zum Beispiel wird das im Deutschen so beliebte Philologen-Hickhack, die Haarspalterei, die oft Thomas Mann verärgert hat, ob nämlich einer ein Dichter oder «nur», die Deutschen sagen: «nur», ein Schriftsteller sei –, anläßlich eines Porträts, das Churchill von Molotow zeichnet, als er ihn einmal zur Hintertüre von Nr. 10 hinausbringt, weil der Russe, Mai 1942, einen höchst gefährlichen Heimflug über das von deutschen Flugzeugen wimmelnde Nordnorwegen vor sich hat. War Churchill kein Dichter, weil er Fakten lieferte – *das* versuchte ja auch Tolstoi –, sondern «nur» ein Schriftsteller, als er den Außenminister so zeichnete: «Sein Lächeln, das an den sibirischen Winter gemahnt, seine sorgfältig abgemessenen und manchmal klugen Worte, sein leutseliges Benehmen, alles wirkte zusammen, um aus ihm den vollkommenen Agenten der Sowjetpolitik in einer schreckerfüllten Welt zu machen... Ein einziges Mal schien es mir, als stoße ich bei ihm auf eine natürliche menschliche Reaktion... er stand im Begriff, den gefahrvollen Flug nach seiner Heimat anzutreten. Am Gartenausgang der Downingstreet, den wir wegen der leichteren Wahrung des Geheimnisses benutzten, faßte ich ihn am Arm, und wir schauten einander ins Gesicht. Plötzlich schien er tief bewegt. Hinter der Maske erschien der Mensch. Er reagierte mit einem ähnlichen Druck seiner Hand... Molotow hatte sein ganzes Leben lang inmitten von Katastrophen und Trümmern gestanden, sei es, daß sie ihn selber bedroht hatten oder daß er andere dazu verurteilte... Wie froh bin ich am Ende meines Lebens, daß ich den Spannungen nicht ausgesetzt war, die er durchgemacht hatte; es wäre besser, nie geboren zu werden.» Was sollte ein Dichter dem hinzufügen, was hier – ein Dichter schrieb?

Wie aber steht es mit dem A und O der Autobiographie, mit dem, was man von *anderer* Literatur nicht ohne weiteres, nicht ganz so strikt verlangt: mit ihrer Wahrheit? Da scheint eine Bismarck-Glosse mir exemplarisch zu sein für die Problematik *aller* Memoiren, keineswegs nur für den ‹Machthaber und die Erinnerung›. Überliefert wird dieser Witz durch den jungen Botschaftsrat Friedrich von Holstein – damals in Petersburg –, den die Nachwelt ziemlich blöde als die Graue Eminenz des Auswärtigen Amtes graugestrichen statt durchleuchtet hat, bis endlich der durch tausend abenteuerliche Zufälle gerettete, höchst bedeutende Nachlaß von Briten bei Cambridge University Press in vier Bänden Mitte des 20. Jahrhunderts publiziert werden konnte. Die Gestapo hatte alles beschlagnahmt. Dann kamen zwangsweise diese Papiere ins Archiv des Berliner Auswärtigen Amtes, bis endlich die Alliierten sie 1945 miteroberten und den rechtmäßigen Besitzern – Deutschen in England – zurückgaben, und sie veröffentlicht werden konnten. Ein symbolischer Akt: daß Papiere eines Höchstprofilierten des Auswärtigen Amtes erst von Engländern der Nachwelt zugänglich gemacht werden. Deutsche tun das ja meist nicht, wir sind ja die einzige Nation, die es fertigbringt, «von gestern» als Schimpfwort zu gebrauchen.

Holsteins Lust zu schreiben, ja sein Urtrieb gradezu – und ich werde belegen, wie glänzend und sarkastisch er schreiben konnte – hat ganz früh den Argwohn seines ersten und dann fast lebenslänglichen Chefs, des Botschafters von Bismarck-Schönhausen geweckt. Bismarck sagte dem jungen Attaché in Petersburg, ein Tagebuch dürfen Sie nicht haben, das verträgt sich nicht mit dem Beruf des Diplomaten! Zum Glück parierte Holstein nur als Jüngling, später in der Wilhelmstraße 76 schrieb er die Chronik dreier Jahrzehnte, die nicht alles ist, selbstverständlich, was damals zu Hof- und Auswärtiger Politik zu sagen ist, ohne die aber alles dazu Gesagte auch so recht nichts mehr ist, soll heißen: nicht mehr ganz stimmt. *Mehr*, vermute ich, kann ein einzelner nicht leisten mit seinen Erinnerungen.

Nun, Holstein brauchte kein Tagebuch in jenen Petersburger sechziger Jahren, sein Jünglingsgedächtnis wurde ja durch Verlust des Kurzzeitgedächtnisses im Alter – wie bei jedem – keineswegs beschädigt. Bismarck hat ihm sicherlich das Tagebuch auch nicht verboten im Hinblick auf den Beruf, sondern weil Frau von Bismarck, die in ihren Briefen Holstein sehr gewinnend und menschlich sympathisch zeichnete, ihn gern als Schwiegersohn gesehen hätte, so daß Holstein fast schon als solcher, das heißt als Ohrenzeuge, in Bismarcks Wohnung aus- und einging. Und dort hörte er denn auch jene Bemerkung, die uns alle – vor Memoiren wie vor uns selbst – sehr mißtrauisch machen sollte. Holstein war dabei, wie sein Chef den ihm verhaßten hannoverschen Gesandten Graf Münster dadurch lächerlich machte, daß er eine, so Holstein, «stark münchhausensche Jagdgeschichte, die Münster von sich sollte erzählt haben» als Beleg vorbrachte, was für ein Lügner Münster sei. Holstein fährt fort: Als Bismarck diese grotesk übertreibende Jagdgeschichte «dem englischen Ersten Sekretär ... zum zweiten Mal erzählte, kniff dieser sein Glas ins Auge und sagte nur: ‹Die Geschichte ist besser geworden!›»

Charakteristisch für das Ehepaar Bismarck fand Holstein, daß Johanna diese Abfuhr, die der Brite ihrem Mann erteilte, «weiter erzählte und sehr witzig fand, was sie allerdings auch war...»

Wie soll man, wie *könnte* man sich davor hüten, auch einmal so «witzig», nämlich als Lügner oder doch Übertreiber dazustehen wie Bismarck, wenn man erzählt – nun gar erzählt von sich selber! Niemand, vermute ich, kommt ohne Abschürfungen über eine solche Klippe hinweg, ich muß mich selber da auch schuldig bekennen: als ich meinem Ältesten, der ein Maul hat wie ein Revolver, einst eine verjährte Schandtat abermals vorhielt, offenbar übertreibend, wehrte sich der Junge: «Vorsicht, Papa, du kriegst ein *kreatives* Gedächtnis!»

Wer kriegte es nicht? Es ist die Quelle nicht nur aller Memoiren, sondern auch aller Verzerrungen in ihnen. Allerdings gibt Thomas Mann noch eine andere Quelle an: «Liebe zu sich selbst», schreibt er 1913, «ist der Anfang aller Autobiographie.» Der Anfang, mag sein – denn auch Rechtfertigungssucht wird ja der Liebe zu sich selber entspringen, dem Schutzbedürfnis für die eigene Person, dem man nachgibt in dem Maß, in dem man öffentlich angegriffen wird... Die infamen Sätze – doch Infamie macht es nicht unbedingt falsch: «Wer sich verteidigt, klagt sich an» oder: «Memoiren schreibt, wer etwas zu verbergen hat» – sind zum Klischee geworden. Was aber wird zum Klischee? Meist doch das – und auch dies ist längst ein Klischee –, was sich immer erneuert, generationenlang, als wahr erwiesen hat, so auch die Banalität, daß Mächtige wie Entmachtete Memoiren nur schreiben, um ihre Kriege mit schlimmeren Mitteln fortzusetzen, mit denen der Propaganda. Daß jeder, der sein Leben erzählt, sich wie beim Fotografen von der günstigsten Seite zeigen will, ist aber ein Menschenrecht – keineswegs die Mächtigen allein nehmen es vorsätzlich und ebenso auch unbewußt für sich in Anspruch. Nietzsches furchtbare Verdächtigung aller Memoiren-Literatur: «Das habe ich getan, sagt mein Gedächtnis. Das *kann* ich nicht getan haben, sagt mein Stolz. Endlich gibt mein Gedächtnis nach» – wer, der über sich geschrieben hat, könnte ableugnen, daß auch er zuweilen – mindestens zuweilen - davon gesteuert war? Nicht immer natürlich sind Erinnerungen ebenso wie der Entschluß, abermals zu heiraten, nur der Triumph der Willenskraft über das Gedächtnis. Ganz oft hat das Gedächtnis ohne jedes Zutun Zurückliegendes «bearbeitet», im Sinne der Verzierung, Dramatisierung, der Entlastung, Entschuldigung, ja, Entschuldung, vor allem aber dessen, was Churchill oft, mit Edmund Burke, «den Akt eines gesegneten Vergessens» nannte, ohne den Völker, die Kriege gegeneinander geführt hatten, sich gar nie wieder vertragen können. Churchill, der nie aufgehört hat, dem Diktat von Versailles öffentlich seine Verachtung zu bezeugen, weil es den ersten funktionierenden Vielvölker-Staat in Europa, die von ihm bis ins höchste Alter romantisch verklärte k. u. k-Monarchie zerschlagen hat – war wie Bismarck ein mitleidloser Krieger, aber nach Ende der Kampfhandlungen sofort der am wenigsten rachedurstige Sieger. Wie Bismarck, was noch de Gaulle (vor John F. Kennedy) aufs höchste an ihm gepriesen hat, seinem König und dessen Generalität unter Androhung des Rücktritts verwehrte, in Wien und Paris einzuziehen und dort nicht zu vergessende Triumph-Paraden zu veranstalten, so sagte Churchill zum Entsetzen Europas bereits 1946 in Zürich, Franzosen hätten die Pflicht, sich mit Deutschland zu einigen. Er sagte das, als die Welt doch von uns Deutschen nur noch wußte, daß wir die Ausrottungs-KZs gemacht hatten ... Es war denn auch Churchills am wenigsten gern gehörte Rede. Er und Bismarck, die beide mindestens die bedeutendsten *politischen* Memoiren, die es in *ihrer* Sprache gibt, geschrieben haben, sind übrigens, vermute ich, aus Stolz nur passive Lügner, keine aktiven gewesen; sie schwindelten durch Auslassungen, weniger durch falsche Aussagen, so weit man das übersehen kann. Natürlich haben Memoirenschreiber mit genialen Zeichnern gemeinsam, daß sie ihre schlagendsten Effekte sehr oft durch *Weglassen* erzielen! *Das* hat Winston Churchill übertrieben, als er seinem entsetzlichsten Tobsuchtsanfall, Dresdens Verbrennung, wobei vermutlich dreimal mehr Menschen umkamen als in Hiroshima, anderthalb Zeilen – nicht: Seiten, von sechstausend Seiten –, als er ihm anderthalb *Zeilen* widmete. Oder als er seine zehntausend Mitarbeiter in Bletchley Park unterschlug und auch dem gesamten Establishment befahl, sie in ihren Memoiren zu verschweigen, die ab August 1940 den Chiffrierschlüssel des deutschen Heeres enttarnt hatten, ab Oktober auch den der Luftwaffe, ein Jahr später, ab März 1943, *fast vollständig* auch den der deutschen Marine, so daß die Briten sämtliche Befehle Hitlers und die Antworten der Truppe mitlasen, wie wir Zeitungen lesen ... Mit keiner Silbe erwähnt das Churchill, sondern flunkert zum Beispiel, wenn er gar nicht umhinkann, einen Sieg nicht allein sich selber zuzuschreiben: «Um diese Zeit unterhielten wir in der Nähe von Rommels Hauptquartier einen Spion, der uns ...» Dieser Spion hat nicht gelebt, sondern der Erfinder des Computers, Alan Turing, hatte Hitlers Chiffriermaschine «Enigma» entschlüsselt ... Und zweifellos kann auch der von Edmund Burke eben schon so genannte «Akt eines gesegneten Vergessens» sehr übertrieben werden: Das Musterbeispiel, wie weit das nicht gehen darf, ist der König Ödipus, dem seltsamerweise von seinem Darsteller Sophokles ebenso wie von sich selber völlig verziehen wird, daß sein Gedächtnis ihm nicht einmal sagt, *er* müsse doch wohl der gewesen sein, der vor acht Tagen den unterwegs nach Delphi verschollenen König von Theben totgeschlagen hat. Wilamowitz sogar hat es Sophokles, den er herrlich übersetzte, ankreiden müssen, daß der den einzigen Menschen aus der Reisegesellschaft des Königs, der davonkam und hätte berichten können, was mit dem unterwegs Verschollenen geschehen sei, erst auftreten läßt, als Ödipus bereits bei seiner Mutter der «Nachfolger» des Königs und Ehemanns ist. Auch Iokaste hatte offenbar vergessen, daß sie ja verheiratet sei, als sie den Sphinx-Töter, ohne ihren Sohn in ihm zu erkennen, zum Gatten nahm... «Gedächtnisschwund». Wir hatten in Stuttgart ja das Beispiel eines Ministerpräsidenten, der sogar Todesurteile gegen deutsche Soldaten, die er gefällt hat, in einem Maß vergessen konnte, daß der Politiker Egon Bahr im Bundestag fragte: «Wie viele Todesurteile muß ein Mensch gefällt haben, um welche vergessen zu können?» Und natürlich schrieb ausgerechnet dieser Mann, der sich andauernd mit Gedächtnislücken herausredete, Memoiren – an sich schon sehr witzig: ein blinder Maler. Oder, wie der Marquis von Vauvenargues sagte: «Wir versuchen gewöhnlich unser Glück mit Talenten, die wir nicht haben...» Als dann das Gerücht aufkam, Filbinger habe sich durch Kopfschuß entleiben wollen, wurde das sofort relativiert: natürlich sei nichts passiert, er habe doch nur in eine Gedächtnislücke geschossen...

Diese Lücken sind es, die so oft die Memoiren der Mächtigen, die übrigens meist erst schreiben oder nur deshalb schreiben, wenn oder weil sie entmachtet sind – Cäsar, Friedrich, Moltke, Eisenhower sind Ausnahmen –, zum Ärgernis machen. So sagte der Schwiegersohn des alten Kaisers, der Großherzog des Landes Baden, wie der Historiker Johannes Haller aufschrieb, über die ersten beiden Bände von Bismarcks ‹Gedanken und Erinnerungen› – der dritte ist ja erst 1919, nach dem Abgang Wilhelms des Letzten, erschienen: «Ein infames Buch! Fängt mit Lügen an, endet mit Lügen, und in der Mitte stehen auch nur Lügen!» Wozu Haller bemerkt, wie Golo Mann als richtig zitiert, «eine lautere Geschichtsquelle sei das berühmte Werk in der Tat nicht...»

Was ist denn eine *lautere* Quelle? Ich wage zu urteilen: nie einzelne Memoiren, nie – sondern immer nur die Summe mehrerer. Und da nun haben die Erinnerungen der Mächtigen einen Nachteil, der ihren Lesern aber zum Vorteil ausschlägt: Sie hatten fast immer an ihrer Seite, diese Mächtigen – Männer, kaum Frauen, die ebenfalls schrieben, ja ganz ausgezeichnet schrieben, und also stillschweigend – bis sie in der Nachwelt nicht mehr schweigen mußten, sondern publizieren durften – korrigiert, ergänzt, versachlicht haben, was der Mächtige schrieb ...

Diesen Nachteil der Machthaber haben die Machtlosen als Memoirenautoren selten oder nie: Während Friedrich, Bismarck, Churchill – ich muß mich beschränken auf wenige Autoren, wenige Streiflichter – von frühester Jugend an immer so öffentlich gelebt haben, daß sie schon damals Beobachter, gewollte oder ungewollte, an ihrer Seite fanden, die dann auch oft Memoiren schrieben und diese drei also mitbetrachteten, wissen wir ja aus der Jugend derer, die erst in vorgerückten Jahren berühmt wurden, nichts anderes, als was sie selber erzählten. Von Heuss oder Adenauer – nichts, denn weder dem einen noch dem anderen war in frühen Jahren anzumerken, daß mehr aus ihm würde als ein Lokalpolitiker. Anders bei jenen, die schon als Kronprinz zur Welt kamen oder als Angehörige – so Churchill – von Familien, mit denen sich Zeitgenossen bereits beschäftigten; wie zum Beispiel mit der verwitweten Lady Randolph, Churchills strahlendschöner Mutter, der Geliebten des Königs, die von edwardianischen Zeitgenossen mehrfach so beschrieben wurde. Churchill sprach ausdrücklich diesen frühen Darstellern seiner Mutter seinen Dank aus, als er deren blendende Momentaufnahmen in seine Memoiren übertrug – wie Sargent, Londons teuerster Porträtist, diese Edwardianer gemalt hat. Churchill, um das vorwegzunehmen, hat denn auch dankbarer als jeder andere außer Golo Mann, so weit ich sehe – in seinen Memoiren seiner Mutter gedacht, deren schlauen Weichenstellungen er's verdankte, bereits als Jüngling berühmt zu sein: einer, der mit zweiundzwanzig schon steckbrieflich und mit Kopfprämie gesucht worden war und mit fünfundzwanzig seinen Unterhaus-Sitz hatte. Man darf folgern, es gab keinen berühmten Mann auf Erden, der nicht eine – im Guten, oft auch im Schlechten – außerordentliche Mutter hatte. Golo Mann half sich damit, daß er Katja Manns Tagebuch, das sie jeweils über ihre gerade geborenen sechs Kinder führte, als erstes Kapitel seiner Memoiren druckte, literarisch wertvoll als so noch nie publiziertes Kleinkinderbild, menschlich erheiternd. Churchill, der zwar seiner Mutter total uninteressant war, solange er nichts als ein miserabler Schüler gewesen ist, so daß er denn auch zeitlebens über seinem Bett nur das Bild der Amme hatte, bis er mit neunzig, am 70. Todestag seines Vaters, nach dem Satze starb: «Es ist alles so langweilig» – Churchill marschierte auch noch mit zum Standesamt, als seine Mutter zum zweitenmal einen weltstadtbekannt *schönen*

Mann heiratete, der wiederum wie schon der Vorgänger jünger war als die zwei Söhne, die sie als Lady Churchill geboren hatte. Während Winstons Bruder, der vermutlich aber nur sein Halbbruder war – er glich ihm wie eine Birne einem Apfel –, sich der Heiratslustigen genierte und daheim blieb. Diese Frau fällt so total aus dem Goldrahmen des Viktorianischen Zeitalters, wie die Mutter Alexanders des Großen oder Bismarcks ungewöhnlich waren in ihren Epochen. Die Brüder Bismarck, die jeden Brief aufbewahrten, hielten für nötig, die Tagebücher der Mutter zu verbrennen; Churchill aber wußte stets, was er Lady Randolph verdankte, die natürlich auch den gestürzten Bismarck noch im Sachsenwald besuchte und selber ein Schiff charterte, um im Burenkrieg Verwundete zu pflegen... Churchill ist aber unter den Machthabern meines Wissens der einzige, der in seinen Erinnerungen seine Jugend beachtet. Ja, ein ganzes Buch über seine Jugend schrieb. Vermutlich deshalb, weil er von Natur ein Dichter war, der, auch ohne Premierminister zu werden, Tatsachen-Romane wie der Seemann Joseph Conrad geschrieben hätte. Er hat denn auch wie der junge Moltke sein Leutnantsgehalt durch Novellen aufgebessert. Und «natürlich», weil auch der junge Bonaparte das getan hat, als Jüngling einen politischen Roman veröffentlicht; seinen – wie Napoleon – einzigen Roman. Churchill wurde aus Liebe zu sich selbst der ausschweifendste Autobiograph aller Zonen und Zeiten – nicht ohne dazu legitimiert zu sein. Erstens eben durch die so unendliche Zärtlichkeit, die er für die eigene Person – und für sie allein – zeitlebens aufgebracht hat; zweitens dank der Tatsache, daß er allein von allen Lebenden außer Michelangelo siebzig Jahre lang berühmt war; drittens weil seine Selbstbiographie als einzige identisch wurde mit der Geschichte des «dreißigjährigen Krieges» 1914 bis 1945, den allein *er* in leitenden Ämtern mitgeführt hat.

Gewiß hatte auch Friedrich von Preußen stark dichterische Züge... Es ist ja eine Ironie ohnegleichen in einem Volk, das seine Intellektuellen immer verachtet, ja verfolgt hat, daß dieses Volk niemals einen Krieg verloren hat, den Intellektuelle führten, aber jeden, von dessen Führung sie ausgeschlossen waren: Friedrich wurde letztlich nicht besiegt. Gneisenau, Blüchers Stabschef, der Napoleons entscheidender Gegenspieler war, ist ein Intellektueller gewesen, hat eine Nänie auf Lessings Tod gedichtet und die zwei Maximen hinterlassen: erstens, die *Phantasie* ist die Mutter großer Taten; zweitens, die Sicherheit der Throne ist auf Poesie gegründet. Gneisenau meinte ihre *Dauer*, was schon Augustus wußte, als er Vergil und Horaz holte. (Demokraten wissen das nicht und haben deshalb keine Nachwelt.) Auch Bismarck und Moltke, die ihre drei Kriege gewonnen haben, waren schon als Briefeschreiber so bedeutende Autoren wie in ihren Memoiren, und so hätte Friedrich natürlich auch wie Churchill seine Jugend besingen können, doch war sie für einen König allzu unschicklich. Denn unmöglich kann sein interessant malendes Vater-Tier im klinischen Sinne normal gewesen sein, der mindestens zweimal mühsam daran gehindert werden mußte, den immer geprügelten Sohn von eigener Hand zu ermorden. Nun war der Sohn auch nicht leicht zu dressieren. So antwortete Friedrich auf den Befehl, wegen «Liederlichkeit» dem Thron zugunsten seines Bruders Heinrich zu entsagen: Nur wenn Majestät der Welt bekanntgebe, die Königin habe ihren Ältesten unehelich empfangen, sei er dazu bereit... Aber der ihm nächststehende Mensch beschrieb die terrorisierte Jugend beider in Memoiren, die Schwester in Bayreuth. Und Catte, der Genfer Vorleser, war der nächste Glücksfall: In den von Niederlagen bedrohtesten Nächten des Siebenjährigen Krieges sprach Friedrich in familiärer Offenheit zu diesem Eckermann, der eben jene Ergänzung der Memoiren Friedrichs schrieb, die länger leben wird als Friedrichs Darstellungen seiner drei Kriege... Übrigens ist natürlich auch *dies* ein Merkmal großer Persönlichkeiten: sich Mitarbeiter zu holen und die auch neben sich zu dulden – die sind ja auch nicht bequem –, die selber dann klassische Autoren werden: Wilhelm II. und Hitler hatten während ihrer Kriege keine solchen Mitarbeiter oder auch nur Nebenmenschen wie Friedrich seinen Catte, wie Bismarck Holstein und Moltke und die Freifrau von Spitzemberg; wie Churchill seinen Arzt Lord Moran und wie den Empire-Generalstabschef Feldmarschall Lord Alanbrooke, mit dem er sich täglich zankte, dessen Journale aber – soweit mir bekannt – überhaupt die informativsten sind und, was die Person des Premierministers betrifft, die menschlich anrührendsten aus dem Zweiten Weltkrieg. Briten werden sie so lange lesen wie ihre zwei klassischen Journale aus dem 17. und 18. Jahrhundert, wie die von Pepys und von Boswell. Womit sich nicht länger die Frage verdrängen läßt, ob nicht doch Journale und Briefe sich dadurch auszeichnen *vor* Memoiren, daß sie ehrlicher sind, weil spontaner, reicher, weniger geglättet als die immer allzu offiziellen Erinnerungen. Auch ist die Verachtung des Täters ersten Ranges – Friedrichs, Bismarcks, Churchills – gegenüber den eigenen Memoiren bedenklich, diese Gewalthaber sind eben doch Schreiber erst in zweiter – Täter aber in erster Linie, so daß ihnen die Schriftstellerei hauptsächlich der Kommentar zu ihren Taten ist, während die Tagebuchschreiber notieren, weil sie's auch im Drange des Krieges nicht lassen *können*. Nicht nur in einem intimeren, vielleicht auch in einem gemeineren Sinne sind eigentlich *sie* die geborenen, bedeutenderen Autoren! Und wie gesagt, machen erst sie seriös, das heißt: überprüfbar, was der «Chef» dann – wenn auch längst entlassen – doch immer noch regierungsamtlich ansieht und aufschreibt. Es gibt in Alanbrookes Tagebuch von 1943 eine aufschlußreiche Bemerkung Churchills gegenüber Hauptmann Butcher, dem Stabschef Eisenhowers, den der Premierminister beim Tagebuchschreiben sieht: täte *er* nie, sagt Churchill – denn wie einem Geldmacher schmeichelt es zuweilen auch einem Tatmenschen, wenn man ihn durchschaut –, täte er nie, Tagebuch schreiben; wozu sich vor der Nachwelt blamieren? Lieber warten, bis man die Geschehnisse überschauen und die eigenen Fehler kaschieren könne... Tagebücher veröffentlichen, das zeige doch nur, wie «unentschlossen und albern» man gewesen sei. In Übereinstimmung mit dieser Haltung hat denn auch nach dem Ersten Weltkrieg Churchill dafür gesorgt, daß sein Bekannter oder gar Freund, William Somerset Maugham, vom Staat *gezwungen* wurde, einige seiner Geschichten zu vernichten – sie gibt es nicht mehr, das heißt: ich hoffe doch –, die er seiner Tätigkeit in Diensten des Geheimdienstes Seiner Majestät verdankte. Die Chronik war dem eingefleischten Täter Churchill nie so wichtig wie der gute Eindruck, die Reputation des Staates zu *der* Zeit, als *er* ihn verkörperte. Während dem Autor Maugham die Wahrheit über alles ging – selbst über Geheimhaltungs-Pflicht. Genau so, denke ich, mit *diesem* Vorbehalt, schrieben alle Tatmenschen. Daher sie als Epiker noch so faszinierend sein mögen – historisch zuverlässig sind nie sie allein, sondern erst durch Zurechtweisung und Ergänzung in den Büchern und Papieren ihrer Mitarbeiter und Gegner; besonders in deren Journalen.

Diesen Vorbehalt akzeptiert – bleiben die Erinnerungen Friedrichs, Bismarcks, Churchills Epen, deren Zugehörigkeit zur Weltliteratur nur Beckmesser bestreiten. Als 1986 der König seinen zweihundertsten Todestag hatte, wertete niemand ihn als Autor: ein Skandal! Franzosen halten ihn für unzugehörig, weil er ein Deutscher war, Deutsche, weil er französisch schrieb. Seit fünfundsiebzig Jahren gibt es in unserem undankbaren Volk kein Buch des Königs zu kaufen, obgleich schon Wilamowitz-Moellendorff den König als bedeutenden deutschen Autoren in einer geräumigen Anthologie seiner Nation nahezubringen empfohlen hat... Ich kann nicht Französisch und deshalb nicht beurteilen, wie er schrieb – immerhin ist bekannt, daß er fast kein Gedicht machte, ohne es mit dem brillantesten Geist seines Jahrhunderts zu korrigieren, mit Voltaire. Und wenn man die Übersetzung liest, die 1912 der Kaiser zur Geburtstagsausgabe – der König wurde zweihundert – herstellen ließ, von namhaften Autoren wie Thassilo von Scheffer und Oppeln-Bronikowski, dann ist der Eindruck groß. Ich weiß von keinem anderen Sieger, der sich selber so wenig geschont hat und herausgestellt als einen, der durch eigene Schuld mindestens so viele spektakuläre Niederlagen einstecken mußte, wie er Siege verzeichnen konnte, die er – bescheiden – eigentlich immer dem Glück zuschrieb, nicht seinem Können. Auch was er an Reflexionen einbringt ist nicht selten auf der Höhe derer von Mark Aurel, des Stoikers, den er bedichtete... Auch den Anteil seiner Offiziere an Siegen hob er dankbar heraus, während Bismarck berüchtigt blieb für die Schnödigkeit, mit der er die Mitwirkung von anderen an positiven Resultaten immer überging, freilich ist ihm selber das auch zuweilen zugestoßen: Der Feldmarschall Moltke brachte fertig, nach seinen geräumigen Memoiren auch eine einbändige Geschichte des Krieges 1870/71 zu publizieren, die Bismarck nicht einmal erwähnt. Der hatte dem kinderlosen Marschall nie verziehen, mit welcher Brutalität Moltke «seine» Soldaten verheizte; beide Söhne Bismarcks wurden verwundet... Zu vermuten ist: sogar Friedrich der Große wurde das Opfer jenes deutschen Nationaldünkels, der im 19. Jahrhundert die abstruse These ritt, einer sei ein «Französling», wenn er französisch geschrieben habe. Man hat aus Friedrichs bösartig bornierter Abneigung gegen deutsche Autoren wie Lessing, den er mißhandelte, die Folgerung gezogen, er könne selber als Autor nichts wert sein – absurd! Der deutsche Nationalismus «beanstandete» – was für ein Wort –, daß er die «Mutter»-Sprache geschmäht, indem er sie nicht benutzt habe. Doch war das Deutsche gar nicht seine Muttersprache, «natürlich» sprach die Königin wie seine Erzieherin französisch mit dem heranwachsenden Fritz.

Großes Format wird nicht zuletzt belegt auch dadurch, daß Persönlichkeiten ersten Ranges es verstehen – kleine Leute können das offensichtlich nicht, vermutlich, weil sie selber zu unsicher sind, Mitarbeiter von Niveau um sich zu ertragen –, die Großen belegen ihr Format auch dadurch, daß sie dank ihrer Ausstrahlung Mitarbeiter anlocken, die selber zu Chronisten ersten Ranges *werden*, weil sie *diesem* Menschen dienen. So setzen sie ihren Chefs Denkmäler, die auch literarisch auf der Höhe dessen sind, was ihre Epochen literarisch hervorgebracht haben. Holstein schrieb nicht schlechter als Fontane, nicht weniger pointiert als Mommsen, der Nobelpreisträger; Alanbrooke, der Chef des Empire-Generalstabs, war nicht weniger ironisch als Bernard Shaw, seine Weltsicht steht uns näher als die Kiplings; Cattes Dialoge mit dem König faszinieren wie jene in Lessings Dramen. Der Geist ihrer Chefs stiftete mit den Schauspielen ihrer Epoche in diesen Zuhörern und Mitarbeitern von Rang ein Niveau, das zum Beispiel den Genfer Vorleser dazu inspirierte, uns mit seinen Friedrich-Skizzen nicht nur *dessen* Bild in der Not verlorener Schlachten zu zeichnen, sondern überhaupt das Porträt eines Königs, der diesen Titel verdient. Und wie Bismarck als Stilist im Deutschen der abgründigste Ironiker war zwischen Heine und Thomas Mann, so vermochten dann auch einige derer zu schreiben, die er jahrzehntelang um sich hatte: Hildegard von Spitzemberg, Holstein und, weil er zu eitel war, nicht ganz so gut, Eulenburg. Der Meister war – eine Probe – sicher nicht frei von Verfolgungswahn, wenn es um den Einfluß der Damen bei Hofe ging. Doch dürfte auch tatsächlich kein Mann ihm zeitlebens so heftig widerstanden haben wie Augusta, die von Bismarck zur Kaiserin gemachte Gemahlin Wilhelms I., wie beider Tochter, Luise von Baden, und wie beider Schwiegertochter, Vicki von England. Holstein zitierte einmal Bismarcks Angst, daß «die politischen Interessen des Reichs an den Unterröcken einer Prinzeß fortgeschleift würden...» So rächte sich denn auch Bismarck an der Kaisertochter, als die einmal gekommen war, ihren steinalten Vater zu pflegen, indem er in seinen Erinnerungen diktierte (wie Churchill, diktierte er, änderte dann aber tausendfach mit seinem dicken Zimmermannsbleistift): «Nun war zwar die Pflege, die der Kaiser von seiner Frau Tochter genoß, dem Patienten kein Bedürfnis, sondern eine Kundgebung kindlicher Liebe, welche er mit ritterlicher Höflichkeit über sich ergehen ließ.» Und ebenso boshaft wie der Meister – sein Holstein, der einmal über Bismarck schreibt: «Deutsch kann er wie keiner... er glaubt aber, daß er französisch kann.» Dreißig Jahre war er Bismarcks Schüler, übertrieb also: schrieb Bismarck oft mit Essig, so Holstein mit Salzsäure. Zum Beispiel charakterisierte er bereits den sechsunddreißigjährigen, später Kanzler gewordenen und gefürsteten Bülow, und wie recht Holstein damit vor der Geschichte haben sollte, das zeigt die Bildung der Entente, die sicherlich von Bülow – unfreiwillig – nicht weniger geschaffen wurde als – vorsätzlich – vom großen König Edward. Holstein schreibt 1885: «Bernhard Bülow ist bartlos und teigig, mit unaufrichtigem Blick und meistens lächelnd. Geistig mehr glatt als scharf. Hat keineswegs Gedanken in Vorrat... eignet sich aber die Gedanken anderer an und gibt sie mit Gewandheit wieder ohne Nennung des Autors... Sehr eingeschmeichelt hat sich Bülow bei Herbert, den er hinter dem Rücken, vielleicht auch ins Gesicht, eine Achillesnatur nennt. Wenn Bülow einen gegen den anderen hetzen will, sagt er mit einschmeichelndem Lächeln: ‹Der mag Sie nicht.› Das Mittel ist einfach und fast unfehlbar in der Wirkung... Die Heirat... mit der Dönhoff soll demnächst vor sich gehen. Das wird eine gefährliche Gruppe; sie Liebling der Kronprinzeß, er intrigant wie keiner.» Und so beschreibt Holstein, der mit Herbert den Staatssekretär und Kanzlersohn Herbert von Bismarck meinte, wie 1884 die fünfundsechzigjährige, seit siebenundvierzig Jahren regierende Queen Victoria ihre Familie «tyrannisierte und ängstigte», beim Besuch einer Tochter in Darmstadt: «Eine Viertelstunde vor dem Diner ließ sie regelmäßig sagen, wer von den Fürstlichkeiten mit ihr speisen sollte... Die Begleitung der verschiedenen Prinzlichkeiten wurde von ihr vollständig ignoriert. Unser Kronprinz riskierte überhaupt nicht... Adjutanten... vorzustellen. Endlich entschloß sich die Kronprinzeß dazu. Ein Genuß muß die Zeremonie nicht gewesen sein. Die Königin schlug die Augen gar nicht auf, von Ansprechen, auch nur mit einem Wort, war keine Rede.

Jemand sagte mir, er habe bis dahin die Angst, welche die Kronprinzeß jedesmal zeigt, wenn von ihrer Mutter die Rede ist, für Übertreibung gehalten, er habe sich jetzt aber davon überzeugt, daß die Kronprinzeß der Königin geradezu atemlos gegenüberstehe, und wenn die Königin sich zurückziehe, so sei es ‹wie eine Himmelfahrt›: die Zurückbleibenden folgten ihr mit verklärten Blicken...
...Ich fragte, ob in der Persönlichkeit der Königin vielleicht das Geheimnis ihrer Autorität liege? Im Gegenteil, eine Köchin, beinahe zwerghaft, fast ebenso breit wie lang, mit blaurotem Gesicht und dazu geistig mehr oder weniger gestört.

Aber sie ist sehr reich. Nicht nur spart sie bedeutend, sondern hat auch ihre Einkünfte erheblich vermehrt durch ein Geschäft, was sie vor einigen Jahren mit einer belgischen Bank oder Lebensversicherungsgesellschaft machte. Sie kaufte sich, durch Einzahlung mehrerer Millionen (man sagte mir Pfunde) für eine Leibrente ein, die sehr hoch bemessen ward, weil gerade zu jener Zeit sehr nachteilige Gerüchte über ihre Gesundheit umliefen; seitdem ist Ihre Majestät wieder wohler geworden, und es ist Aussicht, daß sie die Rente noch viele Jahre bezieht, wenn der Alkohol nicht störend dazwischen kommt...»

Solche Miniaturen aus jenen Jahren, als Langen-Müller und Thomas Theodor Heine und einige andere Klassiker der Karikatur mit dem ‹Simplizissimus› die witzigste Zeitung gründeten, die wir je hatten in Deutschland, könnten vergessen lassen, was an überzeitlich bleibender *politischer Substanz* in den Erinnerungen, Briefen, Gesprächen und Tagebüchern steckt. Ich erinnere nur wieder an Holsteins letzten Brief, mit Bleistift und – wie er selber schreibt – «wackelnder Hand» von einem Sterbenden geschrieben, diese Anstrengung verteilt auf zwei Tage, den 6. und 7. April 1909, um den Reichskanzler zu beschwören, endlich dem Flotten-wahnsinnigen Kaiser entgegenzutreten, damit der sonst sicher durch Schiffe «herbeigebaute» Krieg mit England verhindert werde! Doch Bülow hat Angst, sich aus Seiner Majestät Gnadensonne zu entfernen, und tut nichts, obgleich er einsieht, wie recht Holstein mit diesem Vermächtnis hat. Zwei Monate nach der Beerdigung des Mahnenden wird auch der Kanzler von Wilhelm «fortgejagt», wie der auf einem Spaziergang fröhlich jemandem zeigen wird: «Dort habe ich das Luder fortgejagt», sagt Wilhelm über den langjährigen Kanzler, den er einst fürstete...

Da – wie gesagt – große Herrscher jene sind, die es auch verstehen, Mitarbeiter zu versammeln, die ihnen als Autoren ebenbürtig sind, so ist nicht auszumachen, ob die Gestirne oder ihre Trabanten als Schriftsteller mehr dazu beigetragen haben, diese drei – bleiben wir bei den Beispielen Friedrich, Bismarck, Churchill – in jenes Jahrhunderte durchstrahlende Licht zu rücken, in dem schon heute wir sie sehen. Und es ist das einzige Tröstliche an der gesamten Hitlerei, daß niemand an der Seite dieses Bücherverbrenners *ein* lesenswertes Buch hinterlassen hat. Die Leistung Albert Speers, ein bis dahin so nicht vorhandenes Gefängnistagebuch heimlich auf Klopapier zu verfassen und in die Freiheit zu schmuggeln, diese erhebliche Autorentat erbrachte der zu zwanzig Jahren Verurteilte erst, als Hitler längst verkohlt war, nicht aber durch Begegnungen mit dem Tyrannen...

Dennoch dürfen wir uns nichts vormachen, Heines und Uhlands Fluch:

«Nicht gedacht soll seiner werden,
nicht im Buche, nicht im Liede»

und

«Weh' dir, verruchter Mörder...
Dein Name sei vergessen, in ewge Nacht getaucht
...
Des Königs Name meldet kein Lied, kein Heldenbuch»

geht an Hitler *nicht* in Erfüllung! *Das* Monstrum, das zuerst auf den Einfall kam, Fabriken zu errichten, die keine andere Funktion hatten, als Menschen zu vergasen: hat *deshalb* – deshalb allein – das Recht gehabt, Napoleon die bereits zitierte Ungeheuerlichkeit nachzusprechen: «So lange man von Gott redet, wird man auch von mir reden!» Die bisher gründlichste Biographie, die von Joachim Fest, hat schon jetzt die ganze große Mehrzahl jener Romane und Dramen überdauert, die zur Zeit dieses Hitlerbuches geschrieben worden sind...

Auch bei Herrschern muß übrigens unterschieden werden zwischen jenen, die von Natur Schriftsteller sind – Friedrich und Churchill –, und denen, die zwar große Briefe schrieben, doch Bücher oder *das* Buch, das eine, die Memoiren, nur aus Rechtfertigungstrieb oder unter finanziellem Zwang. Zu denen zählt Bismarck. Friedrich, Churchill wären eingegangen, hätten sie nicht lebenslänglich dauernd *auch* schreiben können: Es ist dies das einzige Kriterium für einen Autor. Bismarck aber schrieb lustlos, qualvoll und nur deshalb – und nach vielen Pausen –, weil Cotta ihn mit einem Riesenvorschuß geködert hatte. Seine Memoiren, die er unvollendet liegenließ, hat er dem alten achtundvierziger Revolutionär Lothar Bucher mit bitterem Widerwillen nur diktiert wegen des Vorschusses. Er stöhnte, ‹Erinnerungen und Gedanken› – später umgetauft – würden ihm (so kam das auch) als Racheakt ausgelegt: «Es wird wohl zuletzt nichts daraus werden. Ich habe keine Akten, und wenn ich mich auch an die Hauptsache erinnere – sehr deutlich –, so kann man doch die Einzelheiten seiner Erlebnisse und Erfahrungen im Laufe von dreißig Jahren nicht im Gedächtnisse behalten. Dann die Veröffentlichung bei Lebzeiten: ich habe von 1847 an immer das monarchische Prinzip vertreten und hochgehalten wie eine Fahne, und ich habe nun drei Könige nackt gesehen, und da nehmen sich die hohen Herrschaften oft nicht gerade sehr gut aus, und das der Welt zu sagen, das geht doch nicht, das wäre ja inkonsequent – gegen das Prinzip. Aber es verschweigen, wenn ich einmal darauf käme, oder gar das Gegenteil – das dürfte ich ebensowenig. Und geschieht es nach meinem Tode, da heißt es: da habt ihr's, noch aus dem Grabe heraus – welch ein abscheulicher alter Kerl!»

Bismarck konnte sich durchaus nicht vorstellen, wie seine Fragment gebliebenen Memoiren eingeschätzt würden. Grotesk ist auch, daß offenbar beim Schreiben von Autobiographien niemand fähig ist, die markantesten Leistungen seines Lebens maßstabgerecht ins Ganze einzurücken. Bismarck erwähnt jene seiner Leistungen, die als einzige geblieben ist und uns heute am tiefsten beeindruckt, mit keiner Silbe. Nämlich seine Arbeiterschutz-Gesetze und staatlichen Altersabsicherungen. Doch stets höchst skeptisch dachte er von der deutschen Einheit: «Ein Traum, den neben mir noch zwanzig andere Schwindler auch hatten.»

Diese Bemerkungen aus den gesammelten Gesprächen – nicht: aus den offiziellen Reden – verweisen auf die höchst bedeutungsvolle Ergänzung der Bismarck-Memoiren, die dazu lesen muß, wer von der Größe dieses Politikers *als Autor* sich eine Vorstellung machen will... Der Altmeister der britischen Historiker, der 1873 geborene George Gooch, der das Buch über Deutschland und die Französische Revolution geschrieben hat, urteilte über Bismarcks ‹Gedanken und Erinnerungen› – noch ein Jahrzehnt nach Hitlers Tod, 1954:

«Das zwanzigste Jahrhundert ist kaum berechtigt, über das neunzehnte zu Gericht zu sitzen, ehe nicht alle Großmächte zur Verwirklichung eines Systems bereit sind, das der menschlichen Wohlfahrt besser dient als dasjenige, welches der ‹Eiserne› Kanzler schuf und verkündete», dessen «Autobiographie als Handbuch der Staatskunst unübertroffen ist... die eigentlich maßgebliche Äußerung über die Kunst des Regierens, die seit Machiavellis ‹Il principe› erschienen ist.»

Zehn Jahre zuvor hatte in Kalifornien ein bedeutender Autobiograph – weil er sich vorgesetzt hatte, wie ungewöhnlich unter Deutschen, sein Zeitalter zu besichtigen, nicht sich selber –, hatte Heinrich Mann so feierlich über ‹Nächte Bismarcks› geschrieben, daß er sich steigern konnte zu dem Resümee: «Ich bin verpflichtet, darauf zu bestehen, daß Deutschland in seiner Gestaltung durch Otto von Bismarck eine konservative Wohltat dieses Erdteils gewesen ist – von seiner Bedrohung endlos entfernt.»

Das schrieb mitten im Kriege 1943 ein so geschimpfter «Linker» im deutschfeindlichen Amerika, das damals nur noch wußte von uns – sehr verständlich –, daß wir gerade damit beschäftigt waren, ein ganzes Volk in Europa nach dem Adreßbuch auszurotten... Eben auch, weil wir *das* getan haben, hätten wir wenigstens *nach* Hitler Bismarck lesen sollen. (Nebenbei, aber nicht überflüssig, das in Deutschland zu sagen: Bismarck und die Juden – der Kanzler sagte bei Tisch in Versailles, die hervorragende Intelligenz einiger Adelsfamilien sei zurückzuführen auf deren Kreuzung einer «jüdischen Stute mit einem christlichen Hengst... und ich weiß noch nicht, ob ich nicht auch meinen Söhnen, wenn sie einmal heiraten wollen, das empfehlen soll».) Daß dem Braunauer Bismarcks Reichskanzlei nicht groß genug gewesen war, so daß er sie durch seinen Speer abriß, hätte die Nation wenigstens zu Zeiten Adenauers lehren sollen, Bismarck wieder zu lesen. Aber das Angebot eines tapferen Verlages, Schünemann in Bremen, uns in drei Bänden die 1926 zuerst vom Heidelberger Historiker Willy Andreas Gesammelten Gespräche Bismarcks wieder zugänglich zu machen, wurde ausgeschlagen: Aus Mangel an Lesern wurden Bismarcks Gespräche verramscht, der Verleger hat sich erschossen; obgleich diese drei Bände die einzigen – die einzigen – deutschsprachigen Bücher sind, deren menschlicher *und* politischer Rang (die seltenste Verbindung, die es gibt) sie auf die Höhe der Königsdramen Shakespeares hebt. Nietzsche konnte diese Gespräche nicht lesen – *deshalb* vermochte er jene Goethes mit Eckermann als das «beste deutsche Buch, das es gibt» zu bezeichnen. Zwischen Heine und den Brüdern Mann hat kein Deutscher unsere Prosa originaler und witziger gehandhabt als Bismarck, und wenn er als Mensch und Künstler in seinen Gesprächen dem Autor des ‹Faust› an Blickschärfe, Formulierungskraft, an Witterung für die Gefährdung der menschlichen Existenz und europäischen Zivilisation nicht nachstand, so hat er ihm *voraus* die Erfahrungssumme eines kontinentbewegenden *Täters* von leninschen Maßen und Folgen.

Geschiedene: Lustspiel-Notizen

«Zweemal jeschieden: schlimm wie viermal ausjebombt.»

Meine Berliner Zugehfrau, 1992

«Die Ehe macht mündig... wenn ich heirate, heirate ich als Mann von Lebensart, d.h. ich lasse Madame ihrer Wege gehen und tue meinerseits, was mir gefällt. Und es lebe die Freiheit!»

Kronprinz Friedrich von Preußen an Minister Grumkow, Februar 1731

Fast alle Gesetze seien Synthesen des Unmöglichen, zum Beispiel das Institut der Ehe.

Goethe zu F.v. Müller am 19.10.1823

«Auf Wunsch der Witwe Brigitte Seebacher-Brandt wird die frühere Ehefrau Willy Brandts, Rut, nicht zum Staatsakt für ihren geschiedenen Mann eingeladen. Das Paar war 33 Jahre lang verheiratet und hat drei Söhne. Die Beerdigung soll nach dem Staatsakt im ‹engsten Familienkreis› auf dem Waldfriedhof in Zehlendorf stattfinden.»

‹Die Welt› am 14.10.1992

«Und dann legte er los: ‹Wer die richtige Frau nimmt, der verspielt die Chance der Erfahrung. Wer ‚seinen' Beruf findet, der bleibt nur bei sich selbst. Wer nur auf Klaviaturen spielt, die ihm nach Maß gearbeitet sind, dessen Finger lernen nicht mehr... Denn nur, was *nicht* paßt, nur, was *nicht* für Sie gemacht ist... nur das *Falsche* ist das Richtige!›
Er sah nicht ironisch dabei aus.»

Günther Anders, Tagebuch, 1941

«Denn wie ich eine Vorliebe für die Schlesier überhaupt habe, so speziell für den schlesischen Adel. Er ist gewiß, nach bestimmten Seiten hin, sehr anfechtbar, aber grade diese Anfechtbarkeit macht ihn interessant und mir auch sympathisch. Es sind keine Tugendmeier, was mir immer wohltut. Ich war nie ein Lebemann, aber ich freue mich, wenn andere leben. Männlein wie Fräulein. Der natürliche Mensch will leben, will weder fromm noch keusch noch sittlich sein, lauter Kunstprodukte von einem gewissen, aber immer zweifelhaft bleibenden Wert, weil es an Echtheit und Natürlichkeit fehlt. Dies Natürliche hat es mir seit lange angetan, ich lege nur *dar*auf Gewicht, fühle mich nur *da*durch angezogen, und dies ist wohl der Grund, warum meine Frauengestalten alle einen Knacks weghaben. Gerade dadurch sind sie mir lieb, ich verliebe mich in sie, nicht um ihrer Tugenden, sondern um ihrer Menschlichkeiten, d. h. um ihrer Schwächen und Sünden willen. Sehr viel gilt mir auch die Ehrlichkeit, der man bei den Magdalenen mehr begegnet als bei den Genoveven. Dies alles, um Cécile und Effi ein wenig zu erklären.»

Theodor Fontane am 10. Oktober 1895

«*München* – Bei Trennungen ergreifen fast immer Frauen die Initiative. In 75 Prozent der Fälle tun sie den ersten Schritt. So eine Umfrage mit 3500 Frauen und Männern für die Zeitschrift ‹Elle›. Bei Frauen bis 30 stehen Untreue und Unehrlichkeit an erster Stelle. Frauen über 30 verlassen ihre Männer eher wegen deren Gefühlskälte und erotischer Einfallslosigkeit. Auf Platz drei und vier der Trennungsgründe aller Befragten rangierten Egoismus und Intoleranz des Partners. Unattraktives Äußeres ihres Gesponses ist für Männer ein Grund zur Trennung, nicht aber für Frauen.»

‹Abendzeitung›, 17. / 18. Februar 1996

«‹Notizen!› rief sie, ‹oh, die müssen Sie lesen! Das ist immer das amüsanteste; man kann daraus viel besser erkennen, was der Verfasser sagen wollte, als er es später schreiben kann.›»

André Gide, Paludes, 1895

Nicht Unwissenheit

Unsicherheit aller Männer vor Frauen hat zur blödesten Formulierung seit Evas Geburt geführt: Das weibliche sei das schwächere Geschlecht. «Wir sind das stärkere Geschlecht, weil wir es *haben*!» sagte neulich mit gelassenem Selbstbewußtsein eine reizvolle Fünfundvierzigjährige, als sie den schon modisch gewordenen Rätsel-Witz aufgab und selbst beantwortete: «Was tun dreißig Prozent der Ehemänner nach dem Akt? – sie wälzen sich auf die Seite und schnarchen, doch siebzig Prozent ziehen sich an, um nach Hause zu gehen.» Alle Zuhörenden spürten und sollten es spüren: Diese Schöne sprach von Männern so ironisch, um keinen Zweifel aufkommen zu lassen, daß auch Ehe-*Frauen*, und natürlich sie selber ebenfalls, sich nach dem Akt anziehen, um «nach Hause zu gehen»!

Die Chefin der Schweizer Aids-Hilfe klagte neulich, da «jetzt keine Dienstmädchen mehr da sind, die früher unseren Großmüttern und Müttern verwehrt haben, die Wohnung als ihre sturmfreie Bude zu benutzen, so lange die Ehemännlein auf Arbeit sind, so liegt hier – denn Gelegenheit macht Liebe – eine der Haupt-Ursachen für Aids-Verbreitung. Die Statistik belegt, Homosexuelle sehen sich jetzt vor – aber da Verheiratete es ja nie mit Präservativen tun, benutzen sie auch keine mit Liebhabern!» Eine Ärztin kommentierte so lapidar wie lakonisch: «Man kann nicht beides wollen: Herabsetzung der Promiskuität *und* Herabsetzung der Zahl der Scheidungen!»

«Trinken wir was!»

Ja, hast du denn Durst? Antwort: Nein, aber Schnaps... Wie vieles im Leben, wie oft auch seine Entstehung, sein Ablauf sind zurückzuführen nur auf Unternehmungslust – und auf gar nichts anderes! Bewegungszwang als Ursprung, nach dessen Ziel oder Zweck nicht mehr zu fragen – denn da ist kein Ziel, da ist kein Zweck – man in höheren Jahren Gott sei Dank Instinkt genug entwickelt hat. Doch der junge Mensch fragt noch danach, und wie oft ist das Ende dieser aussichtslosen Fragerei der – Selbstmord! Speziell in der Spätpubertät, wenn durch Examensterror oder Liebeskummer das große Gähnen oder schiere Verzweiflung den Menschen heimsuchen, die Plage der Selbstbefragung: wozu, was soll's – wäre Abhilfe bei Goethe zu finden, fänden junge Menschen als Leser zu Goethe. Sie können es nicht, weil dessen Werk uferlos ist. Er war ein Meister, das Leben dadurch zu bewältigen, daß er sich strikt jeder Frage nach seinem Sinn entzog, auch von der Tragik des Lebens bewußt wegblickte und das durchaus ethisch begründet hat. Er sagte barsch: «Wenn ich die Meinung eines andern anhören soll, so muß sie positiv ausgesprochen werden; Problematisches hab' ich in mir selbst genug.» Und sagte, wie man ja nicht reise, um anzukommen, sondern um zu reisen, so komme es im Leben aufs Leben an – nicht aber «auf ein Resultat desselben»! Und nicht nur von Goethe – auch von Mädchen können Jünglinge hier viel lernen, denn Frauen dürften von Natur viel stärker dazu ausgerüstet sein, sich der Lebenslähmung durch Verkopfung zu entziehen, der Skepsis, der Selbstzerknirschung. Frauen sind sicher als Naturwesen viel elementarer als Männer. Leider fehlt eine Statistik, ob Männer, speziell sehr junge, Selbstmord auch dann verübt haben – ich glaube, fast nie –, wenn sie eine Freundin an ihrer Seite hatten. Es sei denn, die zwei wären als Liebespaar von der Umgebung in den Tod getrieben worden. Doch das ist hier als Ursache nicht gemeint. Der Volksmund, der bildhaft formuliert und deshalb von einem Mann sagt, der sei «ganz runter» oder er sei «unten», meint das natürlich geschlechtsspezifisch. Weibliche Nähe und Liebe ersparen den Männern aber zumeist gerade *das*! Wenn Mephisto belustigt diagnostiziert: «Ist all ihr Weh und Ach aus *einem* Punkte zu kurieren», so ist falsch an dieser bedeutenden klinischen Einsicht Goethes nur, daß er sie sarkastisch gegen Frauen richtet. Wo sie zutrifft – trifft sie auf Männer ebenso zu. Auch in der Weltliteratur, angefangen beim Hiob im Alten Testament, bis zu Hemingways ‹Der alte Mann und das Meer› ist keiner, dessen Tragik das Erträgliche übersteigt, so lange er noch eine Frau hat: was für eine Ehrenbezeugung vor den Frauen!

als wenn sie sich Männern zuwenden, die von anderen Frauen verlassen oder «ausgeschieden» worden sind.

Warum? Weil Frauen als Geschlechtsgenossinnen *noch* weniger Solidarität füreinander haben, als Männer selbst mit Berufskollegen, die sie meist als Rivalen behandeln. Logisch, denn der Beruf der Frau ist die Liebe, überhaupt das Private, die beide sogar dann, wenn die Frauen selber aktiv im Beruf stehen, allemal für sie das Primäre bleiben, während es bei Männern umgekehrt ist; ihnen ist immer ihr Job die Hauptsache, daher sie im Privaten so oft Tölpel sind: weil es ihnen die Neben-, der Frau aber die Hauptsache ist.

Was aber jemand hauptberuflich betreibt – die Frau also das Menschliche, die Männer das nur Geschäftliche –, das tut er mit mehr Erfolg als der Amateur. Daher Frauen – keineswegs als einzelne, da können sie ebenso schweinisch sein wie wir Männer, aber doch generell – die menschlicheren sind. Niemanden hassen sie mit solcher Intensität – nicht einmal den Mann, von dem sie scheiden wollen – wie jene Frauen, die sich diesem Mann zuwenden, den die Ehefrauen doch strafen wollten (was sie meist auch fertigbringen), indem sie ihn sitzenließen... Sie verzeihen niemals, es sei denn, sie sind eine neue Verbindung eingegangen, die auch materiell vorteilhafter ist als jene, aus der sie sich befreit haben. Auch dann verzeihen sie zwar nicht, sind aber nicht weiter an Rache interessiert.

Die Komödie, die ‹Freundinnen› heißt und Frauen im Gerangel um die gleichen Männer zeigt, ist niemals geschrieben worden. So wenig wie die ebenso brisante Komödie: ‹Mütter und Töchter›. Ebenso grotesk ist der *Ärger*, dem beinahe jede Woche beinahe jede Frau sich durch das «Walten» ihrer Putzfrau aussetzt: meint man als Mann, sie freue sich an der gereinigten Wohnung, so ist die Gebieterin nur *verärgert* über das, was angeblich die Zugehfrau falsch oder gar nicht gemacht hat. In Wahrheit ist hier einfach der Reviergeist in Harnisch versetzt worden, weil ein *anderes* weibliches Wesen in ihre Häuslichkeit eingedrungen ist. Diese Komödien wären auch nur von einer Frau zu schreiben: schriebe sie ein Mann, er würde im Zeitalter der «Emanzipation» von sämtlichen Frauenverbänden als schwul oder impotent ausgeschrien... Daß Frauen generell humaner sind als Männer, wird schon belegt durch die Häufigkeit, ja Selbstverständlichkeit, mit der sie Alte lieben. Daß ein Vierzigjähriger eine Sechzigjährige liebt – kommt fast nicht vor oder höchst selten; dagegen nehmen zwanzig Jahre jüngere Frauen – keineswegs nur als Diakonissen oder Erbschleicherinnen – sehr oft einen Partner, der (fast) ihr Vater sein könnte.

Kein anderes Thema

verunsachlicht so sehr, seit nunmehr schon zehn Jahren, jede Diskussion zwischen Frauen und Männern wie die Behauptung, das Hauptgeschäft des Mannes sei die Unterdrückung der Frau: wer sie auch nur anzweifelt, diese Unterdrückung, steht, wenn er ein Mann ist, als empfindungsloser Idiot da – oder, ist es eine Frau wie Esther Vilar, die das tut, als Hochverräterin an ihren Geschlechtsgenossinnen.

Ich bin aber, wenn ich eine persönliche Beobachtung, ihrer Häufigkeit wegen, doch auch einmal in Demut beisteuern darf, überhaupt noch nie einem Mann begegnet, der nicht *stolz*, zuweilen sogar angeberisch von den Vorzügen – wirklichen wie eingebildeten – seiner Frau oder Freundin gesprochen hätte; es imponiert jedem Mann, sagen zu können, wie hoch seine Gefährtin auf dem Arbeitsmarkt «gehandelt» wird – es sei denn, er selber ist eine Niete.

Zugegeben, es gibt *eine* Ausnahme: Männer, die vom Einkommen oder Vermögen ihrer Frauen *leben* – sehr viele Künstler zum Beispiel –, erwähnen das nie. Man hüte sich vor jedem, der einem dankbar sein muß! Doch alle anderen Männer, ausnahmslos, die *nicht* finanziell von ihren Frauen über Wasser gehalten werden, sind über die Maßen stolz, wenn ihre Frau in der Gesellschaft, das heißt, als Berufstätige, Außerordentliches leistet.

Und das war schon im 18. Jahrhundert nicht anders, als Lichtenberg notierte, heutzutage würden «die Vorzüge der Frauen ihren Männern zugelegt», das heißt: schon damals wurde ein Mann genau so ernst genommen, wie man seine Frau ernst nehmen konnte, ihrer Tüchtigkeit wegen, sei es der intellektuellen, sei es der hausfraulichen... Und ein wenig später stellte Goethe fest:

«Die Frauen können sich nicht mehr beklagen; sie erben in der jetzigen Welt so viel, ja fast mehr als die Männer, und ich behaupte, daß es durchaus jetzt schwerer sei, ein vollendeter Mann zu werden als ein vollendetes Weib. Der Ausspruch ‹Er soll dein Herr sein› ist die Formel einer barbarischen Zeit, die lange vorüber ist. Die Männer konnten sich nicht völlig ausbilden, ohne den Frauen gleiche Rechte zuzugestehen; indem die Frauen sich ausbildeten, stand die Waagschale inne, und indem sie bildungsfähiger sind, neigt sich nun die Waagschale zu ihren Gunsten.

Es ist keine Frage, daß bei allen gebildeten Nationen die Frauen im ganzen das Übergewicht gewinnen müssen. Bei einem wechselseitigen Einfluß muß der Mann weiblicher werden, und dann verliert er: denn sein Vorzug besteht nicht in gemäßigter, sondern in gebändigter Kraft; nimmt dagegen das Weib von dem Manne etwas an, so gewinnt sie: denn wenn sie ihre übrigen Vorzüge durch Energie erheben kann, so entsteht ein Wesen, das sich nicht vollkommener denken läßt.»

Vor über zweitausend Jahren schon, 195 v. Chr., hat Cato der Ältere lapidar diagnostiziert: «Sobald die Frauen uns Männern gleichgestellt werden, sind sie uns auch schon überlegen.»

Monogame sind treulos

«Rückfälle sind keine Vorfälle.»

Gottfried Benn an F. W. Oelze, 1935

Du ziehst den Strich?
Hast ausgesiebt,
die früher dich,
die du geliebt?

Nein! Sei doch treu
statt monogam:
zählt nur, wer *neu*
als Partner kam?

Dann war's nicht viel,
wenn's nicht auch bliebe!
Dann war's nur Spiel
– doch keine Liebe.

der heilige Vater und die militantesten aller Emanzen: Bis zur persönlichen Verleumdung schreien sie gemeinsam gegen jene Ärztinnen und Ärzte an, die der humanen Auffassung sind, es gehöre zum Selbstbestimmungsrecht jeder Frau, allein darüber zu entscheiden, ob sie ein Kind bekomme. Und notfalls, wenn dieser legitime Wunsch auf nur natürlichem Wege nicht zu erfüllen ist, lieber ein Retortenbaby will oder eines aus der Leihmutter als gar keines. Warum sollte sie kein Kind haben, obwohl Mediziner ihr heute den Wunsch erfüllen können? Das Zetern des Vatikans und jener «Emanzipierten» – in Anführungsstrichen deshalb, weil keine humane, aufgeschlossene Frau einer anderen Vorschriften macht, auf welchem Weg die zu einem Kind kommen «darf» – ist so albern und reaktionär, als würde man Ärzten auch dann in den Arm fallen, wenn sie eine Prothese machen oder eine Krebsoperation. Tatsächlich ist es ja so sehr lange noch nicht her, daß die alleinseligmachende Kirche mit Terror und Scheiterhaufen gegen jene Mediziner vorging, die Leichen sezierten, um an ihnen zu lernen, wie Lebenden zu helfen sei. Jetzt ist die Kirche wieder dorthin zurückgekehrt, zu ihrem so absurden wie menschenfeindlichen Aberglauben, ein Kranker sei halt von Gott krank gemacht worden und darein habe der Mensch sich «zu schicken». Es ist barbarisch und schöpfungsfeindlich, einer Frau, seit Mediziner das können, nicht zu einem Kind zu verhelfen, wenn sie ein Kind will. Und wer selber *eigene* Kinder hat, dem fehlt jedes Recht zu entscheiden, wer ein Kind wolle, solle «sich gefälligst in einem Waisenhaus bedienen»! Abgesehen davon, daß Ehepaare, die ein Kind adoptieren möchten, sich die miserabelsten Scherereien seitens der blöden Behörden auf den Hals laden. Nichts charakterisiert die Gewissenlosigkeit des Vatikans genauer als einerseits sein Verbot der Pille, anderseits sein Verbot an Mediziner, Frauen zu einem Kind zu verhelfen: Die Ärmsten der Armen in Lateinamerika haben – «gottgefällig» – jedes Jahr schwanger zu werden; Wohlhabende der Industriegesellschaft jedoch, denen nichts fehlt als ein Kind, verstoßen angeblich gegen Gott, wenn sie einen Arzt bemühen: völlig pervers, diese Denkweise der römischen Herren, die noch dazu von Liebe und Ehe nur so viel verstehen *dürfen* wie Taubstumme von Volksliedern.

Auch ist unbefleckte Empfängnis – diesmal nicht in Anführungsstriche zu setzen, da sie wörtlich gemeint und sachlich – im Gegensatz zu der im Neuen Testament – überprüfbar ist: unbefleckte Empfängnis, beim Wort genommen, ist genau jener Vorgang, der zu Retorten-Babys und zu Leihmüttern führt. Und der nunmehr von Parteien, Kirchen, Gewerkschaften, Ärztekammern, Jugendämtern und sogar von Gesetzgebern auf eine Weise bekämpft wird, daß nur noch von *Verhältnisblödsinn* gesprochen werden kann. Verhältnisblödsinn ist, wenn man kein Wort mehr darüber verliert, daß zum Beispiel in jedem einzelnen deutschen Bundesland fünfzehn- bis zwanzigtausend Babys pro Jahr abgetrieben werden – sich aber entrüstet über die – weltweit – fünftausend (nur fünftausend auf dem ganzen Planeten!) «künstlich erzeugten» Kinder! Gipfel der Absurdität: Ein Schweizer Kinderpsychiater namens Matter, Großrat von Basel-Land, bringt die insgesamt fünfzig in der Schweiz so erzeugten Kinder ins Gespräch anläßlich seiner Sorge, daß die fünf Milliarden Bewohner dieser Erde sich in nur zwanzig Jahren auf zehn Milliarden verdoppelt haben werden! Dieser Arzt schlägt vor, kinderlosen Paaren auch deshalb ein Retortenbaby oder eines aus einer Ammenmutter strikt zu verbieten, damit die Bevölkerungsexplosion abgebaut wird! Er fordert im Ernst bei nur fünfzig so gezeugten Schweizerkindern: «Global denken – lokal handeln.» Wer solchen Verhältnisblödsinn auch noch propagiert, führt sich auf wie einer jener – nicht wenigen – Psychiater, die als Patienten ihres Fachs ihre Laufbahn begonnen haben. Viele scheinen das für eine sogar notwendige Voraussetzung anzusehen – während es in der Justiz offenbar seltener ist, daß ein Gefängnisdirektor als früherer Insasse einer Strafanstalt seine Karriere antritt...

Polizisten-Scheidungen

Eine Richterin erzählte von einem Polizisten, dem der Richter das Verbot auferlegte, wieder zu heiraten, ich hatte nicht gewußt, daß es überhaupt möglich ist, einem Menschen vor Gericht die Wiederverheiratung zu verbieten. Er hatte die soundsovielte Frau aus seiner Wohnung «herausmißhandelt». Die Richterin erzählte, öfter als anderen Berufstätigen breche den Polizisten ihr Weltbild, ihre «Fassung» zusammen, wenn ihnen der Richter sage, sie hätten ihre Frau selbst dann nicht schlagen dürfen, wenn die Frau über sie *gelacht* habe. «An sich weiß sogar ein Polizist», sagte die Richterin, «daß er seine Frau nicht prügeln darf.»

Doch ist er meist außerstande, einen Richter für einen ehrlichen Mann zu halten, wenn der behauptet, sogar eine Frau, die über ihren Mann *gelacht* habe, dürfe man nicht schlagen!» Die «Mannes-Würde» muß ungeheuer verletzlich sein bei solchen Zeitgenossen, die einen Beruf erwählen, der ihnen nicht nur erlaubt, sondern vorschreibt, immer auf einer Backe eine Pistolentasche zu tragen, die so groß ist wie ein Lendenschurz. Schauerlich, daß neulich ein Statistiker herausfand, der Lieblingsberuf zahlloser Schuljungen sei – Polizist!

Wider die heilige Kuh Zweierbeziehung

Die Ehe kann deshalb nicht die ideale Lebensform sein, weil gerade die Partner einer *guten* Ehe, die ein Leben lang gehalten hat, fast mitsterben vor Einsamkeit, wenn einer von ihnen gestorben ist. Warum wird aus der Zweierbeziehung eine solche heilige Kuh gemacht? Der Alleinbesitzer-Anspruch an den Körper des Ehepartners ist ohnehin widernatürliche Heuchelei, sonst wäre Ehebruch nicht so häufig wie die Ehe. Warum tun sich nicht vier oder sechs zusammen, die dann später, in den Jahren, in denen Menschen sterben, ihr eigenes Altersheim bilden, dessen Kopfzahl sie dadurch ergänzen, daß sie allein Zurückgebliebene in ihre Gemeinschaft aufnehmen? Die Zweierbeziehung ist jedenfalls die durch den Tod verletzbarste von allen. Und die – auf die Dauer – erotisch unbefriedigendste; sonst würde nicht fast regelmäßig aus ihr ausgebrochen. Doch wird nicht nur von Zynikern behauptet, wer mit *zweien* lebe – gleich, ob Mann, ob Frau – werde derart schikaniert, daß er (oder sie) ausreißen müsse zu einem (oder einer) Dritten.

«Ausspannen»

beobachtete ein zweiundvierzigjähriger Arzt, kinderlos, geschieden, also auch materiell attraktiv, sei offenbar das Hobby vieler Frauen. «Komme ich irgendwo allein hin – bin ich keiner interessant. Komme ich mit einer Frau, geht's los... ganz offensichtlich will dann eine, auch mehr als eine eventuell, mich jener ausspannen, mit der ich gekommen bin. Unmöglich, daß es denen *um mich geht* – nein, sich eine andere als Rivalin aufzubauen, *das* ist ihre Lust!» Dem entspricht die Erfahrung, daß nur jene Männer, die Berufskollegen beurteilen, das heißt: aburteilen – *noch* dümmer reden als Frauen über Frauen! Und dem entspricht auch, daß jene Agathe, die demnächst – nach ihren zwei Ehen – die zentrale Leidenschaft ihres ganzen Lebens mit ihrem Bruder Ulrich erleben wird, mit dem «Mann ohne Eigenschaften», wie Robert Musil ihn nennt in seinem Roman, daß Agathe einmal zu ihrem Bruder und Geliebten sagt: «Abneigung bei nahem Beisammensein gibt es besonders bei Frauen. Ich habe mich nie an Frauen gewöhnen können!»

Ja, deren Mangel an Solidarität untereinander hat es überhaupt nur den Männern ermöglicht, sie so zu mißhandeln und das so lange zu tun, daß «Emanzipation» als Programm zur Lebensparole wenigstens *der* Frauen wurde, die keinen Mann haben und von keinem gehabt werden und verständlicherweise deshalb Männer allesamt verabscheuen. Übrigens ist diese Abneigung der Agathe gegen Frauen keine konventionelle, sondern genetisch bedingt. Denn nicht anders als diese österreichische Aristokratin des Jahres 1913 hat vierzig Jahre später der erste schwarze Weltstar der Geschichte, die Tänzerin Josephine Baker gesagt: «Ich bin zum Star der Girls geworden, was die übrigen Mädchen fuchsteufelswild macht. Sie bezeichnen mich als Halbaffen und versäumen keine Gelegenheit, mir eins auszuwischen, so daß ich mich schließlich nicht mehr in ihrer Garderobe schminke, sondern draußen, meistens auf der Toilette. Dort habe ich wenigstens meine Ruhe! Und als eine von ihnen mir beim Hinauslaufen auf die Bühne ein Bein stellt, fälsche ich instinktiv meinen Sturzflug in einen komischen Effekt um, der meinen Erfolg verdreifacht. In Zukunft wird sie es bleiben lassen.»

«Ausspannen» scheint derart überhandzunehmen, daß Zeitungen davor warnen, so neulich die ‹Berliner Morgenpost›: «Achtung Liebes- und Ehepaare! Der beste Freund oder die beste Freundin können zur ganz großen Gefahr werden. Als alte Jugendfreunde werden sie vorgestellt und verlieben sich prompt dann in den Liebespartner.» Beispiele macht das Blatt an Namhaften fest: «James Bond-Darsteller Roger Moore ist der besten Freundin seiner Frau in die Liebesfalle gelaufen, nachdem die ihren Mann verloren hatte... Formel-1-Weltmeister Schumacher hat sich um die Herzensdame seines Freundes gekümmert; die hatten regelmäßig Streit. Schumacher, als Schiedsrichter gerufen, war der schnelle Tröster, als das Paar sich nach einem Krach trennte.» Nun läßt er sich scheiden, um die Freundes-Braut zu heiraten. Tennisspieler Soundso hatte «mit großen Augen die Verlobte seines Jugendfreundes kennengelernt – die auch große Augen machte und bald dem Bräutigam gestand: ich habe mich verliebt»...

Komödien sind das allenfalls für Zuschauer, nie für die Betroffenen. Doch das war immer so – ja, man darf folgern: Komödienfiguren von Rang sind *ausschließlich solche*, die selber, was ihnen geschieht oder was sie tun, auch oft tun *müssen*, keineswegs komisch finden *können*, sondern unendlich dabei leiden! Schließlich hat die bedeutendste Lustspiel-Figur, die wir Deutsche haben, der Schuster Wilhelm Voigt, bekannt als ‹Hauptmann von Köpenick›, fast alle seine sogenannten besten Jahre im Zuchthaus abgesessen – für Nichtigkeiten. Und Dorfrichter Adam ist ein bedauernswerter Schwerverkrüppelter, der fast den Schädel zertrümmert kriegt mit dem Krug, nur weil er endlich einmal an ein Mädchen will... Verallgemeinern darf man das nicht, doch sehr häufig ist der Anreiz für einen Mann, dem Freund die Gefährtin auszuspannen – ein Wort, das nicht zufällig so nahe mit Gefahr verwandt ist –, dessen beruflicher Erfolg, der den seinen überstrahlt. Und sehr häufig vertreiben Frauen die Gefährtin eines Mannes, weil die jünger und schöner ist als sie selbst. Rivalität unter Männern ist berufsbedingt; unter Frauen geschlechtsspezifisch. Eros wird harmloser in dem Maß, in dem er zivilisierter wird. Niemand hat das brutaler und erfahrungsreicher konstatiert als der langjährige Berliner Facharzt für Haut- und Geschlechtskrankheiten Dr. med. Gottfried Benn; er schreibt am 5.3.49 seinem Verleger Erich Reiss nach New York: «Den Sonderteil Ihres Briefes haben meine Frau und ich mit lebhafter Anteilnahme studiert. Liebe und Ehe! Ein seltsames Kapitel. Daß Sie bei Ihrer Erfahrung nicht wissen, was los ist, begreife ich nicht. Die Ehe ist doch eine Institution zur Lähmung des Geschlechtstriebes, also eine christliche Einrichtung, Abraham und Odysseus litten nicht an ihr. Für den Mann gibt es doch nur die Illegalität, die Unzucht, den Orgasmus, alles, was nach Bindung aussieht, ist doch gegen seine Natur. Eine Banalität! Hamsun sagt: es gibt nur eine Liebe –: die gestohlene, – er hat recht. In der Ehe gibt es Wirtschaftsfragen,

Essensfragen, Geselliges, «gemeinschaftliche Interessen» – alles Torpedierungen des Sexus. Die menschliche Bindung an die Gattin lähmt das Gemeine, Niedrige, Kriminelle, das jedem echten Koitus für den Mann zugrundeliegt, er wird impotent, aber diese Impotenz in der Ehe ist *eine Ovation für die Ehepartnerin als Mensch*. ... Ich rede ganz im Ernst und spreche aus meiner ärztlichen Erfahrung, die ja in Hunderte von Ehen sieht. Trotz dieser Tatsachen würde ich doch zu den medikamentösen Hilfen greifen: Kalk, Vitamin E, Testoviron u. Hypophysenpräparate –, damit Sie die Ovation für Ihre Gattin nicht übertreiben.»

Macho

Für alle Damen, so lange ich Student,
bleibe ich nur ein Durchlauferhitzer.
Wie viele, bei Gott, ich auch bepennt
keine schon als ihr Dauer-Besitzer.

Die einst um meine Hand anhält,
die muß drei Gaben
(reich bin ich selber, pfeife auf Geld
– doch *diese* Mitgift verlange ich)
drei Gaben muß sie haben,
dann kriegt sie mich:

Erstens, damit's mir immer schmeckt
– klar – sei sie als Köchin perfekt.
Zweitens muß sie wie eine Queen
die Blicke meiner Bosse auf sich ziehn.
Drittens verlange ich als höchste Qualität:
Daß sie's wie hundert Huren im Bett versteht.

Nach zwanzig Jahren trifft den «alten Herrn»
beim Stiftungsfest sein kühler Intimus,
der vorsichtshalber Junggeselle blieb...
Der wittert, ahnt – und nur zu gern
sieht er den Freund, gelähmt vor Überdruß:
«Hat sich's bewährt, dein Gattenwahl-Prinzip?»

Ach, seufzt der runde, kahle Staatsanwalt,
sie hat zwar die drei Gaben, meine Frau
– nur lassen sie mich kalt, denn schau:
Sie hat sie nie in jenen Räumen,
in denen wir sie uns erträumen:
Zugegeben, zu Zeiten *ist* sie eine Queen:

Doch in der Küche, wenn sie kochen sollte!
Und was so jung so reizvoll an ihr schien:
Die Hurenschärfe, die ich wollte,
die zeigt sie im Salon, auf Matineen.
Doch Köchin, sicher, Köchin ist sie auch:
Die Kleider gibt es gar nicht, die ihr stehn

– bei ihrem Hintern, ihrem Bauch!
Nackt müßtest du sie sehn:
So weiß wie ein Baiser.
Und fett.
Köchin – o weh:
ist sie im Bett!

Ein Paravent: Seine Frau hat mitgehört.
Gab er so an, fragt sie, schon als Student?
Ach, ja, daß mir – wie ihm! – nichts steht: Das stört.
Ich wünschte auch, er wäre noch potent...

Gemischtes Doppel

Als Szenarium einer – vielleicht – so betitelten Komödie: Clarissa spürt zum drittenmal, daß «es beißt» – sie hat also beim Akt etwas aufgelesen, ohne wissen zu können, ob beim Ehemann, ob beim Liebhaber. Das sie mehr seelisch bedrohende als körperlich spürbare Brennen ist nach einer Woche vorbei. Dennoch ging sie – zum zweitenmal schon – wegen dieses nun bereits zum drittenmal aufgetretenen Brennens zu ihrem Arzt, der sofort die Harmlosigkeit konstatiert, aber doch einen Abstrich macht, den er ans histologische Institut einschickt, das eine Kultur anlegt. Der Befund nach zehn Tagen: Das harmlose Beißen an der Vagina war nur das äußerliche Signal für eine Immunschwäche, die allein durch den Akt übertragen worden sein kann – und die ungefährlich ist, wenn man sie mit vier radikalen Kapseln, auf einmal zu schlucken beim Abendessen ohne Alkohol, bekämpft. «Wenn Sie das nicht machen, meine liebe Frau Soundso, dann kommen Sie in einem Jahr, spätestens als Patientin zu mir, dann wird es ernst!» Und da er Clarissa schon lange kennt, fügt er hinzu: «Ihr Leben geht mich nichts an, aber Ihre Gesundheit – und auch die Ihres Mannes, obgleich der ja nicht mein Patient war, bisher!» Sie denkt hinzu: Und auch *Ihr* Patient niemals werden darf…

Acht Tage später hat Clarissa bereits beim Anruf der Sprechstundenhilfe, sie möge (wegen des Ergebnisses der Untersuchung im histologischen Institut) bei ihrem Arzt vorbeikommen, an Tonfall und Ironie der Telefonierenden gemerkt, daß «es» gefunkt hat. Am Gesicht der Sprechstundenhilfe liest sie den Rest ab: Daß die nun weiß, Clarissa «geht fremd»! Der Arzt sagt ganz unverblümt: «Wenn es sein *muß* – aber warum machen Sie das! Ich kenne Sie so lange, daß ich Ihnen das doch sagen darf, als alter Mann – obwohl, wiederhole ich, Ihr Lebenswandel mich ja gar nichts angeht, aber eben doch Ihre Gesundheit. Und die ist erheblich gefährdet in spätestens einem Jahr, wenn Sie Ihren Mann und den – *anderen* nicht dazu bringen, diese Kapseln zu schlucken, die Sie zu einem nassen Lumpen machen für 24 Stunden, so sehr räumen die auf in Ihrem Inneren. Aber dann ist es vorbei» … Clarissa sagt: «Danke – aber das wird schwer werden, meinem Mann, der garantiert keine Freundin hat» … Der Arzt kontert: «Garantieren kann das keiner» … Dieser Einwurf erleichtert Clarissa ein wenig; es ist ihr nun weniger peinlich, erwischt worden zu sein – und nur deshalb hat der fuchsige Mediziner, der ja nicht will, daß sie beim nächstenmal zu einem Konkurrenten läuft, das auch gesagt. Sie schließt: «Ja, nun – Herr Doktor, vielen, vielen Dank, ich werde es schon schaffen, meinem Mann zuzumuten, jetzt zum drittenmal dies verdammte Zeug zu schlucken, das einen ja wirklich für den ganzen nächsten Tag auf die Matte haut!»

Natürlich hilft ihr der Arzt, den plausiblen «Grund» zu formulieren, warum angeblich das Ehepaar diese vier Tabletten Fasgyn 500 – Trichomonadizid zur Eindosisbehandlung, hergestellt in der Pharmazeutischen Fabrik Pfizer in Zürich – abermals schlucken muß: Seife, die unverträglich ist, ja ein Klodeckel in der Firma, in der er oder sie arbeiten, können das Brennen – das ja er nie gespürt hat – angeblich ausgelöst haben, das in Wahrheit allein im Akt seine Ursache haben *kann*; aber von der sich anbahnenden Krankheit in ihrem Inneren hatte sie natürlich ihrem Mann kein Wort gesagt – sondern allein vom «Brennen» an den Schamlippen...

Das Gemischte Doppel ist nun das Gerüst, die Szenenfolge der Gesellschafts-Komödie. Komisch ist nur das, bekanntlich, was durch eine ganz intime Nähe zum Lebensgefährlichen gekennzeichnet ist: Dorfrichter Adams Drohung, Eves Geliebten als Söldner in fremde Kontinente deportieren zu lassen, ist ebenso ernst – wie des Hauptmanns von Köpenick Verzweiflung, keine Aufenthaltsgenehmigung und folglich keine Arbeit zu bekommen und keine Arbeit zu kriegen, weil er keine Aufenthaltsgenehmigung «beibringen» kann.

So ist auch das Gemischte Doppel das spaßige Karussell am Rande von Katastrophen: Fliegt ihr Ehebruch auf – wäre das für Clarissa existentiell vernichtend, denn ihr Mann hat eine königliche Pension als Gerichtspräsident zu erwarten und folglich auch sie ein gesichertes Alter, während ihr Liebhaber, der ihr Fahrlehrer war – spät hat sie Autofahren gelernt –, beruflich ein Nichtsnutz ist, aber – wie die meisten Nichtsnutze – verheiratet mit einer tüchtigen Frau, die ihn ausgezeichnet ernährt... Denn Männer, die selber Berufs-Nieten sind, heiraten oft reich; so zynisch wie faul sagen sie sich: «An einem armen Vater ist keiner schuld; doch einen armen Schwiegervater zieht nur ein Esel sich zu.» Die Schwierigkeit auch für ihn, seine Gattin zu überzeugen, daß sie diese Kapseln nehmen muß, kompliziert diese Posse nicht unerheblich.

Das ästhetisch Befriedigende, daß diese Komödie das technisch simpelste Gerüst hat – kein deus ex machina ist nötig, keine krampfhafte Konstruktion, die ja immer unkünstlerisch ist, kolportagehaft. (Abschreckendstes Beispiel Stendhals ‹Kartause von Parma›, deren letztes Viertel das Ganze zerstört wegen Überspannung der immer weniger glaubhaften Handlung: «Wunderliches Werk von wenig Sinn, die Kenntnis Italiens ausgenommen; zu romantisch», notierte Thomas Mann 1953.)

Hier ganz einfach und komisch – angefangen bei der Schwierigkeit, dieses rezeptpflichtige Medikament immer in doppelter Dosis aus der Apotheke kriegen zu müssen: Es nutzt ja keinem, wenn er die je vier Kapseln nur zweimal, nämlich für sich und den Gatten (oder die Gattin) verschrieben bekommt. Wem die Kapseln verschrieben werden – dessen Ehebruchs-Partner muß sie ja immer *auch* nicht nur für sich, sondern für alle, mit denen er (oder sie) schläft, bekommen, sonst ist die Krankheit gleich wieder da... Und da ja nur höchst selten jemand, der mit jemandem schläft, der verheiratet ist, ausschließlich mit diesem *einen* Menschen Beziehungen hat – denn was machen ein Liebhaber, eine Liebhaberin an Wochenenden, wenn die Verheirateten, mit denen sie schlafen, nie wegkönnen vom Ehepartner –, so ist der Ausdehnung dieser Szenenfolge von Natur keine Grenze gesetzt. Die Schlußpointe versteht sich von selbst, ist sozusagen eine Natur-Notwendigkeit: Daß Clarissas Mann, der Gerichtspräsident – da er eine wundervolle Sekretärin hat –, seiner Frau eines Abends mit den gleichen Worten, mit denen ein halbes Jahr zuvor *sie* ihn bitten mußte, zum Abendessen heute keinen Alkohol zu trinken, die vier Kapseln auf den Tisch legt, die sich mit Alkohol nicht vertragen. Gemischtes Doppel könnte irreführen; denn das können nur vier spielen. Hier spielen aber – wie viele mit?

«Ich bin sehr für die Polygamie!»

sagte mir am Telefon der neunundneunzigjährige Ernst Jünger soeben, am 8. Februar 1994. «Es ist eine Unverschämtheit, typisch amerikanisch, daß die Amerikaner ihren Mormonen die Polygamie verboten haben... vor allem käme sie doch den emanzipierten Frauen zugute, wenn die nicht mehr öfter als sie wollen mit einem schlafen müssen, weil der gefälligst auch noch zu anderen gehen kann.» Ich antwortete, ich sei deshalb auch dafür, weil gerade in sehr guten Ehen – wir hatten von Gertrud und Karl Jaspers gesprochen, die 61 Jahre miteinander gehaust hatten, bis er an ihrem neunzigsten Geburtstag gestorben war, 86 Jahre alt – weil gerade in guten Ehen der übriggebliebene Partner vor Melancholie fast eingeht, wenn der andere gestorben ist... Dann sprach ich Jünger auf seinen so menschlichen Essay über ‹Philemon und Baucis› an. Er sagte: «Ja, den hab ich geschrieben zum Gedenken an ein Ehepaar, das mit dem gleichen Flugzeug abgestürzt ist... gibt ihn gar nicht mehr, diesen Essay, muß ihn mal neu auflegen lassen.»

kann eine nicht unkomplizierte Operation nötig machen. In Basel sagte ein Türke, seit vielen Jahren als Maurer geschätzt von seinem «Herr Cheeef», wie der Gastarbeiter den Schweizer anspricht, er müsse deshalb für zwei, vielleicht drei Wochen ins Spital. Natürlich läßt der Türke diese Operation in der Schweiz vornehmen, wo er ja bestens versichert ist durch seine hohen Krankenkassen-Beiträge. Die «Frau Cheeefin» mahnt ihren Mann, nicht zu vergessen, am Wochenende den fleißigen Arbeiter im Krankenhaus mit einer guten Flasche Rotwein zu besuchen. An der Pforte wird ihm gesagt: Zimmer 312. Dort im Bett aber liegt nicht «sein», sondern ein anderer, ihm fremder Türke: Ein Freund aus der Heimat des in Basel bereits «niedergelassenen» Gastarbeiters! Ein Underdog aus der Gegend des ehemaligen Troja, der nie fähig gewesen wäre, die mörderisch hohen Krankenhaus- und Operations-Kosten, ja nicht einmal den einweisenden Arzt zu bezahlen. Das hat nun alles, aufgrund der Papiere und des Mitglied-Ausweises des Gastarbeiters, die Basler Krankenkasse übernommen... Dabei bleibt es auch, der Chef wird seinen Maurer nicht verpfeifen; denn gibt's ein Arztgeheimnis, so auch eines für Spitalbesucher. Immerhin, als sich nach knapp drei Wochen der «Operierte» schwarzbraungebrannt, denn er hat einen herrlichen Badeurlaub am Schwarzen Meer hinter sich, zurückmeldet zum Mauern, sagt der sparsame Schweizer: «Ihren Urlaub haben Sie natürlich nun schon gehabt! Reden wir nicht darüber.» Das sagt sich der Türke auch, sagen sich alle drei: Der Maurer, der ganz unbesorgt reisen konnte, nicht nur deshalb, weil kein Mensch von einem im Krankenhaus den Paß sehen will; sondern weil ein in Basel Operierter auch nicht nach seiner Frau in Troja sehen wird. Der Unternehmer spart Urlaubsgeld. Und der vom Leistenbruch Geheilte erspart sich, argwöhnisch der Frage nachzuhängen, ob so viel Uneigennützigkeit seines Vetters dritten Grades auch mit der Tatsache eine Berührung haben könnte, daß der Landsmann – der ohne seine in Basel kellnernde Frau in Urlaub fuhr – Ferien dort machte, wo zwar seine Eltern wohnen, aber auch die Frau des Operierten, die einst das schönste Mädchen war im Dorf...

erscheint ein Italiener, der offenbar bei einem Briten norwegischer Abstammung, bei Roald Dahl gelernt hat, wie man uralte Witze in nützliche Lebenspraxis umsetzt. Dahl erzählt, wie ein Mann zum Ziel kommt – zum schönsten –, indem er vorgibt, einen Pelzmantel schenken zu wollen; der Mann in Italien schaltete einen renommierten Juwelier ein, um dieses Ziel zu erreichen. Joachim Fest überliefert in seinem bleibenden Süditalien-Reisebuch, dessen immer abenteuerliche Lektüre einem die Fahrt den Stiefel hinunter ersetzt, sofern sie nicht unwiderstehlich dazu verlockt – Fest erzählt, daß ein Frauenfreund an einem Freitagnachmittag eine offensichtlich höchst Verwöhnte, sehr Junge, sehr Kapriziöse ins exclusivste Juwelier-Geschäft Neapels geleitete. Er ließ durch den greisen Chef, der nicht höher war als ein Biedermeierstuhl – denn natürlich hatte der Kunde sofort erst einmal den Hausherrn herbeibitten lassen, einen magenbitteren Etepeteten, der – weißbekittelt – eher Neapels Ordinarius für Hals-, Nasen- und Ohrenkrankheiten zu sein schien –, durch ihn ließ er seiner langbeinigen Gebieterin ein Brillantencollier um den schwanenhohen Hals legen. Oh, keines aus dem Fenster! Sondern eines aus dem Safe. Und nun ein anderes. Und schließlich jenes, das zuerst als unverkäuflich bezeichnet worden war, da ihm eine Expertise anhing, es stamme aus dem Besitz des ehemaligen Königshauses. Dies, mit imperialer Geste, wortlos, wählte der Käufer, der eine beherrschende Brieföffner-Nase hatte. Wie er das Scheckbuch aus dem Jackett zog – das schien auch zu sagen, einpacken müssen Sie das Ding nicht, lassen Sie's gleich dort, wo's hingehört, auf *diesem* Dekolleté! Das war in der Tat atemnehmend – hatte doch die Königliche immer dann, wenn der weißbekittelte Zwerg, zeremoniell wie der Kardinal persönlich eben nur eine Prinzessin traut, ihr eines der drei Colliers umgehalst hatte, sich tief, tief zu ihm hinabbeugen müssen, da er ja nicht auf einen Stuhl geklettert war: Sicher waren sechs Jahrzehnte verstrichen, seit dieser Goldschmiedekünstler – sofern ihm das überhaupt je im Leben einmal beschieden gewesen war –, «Einblick» in die Tiefen und Höhen solcher Brüste hatte nehmen dürfen. Er war bewegt – scheinbar nur durch den Schmerz, sich trennen zu sollen von seinem doch unverkäuflichen Königsbesitz. In Wahrheit wortlos, weil plötzlich zu trocken im Mund. Als jetzt, wie beiläufig den goldenen Füller öffnend – er hatte sich gesetzt –, der Mann mit dem breitrandigen, beisetzungsschwarzen Kalabreser nach dem Preis des Colliers fragte, eben um den Scheck auszufüllen, denn natürlich hatte er gekauft, ohne nach dem Preis zu fragen, da kam doch vor Angst wieder Leben in den durch Schönheit mundtot gewordenen Hausherrn. Räuspern. Dann: «Bei allem Respekt, mein Herr, ich habe heute zum erstenmal die Ehre und das Vergnügen, Sie in meinem Hause begrüßen zu dürfen ... ein Scheck ist, gewiß: ein Gesicht ist sicherer als ein Scheck!» Verlegenes Lachen. Doch sofort war sie beseitigt, die Verlegenheit, denn der Kavalier – während soeben die Schöne das Collier wieder in das blauschwarz ausgeschlagene Etui tat – sagte mit gradezu kränkendem Wohlwollen, so wie einst der Doge geruht hat, persönlich mit dem Künstler drei Worte zu wechseln, der ihm die venezianische Staatsgondel vergoldet hatte: «Oh, Sie sollen uns das ja nicht mitgeben, Sie werden uns das Collier ins ‹Excelsior› schicken, Zimmer achtzehn bis zwanzig, wenn Sie drüben auf der Bank – ist ja ein Barscheck – sich das Geld holen ließen! Schicken Sie's aber» – er lachte – «gut bewacht!»

Erneut verlegen, entgegnete in Demut der Zwerg: «Natürlich, natürlich – nur, es ist Freitag, ab fünf sind die Banken geschlossen, wir haben Viertel vor sechs!» Das «erstaunte» denn doch den Kunden: er habe gedacht, es sei halb fünf: «Aber Montag mittag ist ja noch ebenso herrlich, was Ihr Herr Urgroßvater einst der Königin geschmiedet hat ... Du wirst, meine Liebe, heute also noch nicht Carla Agnelli blaß vor Neid damit machen können!»

Das sah sie ein. Sie legte ihre Linke, die makellos war – wie selten sind Finger das –, an seinen Oberarm. So verließen sie das Geschäft. Der durch die Schöne so hoch Geadelte – sie schien eher seine Enkelin zu sein als seine Tochter – hatte, wieder mit seinem verletzenden Wohlwollen, nicht nur dem Goldschmied, sondern auch noch dessen drei Domestiken einen schönen Sonntag gewünscht ...

Montag nachmittag war er wieder da – jetzt ohne die Frau. War merklich abgemüdet. Milde war er, wenn auch noch zugespitzter im Profil. Weniger straff in Haltung und Schritten. Doch unverhüllt verärgert, ja so aggressiv wie er klein war, herrschte heute der Juwelier ihn an: «Auf Ihrem Konto ist nicht nur bei weitem nicht dieser Betrag, den Sie auf dem Scheck eingetragen haben, sondern es ist *keine Lira* mehr darauf, nicht eine! Daß Sie überhaupt mein Haus noch betreten!»

Und warf verächtlich den Scheck auf den Tresen.

Der so Angeherrschte zerriß ihn: «Ich mag ungedeckte Schecks nicht», erklärte er. «Aber weshalb ich Ihren Laden noch aufsuche: ich bin dankbar, von Natur. Sie haben sich doch am Freitag erhebliche Mühe gemacht!»

Und jetzt herzlich, ganz ohne das kränkende «Sich an die Leute wenden», ja ohne ein Gran Herablassung: «Nur danken wollte ich Ihnen, denn allein die Tatsache, daß Sie Freitag meinen Scheck entgegengenommen haben – hat mir auf meine alten Tage das weitaus schönste Wochenende meines ganzen Lebens beschert!» Und er zog den Kalabreser bis zum Knie, verbeugte sich und verließ das Geschäft.

Scheidungs-‹Gründe›

charakterisieren, je närrischer sie sind, um so genauer ihr Zeitalter. In der Selbstbiographie Otto Flakes wird der «seltsamste Scheidungsgrund, den ich je hörte», erzählt: Nach einem Kostümball in den zwanziger Jahren geht eine Berlinerin mit einem befreundeten Ehepaar noch in dessen Wohnung, auf einen Kaffee. Angetrunken und lustig vollzieht das Paar dort vor ihren Augen den Akt – und in aller Unschuld erzählt die Frau, als ihr Mann von einer Reise heimkehrt, was sie dort «hingerissen» mit angesehen habe. Der Spießer ist empört – sie wird schuldig geschieden, wegen «Verletzung der guten Sitte»! *Heute* war *dies* ein Scheidungs-«Grund», was wir in Anführungsstriche setzen, weil es natürlich überhaupt keiner ist, aber doch zur Scheidung führte: Eine Frau liebt und pflegt ihren vierteljahrhundertalten lauchgrünen «Käfer», also das Volkswagen-Kabriolett. Sie hängt, was ihr Mann sehr genau weiß und bisher *amüsiert* zu betrachten schien, an diesem kleinen, schmucken Gefährt, das ihr sozusagen gut steht, als könne dieses Auto ihr das fehlende Kind ersetzen. Nach einer heftigen Krise kommt ihr Mann, der einen modernen Wagen fährt, mit einem Kuvert nach Hause: «Vierhundert Mark – mehr war nicht ‹rauszuschlagen› für deinen alten Schlitten: verschrottet!» Sie schreit auf wie verbrüht. Sie zerreißt die Scheine, trommelt mit den Fäusten auf den «Gebieter», der spätestens jetzt merkt, wie sadistisch er an ihr gehandelt hat. Sofern er nicht vorsätzlich sadistisch sein wollte. Er versucht zu rechtfertigen: «Nie mehr wäre deine Karre durch den TÜV gekommen!»

Sie schlägt abermals zu und schreit: «Du wirst ja auch nicht verschrottet, leider, obgleich du *niemals* durch den TÜV gekommen wärst, gäb's auch einen für Männer!»

Welchen Stellenwert hat das Auto, daß es dazu taugt, Partner so boshaft zu verletzen?

Theissen, der Gynäkologe,

sagte mir, deprimierender als seine Verurteilung zu zweieinhalb Jahren Gefängnis – sechs hatte der Staatsanwalt beantragt, gegen die ‹nur› zweieinhalb Jahre hat er Berufung eingelegt – bedrückender als das Urteil sei das Schweigen seiner ärztlichen Kollegen, die ihm zu Hunderten im stillen, doch niemals öffentlich ihre Sympathie bekundet hätten. Zahllose ließen ihn wissen, daß sie genau wie er handelte, gehandelt haben. Doch öffentlich stand nicht einmal die Ärztekammer, die ja nicht wie eine Einzelperson juristisch belangt werden könnte, zu diesem Arzt aus Memmingen, der natürlich nach zweieinhalb Jahren Haft auch dann vernichtet wäre, wenn man ihm nicht obendrein die Approbation aberkennen wollte.

Über alles Medizinische hinaus eine Warnung an uns alle, an jeden einzelnen, der im Gebiet der BRD lebt: die Beschlagnahmung der Patientinnen-Kartei Theissens, die erfolgte, als habe es nie eine ärztliche Schweigepflicht gegeben. Die Justiz – und folglich auch deren Hure, die Presse – hat diese Kartei ausgebeutet ohne jede Rücksicht auf die Frauen, deren Krankengeschichte sie enthält. Eine Ehe wurde geschieden, weil der Ehemann durch die Auswertung dieser Kartei und eine polizeiliche Vorladung seiner Frau herausgefunden hat, daß das abgetriebene Kind nicht von ihm gewesen sein kann... Dies alles wird jetzt dem angeklagten Theissen aufgelastet, der selber so anständig geblieben ist, auch in höchster Not die Schweigepflicht noch zu achten. Er hätte viele Frauen als Zeuginnen für sich vor Gericht ziehen können – jene nämlich, denen er es ausgeredet hatte, ihr Kind abzutreiben. Theissen verzichtete auf diese Zeuginnen, nachdem er vor Gericht erleben mußte – er hatte das nie für möglich gehalten, sonst hätte er keine Kartei angelegt –, daß die Namen von Frauen öffentlich verlesen wurden, an denen er eine Abtreibung vorgenommen hatte. So kam er zu dem Schluß, es könnten Kinder unglücklich werden, erführen sie, daß ihre Mütter sie hätten abtreiben wollen. Aus Menschlichkeit verzichtete er darauf, diese Frauen in den Zeugenstand rufen zu lassen, obwohl sie angeboten hatten zu bezeugen, daß er nur in Notfällen abgetrieben habe. Weh dir, daß du ein Deutscher bist – in keinem anderen Lande Europas hätte sich die Justiz so hart an solch einem Arzt vergriffen wie hier im CSU-Staat Bayern.

Oh, arme Männer

Wenn das die Emanzen erfahren: Fernsehen belehrte mich, daß Blatthühner – vielleicht so genannt, ich weiß das nicht, weil sie sogar auf Blättern von Wasserpflanzen gehen oder doch über sie hinhuschen können, denn ihre Schwimmhäute oder Zehen (oder sagt man Krallen?) sind sehr breit –, daß also Blatthühner ihre Eier nicht selber ausbrüten, sondern das Brutgeschäft *den Hähnen* überlassen! Sobald die Hühner die befruchteten Eier gelegt haben, lassen sie ihr Gelege im Stich und laufen zu einem anderen Hahn, sich besteigen zu lassen. Die zurückgelassenen Eier aber müssen von ihrem verwitweten Hahn ausgebrütet werden, der dann sogar mit umsichtiger Intelligenz die hell weiß leuchtenden Innenseiten der an sich gut getarnten Eierschalen auf die großen Blätter ebenfalls leuchtendweißer Seerosen trägt, um so die Blicke der Raubvögel irrezuführen: Die sollen nicht entdecken, daß hier Eier gelegt wurden, damit sie nicht die Küken vertilgen! Eine wütende Emanze – ach, wütend sind ja fast alle! – würde als Justizministerin zweifellos die Brutpflege der Blatthähne als Anregung nehmen, auch den menschlichen Männchen gesetzlich die Wickelkindobhut als Fürsorge-Pflicht aufzuzwingen. Schon Simone de Beauvoir, die mehr zur Befreiung der Frauen im 20. Jahrhundert geleistet hat als jede andere, seufzte: «Wehe den Männern, die einst vor einem weiblichen Richter stehen müssen!» Was uns natürlich daran erinnert, wie fürchterlich Männer als Richter wehrlosen Frauen zugesetzt haben, speziell als Priester den «Hexen» ... Allein in Spanien hat die alleinseligmachende Kirche Jesu Christi fünfmal so viele Frauen verbrannt, wie zu Beginn des 16. Jahrhunderts Barcelona oder Rom, Antwerpen oder London oder Köln Einwohner zählten! Bis zu Beginn des 17. Jahrhunderts zählten noch Städte wie Hamburg oder Wien oder Prag nur 40000 bis 60000 Einwohner – aber mehr als eine Million europäischer Frauen endeten insgesamt auf dem Scheiterhaufen... eine sogar Auschwitz in den «Schatten» stellende Mordaktion, gemessen an der damaligen Bevölkerungszahl... (nachzulesen: ‹Bevölkerungsgeschichte Europas›, Serie Piper, Band 19, hg. von Knut Borchardt).

«Natürlich» waren die Hexenverbrenner ausschließlich Männer – wie überhaupt die weitaus meisten Kriegsverbrecher. Doch leider – wie neulich Helga Schubert in ihrer unersetzlichen Dokumentation: ‹Judasfrauen› belegt hat, waren weitaus die meisten, die in der Nazi-Zeit einen Mitbürger durch Denunziation an den Galgen oder unters Fallbeil brachten, Frauen, Nachbarinnen, Arbeitskolleginnen, häufig auch sogenannte «beste Freundinnen»...

Ehe zu dritt

Links wie rechts der Autobahn von Weimar nach Westen – vierzig Kilometer vor Eisenach – stehen zwei Burgen, längst Ruinen, und am Horizont türmt sich eine dritte auf, die sechshundert Jahre und länger von Grafen von Gleichen behaust wurden. Hundertzwanzig Jahre, bevor auch die freiherrliche Nebenlinie 1947 ausgestorben ist, hat noch Schillers Tochter in diese Familie eingeheiratet, deren Enkel – Verfasser einer zwölfbändigen Kulturgeschichte – dann lächerlicherweise deshalb um 1920 Gefängnis bekam, weil er nach Verlust seines Geldes in der Inflation eine Maus in einem hochversicherten Postpäckchen an einen Juwelier versandt hatte, in der Erwartung, das arme Tier werde sich durch das Papier hindurch in die Freiheit fressen – also das Loch in der Verpackung dann vortäuschen, ein schier unbezahlbar kostbarer Edelstein sei angeblich auf dem Transport verlorengegangen: Demnach die Versicherungssumme fällig! Doch die Maus kam *erstickt* bei dem Juwelier an...

Diese blamable Albernheit, über die schon Thomas Manns Doktor Faustus Tränen gelacht hat, und eine *Ehe zu dritt* haben allein bewirkt, daß wir heute, wenn wir durch Thüringen reisen – Autobahnabfahrt Wandersleben/Mühlberg –, an diese sonst ganz und gar vergessenen Familien von Gleichen erinnert werden. Und da es in Deutschland kaum eine bessere Küche gibt als die Thüringer, sollten wir in Erfurt Mittag essen, um anschließend im Dom die beiden Frauen – in Stein – anzusehen, die *gleichzeitig* mit *einem* und demselben Mann verheiratet waren, der da in Lebensgröße auf der wunderbar gemeißelten gotischen Grabplatte zwischen ihnen ruht; sofern man für möglich hält, ausgerechnet liegend *könne* ein Mann zwischen zwei Frauen in einer Dreier-Ehe je zur Ruhe gekommen sein. Nun ja, vielleicht im Tode...

So hat denn auch Bismarcks Feldmarschall Moltke, der als noch junger Mann den drei Personen-Sarkophag besichtigt hat, seiner Frau am 10. 9. 1843 aus Erfurt geschrieben: «Bis vor wenigen Jahren zeigte man auf dem Gleichen eine dreischläfrige Bettstelle, und im Dom steht der Ritter zwischen den beiden Frauen, die sich indes etwas verdrüßlich anzusehen scheinen.»

Begreiflich. Denn leichter als mit nur einer/einem – wird es ja mit zweien auch noch nie jemand gehabt haben; vielleicht aber doch, weil möglicherweise Rivalinnen wie Rivalen fast alle ihre Aggressionen untereinander verbrauchen und somit jenen Menschen, um den sie rivalisieren, damit verschonen, ja ihn verwöhnen: Dem kann aber nur auf den Grund gehen, wer es selber ausprobiert... Gerüchteweise verlautet, *nur ohne deren Wissen* könne jemand mit zwei Partnerinnen oder Partnern leben; oder dem Rivalisierungsstreß nur entgehen, indem er/sie heimlich zu einer/einem dritten fliehe.

Je häufiger, je heimlicher Ehen zu dritt in der Gegenwart gelebt werden, je eingefleischter noch heute die Einbildung derer, die in sie eingespannt sind, besonders liberal, ja modern zu sein: Nur weil wir im sogenannten christlichen Abendland vergessen haben, daß in alttestamentlichen Zeiten gar kein Aufhebens davon gemacht wurde. Im europäischen Mittelalter allerdings war die – offiziell sanktionierte – Ehe zu dritt sensationell einmalig. Wir wissen nur von dieser *einen*. So hat diese Ehe des Grafen Ernst von Gleichen ein halbes Jahrtausend lang auch Dichter beschäftigt; auch Goethe, als er ‹Stella› schrieb...

Ernst von Gleichen hatte sich notgedrungen beim Papst die Erlaubnis geholt, eine zweite Frau heiraten zu dürfen, weil diese zweite, die Melechsala hieß, ihn einst aus türkischer Gefangenschaft, ja aus Sklaverei befreit hatte. Graf von Gleichen nämlich, 1228 Kreuzritter, war in Palästina als Sklave verkauft worden, bis diese Türkin, Tochter seines «Besitzers», sich in ihn verliebte und ihm (und sich!) die Flucht ermöglichte – zweifellos gegen das Versprechen, er werde sie heiraten. In Venedig angekommen, «erfuhr» der Graf, wie er seiner Geliebten weismachte, daß seine Ehefrau doch noch am Leben sei – ritt mit der Türkin nach Rom, warf sich dem Papst zu Füßen, der die Heidin taufte und das Paar traute. Endlich nach Thüringen heimgekehrt, wurde Ernst von seiner ersten Gattin – einer geborenen Gräfin Käfernburg oder Orlamünde – so verständnisvoll empfangen, daß eine Ehe zu dritt möglich wurde.

Zwar haben Historiker – meist pathologische Besserwisser, die alles abstreiten, was nicht schriftlich überliefert ist; schon gibt es einen, der sogar abstreitet, daß Hitler Auschwitz angeordnet hat, weil kein Papier von Hitlers Hand darüber existiert –, zwar haben sie diese Geschichte als nur «legendär» bezeichnet. Jedoch das Vorhandensein des Grabes der drei im Dom zu Erfurt können selbst sie nicht leugnen!

Mondrakete und Demokraten

– zwei Wörter mit den gleichen Buchstaben. Die Frau, die das herausfand, blickt mit den Augen und der Formulierungslust der geborenen Satirikerin auf Menschen und Szenen. Wenn man ihr aber sagt: «Schreiben Sie das auf», lacht sie einen aus. Sie ist belesen weit über das normale Maß, immer scharf auch auf Nachrichten; übrigens auch ein bedenkenswertes Wort: Nachrichte*r* sind bekanntlich – Henker! Doch diese Frau ist absolut lustlos, selber zu schreiben, obgleich sie als Maturandin mit dem Gedanken spielte, Journalistin zu werden.

Wie kommt's, daß sie einen auslacht, schlägt man ihr vor zu schreiben? Undenkbar, vermute ich, bei einem Mann: Jeder Mann würde einen so ausgeprägten *Trieb* doch ausleben. Nicht aber diese (und andere) Frauen. Warum? Katia Mann, Enkelin der berühmten Frauenrechtlerin Hedwig Dohm, die viele Bücher schrieb, sagte auf die Bitte ihrer Familie, sie möge schreiben, wenigstens ihre Memoiren: «In dieser Familie muß es einen Menschen geben, der *nicht* schreibt!» Ihr Mann, ihr Schwager Heinrich, ihre drei Söhne, ihre drei Töchter schriftstellerten. Sie war begabt dazu – doch ohne Lust. Warum? Als ich zur Witwe von Karl Jaspers sagte, die sechzig Jahre lang intensiv und schriftlich an der Arbeit ihres Mannes teilgenommen hatte, warum sie nicht endlich das Buch über ihn als Menschen schreibe, lachte sie mich aus, verstand mich überhaupt nicht. «Hat *er* nicht genug geschrieben?»

Wie kommt das? Heute ist es gefährlich für einen Mann, solche Fragen aufzuwerfen – und auch nur zu fragen, warum *Frauen* das nicht sich selber fragen! Als Macho wird beschimpft, wer zwar zugibt, daß Frauen vermutlich das generell intelligentere Geschlecht sind, – doch wer sich die Bemerkung erlaubt, daß ihr Trieb zu selten ausgelebt wird, Kunst und Wissenschaft zu *machen*! Konnten Frauen sich früher damit herausreden, man habe sie immer unterdrückt – doch Jungen wurden oft gezwungen, Geldverdienerberufe auszuüben, auf die sie keine Lust hatten, während alle sogenannten «höheren Töchter» freigestellt waren vom Streß, Geld verdienen zu müssen, und also durchaus hätten malen oder dichten können, wie es ja auch viele getan haben –, *heute* können Frauen nicht mehr sagen, man lasse sie nicht zu in Universitäten und «Männer»-Berufen: Schon 1872 machte in Florenz die erste Frau ihren Doktor med.

Warum aber – ist das *von Natur aus so*? – gibt es noch heute fast keine Komponistinnen, Malerinnen, Autorinnen? Warum erzählen Mädchen selber noch immer den Witz: «Wenn ich mit achtundzwanzig meinen Doktor noch nicht habe, muß ich – ihn selber machen!»

Zu Weihnachten Kosmetik

Leuchtend dein Fleisch: Wenn du dich bettest,
kommt kein Mann auf den Gedanken,
daß du Kosmetik nötig hättest!
Aber Weihnachten deshalb zanken?

Pfirsichflaum noch auf der Haut,
straff gespannt wie Harfensaiten
deine runden sieben Sachen – wie als Braut!
Wem sie durch die Finger gleiten

Makellos im Morgenlicht
– schickt der dich zu der Masseuse?
Genügt, daß *ich* dich knete – nicht?
Bin eifersüchtig, sei nicht böse...

Doch geh schon zu deiner Kosmetikerin,
überlaß dich ihren Krallen!
Weiß ich, ob nur, weil ich geizig bin,
deine Brauen, deine Lider mir besser gefallen

Wenn du ihn *meidest*, den Salon de Beauté?
Denn mehr als zwölf Pfund Butter kosten,
kostet *ein* make up! Wie Schnee
brauchst du keins: Bestecke rosten

– nicht du! Doch so überflüssig das ist,
kriegst du dein Schmiergeld. Bitte denk'
nie, daß du mir zu teuer bist:
nimm den Gutschein als Weihnachtsgeschenk!

Frauen über Frauen

I

Geburtstagsparty

eines Fünfundfünfzigjährigen, dreißig Gäste – unter ihnen die Zweiundvierzigjährige, die vor zehn Jahren von diesem Mann, der heute Geburtstag hat, geschieden wurde, weil er mit einer wesentlich Jüngeren losgezogen war (die er dann nicht heiratete). Heute bringt die damals Betrogene zum Fest ihren siebzehn Jahre jüngeren Liebhaber mit, einen so klugen wie lustigen Doktor der Mathematik – der also volle drei Jahrzehnte jünger ist als der Geburtstag feiernde Hausherr. Eine späte Rache? Unergründlich. Souveränität und Stolz gehen von der Frau aus, als sie neben ihrem siebzehnjährigen Sohn mit dem fünfundzwanzigjährigen Geliebten den Salon betritt; ihr Sohn ist von dem Hausherrn. Sie gleicht wie eine Zwillingsschwester jener Römerin, die Makart auf seinem Kolossalgemälde ‹Einzug Karls V. in Antwerpen› (Kunsthalle Hamburg) dem Festzug voranschreiten läßt – lebensgroß gemalt, eine klassische Schönheit, belebt heute durch den Triumph, neben sich einen Liebhaber zeigen zu können, der aussieht wie der (kaum) ältere Bruder ihres Sohnes. Was in ihrem ehemaligen Mann, der auch wieder eine schöne Frau gefunden hat, vorgeht, das kann ich nicht ergründen. Wie aber Frauen auf dem Heimweg die von einem jungen Mann

Bevorzugte beurteilen, das beweist wieder einmal, daß die Frauen über das Privatleben anderer Frauen ebenso blind richten wie Männer über Berufskollegen. Wann sonst macht ein Mann sich so lächerlich wie dann, wenn er über mitlebende Kollegen urteilt? Der Zahnarzt über den Zahnarzt, der in der gleichen Kleinstadt praktiziert, der Maler über den Maler, vor allem aber der Schriftsteller über den Schriftsteller: geradezu unbrauchbar ist alles, was die übereinander sagen! Am radikalsten in der Verwerfung des konkurrierenden anderen: Goethe im ‹Westöstlichen Divan›: «Lebt man denn, wenn andere leben?» Bei Frauen jedoch ist es nicht der Beruf, der sie zu Rivalinnen macht – in Wahrheit ist für fast jede Frau der Beruf absolut zweitrangig, daher sie auch im Privatleben, das allein sie existentiell interessiert, die weitaus stärkeren Persönlichkeiten sind: der Beruf lenkt sie nicht ab, wie er den Mann fast ausschließlich beschäftigt. Sondern Frauen sind *von Natur* Rivalinnen. Keine andere der heute Anwesenden hat so viel Selbstironie einzugestehen, daß sie jene ungefähr Gleichaltrige *beneidet*, einen schönen jungen Mann als Bettgenossen zu haben, statt wie sie alle ihre dickbäuchigen, halbkahlen, berufszerstreßten Mittfünfziger samt deren Midlife-Crisis! Im Gegenteil, andere Frauen, zuweilen sogar ganz ohne Mann, sitzengelassen oder verwitwet, nörgeln neidscharf an dem Verhältnis ihrer Jahrgängerin mit dem Jüngling herum, als sei Jugend, der doch in Wahrheit jeder Vernünftige nachtrauert, ein Makel. Schnitzler hat übrigens die Frage aufgeworfen, ob nicht von Natur «jede Frau das Recht» habe, einmal in ihrem Leben einen vollkommen schönen Mann zu besitzen. Da es «vollkommen schöne» Männer kaum gibt – kann der Arzt Schnitzler nur gemeint haben: einen jungen.

II

Barbara Tuchman über Hannah Arendt

Die sonst immer geistvolle amerikanische Historikerin Barbara Tuchman – man lese von ihr zum Beispiel ‹August '14› – wird dort, wo sie Frauen «unter der Feder» hat, auf eine Weise ungerecht oder selbstgefällig (weil sie selber eine Frau ist) oder umgebungsblind wie sonst nie in ihren Schriften.

Sie schreibt allen Ernstes in ihrer partiell so klugen Studie: ‹Warum Politiker nicht zuhören› – sie wollen nämlich, vereinfacht gesagt, meist nur hören, was ihren Plänen und Wünschen entgegenkommt –, daß man den Herrscherinnen weniger eingefärbte, also realität-verfälschende Berichte vorlegen müsse als männlichen Regierungschefs, und zwar deshalb, weil bei Frauen nie zu befürchten sei, sie ließen sich zu Taten, die schädlich sind, nur deshalb wie so viele Herrscher verleiten, «weil die Männlichkeit auf dem Spiel steht». Als würden nicht gerade Frauen – wie oft – zeigen wollen, daß sie männlicher sein können als Männer! Die Geschichte lehrt, daß Frauen, wo sie zur Macht gelangt sind, vielleicht von der einen Ausnahme Maria Theresia abgesehen, genausooft wie Männer Kriege anzetteln und durchhalten; daß sie auch innenpolitisch durchaus nicht humaner sind als männliche Herrscher. (Auch Maria Theresia war grausam: Sie gestattete den Salzburger Protestanten freien Abzug – statt sie als «Ketzer» zu verbrennen – nur um den entsetzlichen Preis, alle ihre Kinder auf Nimmerwiedersehen zurückzulassen, die in katholischen Klöstern «rechtgläubig» aufzuziehen seien! Liliencron schrieb über diese teuflische Niedertracht eine der großen Balladen.) Welcher Israeli, welcher Engländer hätte die Illusion, Golda Meir oder die Thatcher seien mildere Regenten gewesen als männliche? Welcher Inder hielte Frau Gandhi für humaner als Herrn Gandhi? Man frage doch einmal Berufstätige, speziell berufstätige Frauen, ob sie lieber einer Chefin gedient haben oder einem männlichen Boß. Ich vermute, Frauen generell lieber einem männlichen.

Und ungewöhnlich ist auch die Schärfe, ja Grausamkeit, mit der Barbara Tuchman über die Philosophin Hannah Arendt herfällt, die sie «dieses streitbare Fräulein Arendt» nennt; die Arendt hat bekanntlich als Zuschauerin des Jerusalemer Eichmann-Prozesses den schnell berühmt gewordenen Begriff «die Banalität des Bösen» geprägt. Die Tuchman hält fest – vielleicht zu Recht –, das sei absurd, weil es nur den Verteidiger Eichmanns unterstütze, der ja gerade *dies* auch behauptet habe: Daß Eichmann nur eine ganz «banale», jederzeit durch Hitler austauschbare Figur bei der Judenausrottung gewesen sei. Aber die Jüdin Tuchman begnügt sich keineswegs, das zu kritisieren, sondern fällt über die Jüdin Arendt mit den niederträchtigsten Vorwürfen her: «Daß Hannah Arendt dies (Eichmanns Verteidigung) für bare Münze nehmen konnte, deutet entweder auf eine bemerkenswerte Naivität oder aber auf den bewußten Versuch hin, Eichmanns Verteidigung zu unterstützen... Da es einem die

Vorsicht verbietet, dem streitbaren Fräulein Arendt Naivität zuzuschreiben, bleibt einem nur die unglückliche Alternative übrig.»

Ich habe nirgendwo sonst bei Frau Tuchman ein solches Maß von Haß und Ungerechtigkeit festgestellt wie bei diesen Zeilen, die diese Frau und Jüdin über eine Frau und Jüdin schrieb. Warum? Darüber bleibt nachzudenken.

Interessant auch die Stänkerei, beharrlich von ‹Fräulein› Arendt zu sprechen, während Frau Tuchman doch wie alle Welt wußte, daß Hannah Arendt verheiratet war, als diese Sottise geschrieben wurde: mit dem Philosophen Heinrich Blücher, zuvor mit dem Philosophen Günther Anders. Warum dieser Haß der sonst so kühlen und abgeklärten Historikerin gegen ‹Fräulein› Arendt?

Vermutlich aus dem gleichen Grund, aus dem auch zwei Hähne nicht auf dem gleichen Hof krähen können: beide weltberühmten Autorinnen lebten und publizierten in New York... Wo dann Hannah Arendt während eines Abendessens bei ihrer Freundin Mary McCarthy gestorben ist, die viele kennen, weil sie die ‹Clique› schrieb und auch die schönsten Bücher über Venedig und Florenz.

Zufall – gibt es den?

I

Aus seiner Sommerfrische schrieb am 16.9.1885 Fontane seiner Frau: «Anno 72 war das mein Hauptspaziergang und... die Stelle, wo ich das Einleitungsgedicht zu ‹Havelland› schrieb... Ja, das sind nun 13 Jahre. Was ist nach abermals 13 Jahren?» Dreizehn Jahre später starb Fontane: am 20.9.1898. Und das ging so zu: Er hatte einen Brief an seine Frau geschrieben, sagte seiner Tochter, er bringe ihn zur Post, ging ins Schlafzimmer, seinen Mantel holen – kam nicht wieder; als die Tochter eintrat, lag Fontane, den Brief in der Hand, auf dem Bett, Mantel an, tot. Und was stand in dem Brief?

Kann überhaupt Zufall sein, daß so der *letzte* Brief jenes erstklassigen Briefschreibers anfing, für den der Brief – zu vielen schrieb er Entwürfe! – ebenso eine Kunstform war wie seine Balladen? Fontanes letzter Brief beginnt:

«Berlin, 20. September 1898

Meine liebe Frau.

Dies sind nun also die letzten Zeilen; übermorgen mittag dürfen wir Dich erwarten.»

Ja, da war sie zu seiner Beerdigung angereist. Fontane begann den übernächsten Absatz:

«Mit... meinem Befinden ist es soso; man arbeitet am Trapez immer weiter und leistet dasselbe wie andre, aber es fehlt – einzelne Momente abgerechnet, wo einen ein Witz oder eine Skandalgeschichte erheitert – die rechte Freudigkeit, weil die Kräfte nicht ausreichen. Das prädominierende Gefühl bleibt doch immer: ‹Lägst du nur erst wieder im Bett.› Bei mir ist dies Gefühl so stark, daß selbst meine berühmte Artigkeit zusammenbricht und ich mir sage: ‹Wird dir das und das übelgenommen, nun, so auch gut.› Es ist vielleicht eine kleine Tugend, von dem Urteil der Menschen abhängig zu sein, aber bequemer haben es die Rüpel, denen all so was ganz gleichgültig ist... ging ich eine Stunde spazieren und traf Parey; er erzählte mir vom Tode seiner Frau und welchen ‹goldnen Humor› sie gehabt habe, er sei ganz gebrochen, alles habe jedes Interesse für ihn verloren, auch sein Geschäft, und dabei weinte er beständig. Er war, um sich rauszureißen, in England gewesen und habe mit zwei englischen Nichten seiner Frau eine Reise nach Schottland gemacht. Die jüngere sei heiter und ausgelassen und habe den ‹goldenen Humor› seiner Frau; die ältere, die jetzt bei ihm sei, sei aber ernster. Ich glaube, er war ganz aufrichtig in seiner Trauer, und doch habe ich nie so stark den Eindruck gehabt: ‹Dieser Trauernde wartet das Trauerjahr nicht ab›; eine der beiden Nichten muß es werden. Wohl die mit dem ‹goldenen Humor› seiner Frau. So geht es. Und die Witwen sind noch flinker als die Witwer!

Wie immer Dein Alter»

II

Ob tatsächlich die Witwen «noch flinker als die Witwer» sind – wer wüßte es? Daß aber ein existenzgefährdender Verlust bettfälliger macht als vielleicht jede andere Emotion, haben viele erlebt.

Auch der dieses Gedicht schrieb; ein Verlust, der buchstäblich die Existenz gefährdet, sei's die seelische, sei's «nur» die materielle, was dann stets auf die seelische übergreift, muß aber nicht ein Verlust an den Tod gewesen sein: schon «in jeder großen Trennung», fürchtete Goethe, «liegt ein Keim von Wahnsinn; man muß sich hüten, ihn nachdenklich auszubrüten und zu pflegen.»

Wer – zum Beispiel – gegen seinen Willen geschieden wird, der weiß das. Oder wer erlebt, wie sonst Angehörige sich von ihm abwenden; zum Beispiel durch Erb- oder Ehe-Kräche.

März

Forsythien – postgelbes Signal:
Der Frühling ist da!
Aggressiv das Licht, firnblauer Stahl.
Doch die Frau auf dem Rad heute sah

– ihr Rock flog ihr übers Knie –
schon bunt aus wie Wiesen im Mai.
Nicht jung, doch verjüngt auch sie,
als ob sie kummerlos sei.

Als ob nicht Grübeln: «Hirnen im März?
Schnee von gestern!» sie abgeschlafft.
So wie mich, den's friedhofwärts
zieht... zur Totenbruderschaft.

Warum sind, die uns verließen,
erst seit's blüht, so *furchtbar* fort?
Nein, nicht heute Gräber gießen...
Flieh doch, psychisch ausgedorrt

Von Gedanken an die Särge,
zu der Frau da auf dem Rad!
Sei vergeßlich. Treulos – berge
dich in *ihr*! Nicht junge Saat

Nur ein Mensch – nicht Tiere, Blüten,
auch der Fluß nicht, an dem Enten
ausgeschlüpft; die Schwäne brüten:
Kann das Down noch von dir wenden.

III

Dem Vetter eines Freundes stieß folgendes zu, nein, stieß ihm eben nicht zu:

Er hat eine zanksüchtige Frau, die ihre Schwiegermutter nicht ausstehen kann und daher ihrem Mann sozusagen *verboten* hat, mit seinen Eltern noch Umgang zu haben. Gehorsam wie wir alle sind als Ehemänner, auch so feige, wie wir alle vor Frauen sind – beschloß plötzlich der Mann, der geschäftlich aus den USA, wo er wohnt, ohne seine Frau nach London gereist war, endlich wieder einmal – nur für einen Tag und heimlich – seine Eltern zu besuchen, ohne das seiner Gebieterin beichten zu müssen. Er annullierte also den schon gebuchten Heimflug in die USA und buchte einen für Düsseldorf. Kaum dort im Elternhaus angekommen, erfuhr er durch die Tagesschau, am 21.12.1988, daß «seine» Maschine durch einen Zeitzünder über Lockerbie in Schottland zerrissen worden und samt ihren 259 Passagieren und Besatzungsmitgliedern in den Tod geflogen war... Elf Einwohner von Lockerbie waren durch die Trümmer der explodierten Maschine – Nordafrikaner hatten das so sinnlose Attentat verübt –, vielleicht auch durch Teile zerrissener Menschen erschlagen worden. Die Maschine hatte in zehntausend Meter Höhe ein Zeitzünder zerrissen, «leichtere» Teile der Leichen und des Flugzeugs – viele Passagiere waren lebendig aus dem explodierten Flugzeug zum Absturz in ihren Tod herausgeschleudert worden – wurden bis 150 Kilometer weit nach Osten geweht...

Doch hüte man sich, aus dieser Betrachtung den Schluß zu ziehen, Haß einer Gattin auf die Schwiegermutter verlängere grundsätzlich das Leben ihres Mannes. Flakes Erfahrung: «Um die Frauen zu kennen, muß man sie als Schwiegermütter erlebt haben», – wurde hier ergänzt durch die Tatsache, daß Schwieger*töchter* – bevor sie auf andere Frauen eifersüchtig werden – sich nur zu oft die Mutter ihres Mannes geradezu aufbauen als «Rivalin». Die Lust, jemanden zu verabscheuen, ist meist sehr viel früher da als die dazu «passende» Person oder gar der Grund zum Haß.

Judith und Holofernes

Mit diesem Begriff charakterisierte ein politischer Kommentator des NDR die dramatische Mordgeschichte, die das State Department veranlaßt hat, Nora Astorga, der stellvertretenden Außenministerin von Nicaragua, das Agrément als Botschafterin in Washington zu verweigern. Diese sehr schöne dreißigjährige Witwe (wie die biblische Judith), Mutter von vier Kindern –, also nicht Jungfrau, wie bei Hebbel groteskerweise, bei dem sie dennoch Witwe ist –, hatte im März 1978 in Managua, während der Kämpfe gegen den Diktator Somoza, dessen General Reynaldo Perez Vega, der auch in Diensten der CIA stand, in ihr Schlafzimmer gelockt und von vier dort Versteckten umbringen lassen. «Wir wollen diese Mörderin hier nicht – ihr Kommen ist einfach unangebracht», so der inoffizielle Kommentar eines Beamten des US-Außenministeriums. Wo es ernst wird, da werden Mythen gegenwärtig.

Gold im Staubsauger

aufzubewahren wie eine Londonerin das aus Angst vor Dieben getan hat, ist einfallsreich. Doch der Tochter ebenso zu mißtrauen wie Einbrechern? Die «entsorgte» den längst defekten Staubsauger als Sperrmüll, wo er glücklicherweise aufgegriffen und zum Trödler gebracht wurde. Ein Rentner, der ihn für fast nichts auf dem Flohmarkt kaufte, um etwas reparieren zu können, also seiner Langeweile zu entgehen, fand in ihm Schmuck im Wert von siebentausend Pfund, fahndete nach der Hausfrau, die ihn im Staubsauger versteckt hatte und bekam – verächtlich schäbig – einhundert Pfund Finderlohn.

Eine Baslerin bekam nichts zurück, als ihre Schwiegertochter die Preziosen – Schmuck dreier Generationen sehr Wohlhabender – mit der Tiefkühltruhe der Alten kostenpflichtig als «Sondermüll entsorgen» ließ. Durch Ausfall des Aggregats war die Tiefkühltruhe während einer wochenlangen Reise der Besitzerin ausgefallen, die Wohnung stank bestialisch nach Verwesendem, als die Frau des Sohnes wenige Tage vor der Heimkehr der Schwiegermutter das auch noch sommerlich stickige Haus aufschloß, um zu lüften – und sofort eine neue Truhe bringen ließ.

Es wird gesagt, der wahre Grund, statt im Banksafe *daheim* den Schmuck aufzubewahren, sei die Sucht, das Kostbarste immer in Griffnähe zu haben – wenn der Partner im Bett nicht mehr da ist, dann um so mehr das Gold. Uns hier interessiert: warum Versteckkende sogar der Tochter, der Schwiegertochter nicht sagen, im Staubsauger, in der Tiefkühltruhe seien Diamanten? Würden sie vermuten, es klauten auch die Damen, brächten die Alten die Preziosen doch in den Safe der Bank. Auch würden sie zweifellos nach ihrem Tode gern den Schmuck in Händen der Enkel wissen: was ja auch gefährdet ist durchs Verstecken dort, wo Enkel noch weniger ihn vermuten als Schwiegertöchter. Mithin: Diese Geheimniskrämerei vor Tochter oder Schwiegertochter ist irrational, absurd – das heißt: durch keine Konvention bedingt, sondern generisch-hormonell. Adrenalin-Stöße beim Anblick der Frauen haben offenbar das bißchen Gehirn der Mutter oder Schwiegermutter überschwemmt. Wie zeitlos das ist – man kann's nachlesen in den Memoiren eines erzgescheiten Arztes, der von Jacob Burckhardt auf seinen Spaziergängen zu badischen Landgasthöfen als Begleiter bevorzugt worden ist. Dieser 1815 geborene Eduard Kaiser, der achtundachtzig wurde – warum schreiben nie auch Ärztinnen Memoiren? Wie gern würde ich sie lesen –, hat so freimütig in seinen ‹Lebenserinnerungen eines Markgräflers› auch über das lebenslängliche Mißverhältnis seiner Mutter und seiner Stiefschwiegermutter zu Schwestern, Nichten, Schwägerinnen, Enkelinnen, der Braut und Schwiegertochter berichtet, wie das nur einer riskiert, der die Drucklegung seines Buches erst für einen Zeitpunkt anordnet, wenn alle Erwähnten und er selber längst tot sind. Kaiser – seine Jugendjahre hat Flake als Exposition für seinen ‹Fortunat› benutzt – heiratete 1837, mit zweiundzwanzig, schon junger Arzt; so rasch ging das damals. Was hat sich nun geändert in den hundertsechzig Jahren seither? Berufstätigkeit und Pille haben die Frauen weitgehend mündig gemacht, ja befreit. Und auch das ‹dicht bei dicht im gleichen Hause wohnen›, im Familien-«Verband», das in erster Linie die Dauerreibungen mit den Angehörigen unvermeidbar gemacht hat – ist glücklich überwunden. Dennoch ist erschreckend und leider zeitlos, da naturgemäß, nicht konventionell, wie die blutjunge Pfarrerstochter, die der Arzt als Frau heimbrachte, nicht nur von seiner Mutter, sondern auch von ihrem Vater, einem starren Hierarchen, behandelt wurde, der völlig in den Fingern seiner viel jüngeren zweiten Frau war. Kaisers unfreiwillig erlebtes, sarkastisch notiertes Lustspiel-Szenarium:

«Was die Hochzeitsgaben betrifft, so erhielten wir ein ganzes Magazin von Leuchtern, die wir in einer Reihe von Jahren immer wieder zu ähnlichen Geschenken los zu werden suchten. Die Aussteuer meiner Frau bestand fast ausschließlich in den Überbleibseln der Aussteuer ihrer verstorbenen Mutter, die diese 20 Jahre vorher in die Ehe gebracht hatte...

Eine noch jüngere Stiefmutter mit aufblühender, eigener Tochter wird allezeit ihre gefeierte Stieftochter als Konkurrentin ansehen, und meine Frau fühlte stets einige Befriedigung, ihre Familie nun in dem neuen, souveränen, eigenen Reich zu empfangen.

Eine weit anhaltendere und störendere Eifersucht entwickelte sich jedoch zeitig in meiner Frau gegen meine Mutter. Schwiegersöhne und Schwiegermütter vertragen sich meist leidlich und öfter vortrefflich, Schwiegertöchter und Schwiegerväter desgleichen, allein Schwiegertöchter und Schwiegermütter sehr selten und meist nur zum Schein, denn zwischen letztere drängt sich immer die Machtfrage, die Frage der Herrschaft. Und zwar nicht nur der Herrschaft und Macht im Hause, sondern vor allem der Herrschaft über den jungen Ehemann selbst. Der eigenen Mutter wird ohnehin durch die junge Frau ihr langjähriger treuer Verehrer und Untertan entwendet und sie kann sich nur selten zum Glauben entschließen, daß die Frau den Sohn wahrhaft beglücke. Umgekehrt findet die junge Frau, daß die Liebe der Schwiegermutter zum Sohn eine Art Raub an ihr begehe und jede Kundgebung der Schwiegermutter über Küche, Haushalt, Kleider, Mägde, Kinderpflege, wenn sie nicht ausdrücklich abverlangt ist, wird von der Schwiegertochter als Tyrannei, als Attentat oder Kränkung aufgenommen.

Die Zeit, geduldiges Wesen, Hilfsbedürftigkeit oder schwere Katastrophen ändern vieles zum Bessern, doch bis es soweit gekommen, hat stets der Mann alles auszuhalten, was dem Finger zwischen Türe und Angel begegnet. Mit Gründen, mit den besten Gründen der Welt, ist sicher keiner Frau beizukommen; Gründe und Beweise wirken nie auf die Frau. Will man nicht zur rauhen Diktatur greifen, so muß man in der Diskussion der Frau entweder Recht oder gar keine Antwort geben; eine Frau verachtet alle und jede Beweise.

Mit meinem Vater dagegen war Albertine stets vertraulich und später bildete sich zwischen beiden ein lustiges, kleines Kommanditverhältnis aus. Wenn ich früh ausging, besuchte er sie, plauderte ein Stündchen bei ihr, ließ sich ein Gläschen Likör oder einen guten Bissen von ihr auftragen und pumpte ab und zu einige Gulden

Taschengeld bei ihr. Da meine Mutter ohne Pardon jeden Abend und Morgen seine Börse kontrollierte, so eröffnete meine Frau ihm einen Kredit bei sich, und beide freuten sich, meine Mutter in Kompagnie überlisten zu können.

...Mit der Gleichgültigkeit gegen die Kochkunst der Frau ist ein ähnliches Risiko für den Mann gegeben, wie mit seiner Achtlosigkeit auf ihre Toilette. Ein Mann der zu träg oder zu plump ist, um ein Auge oder ein Wort für eine Locke, eine Schleife, einen Schuh oder eine Mantille zu haben, der sehe sich wohl vor, statt des versäumten Wortes nicht unverhofft einen Notschrei ausstoßen zu müssen. Eine Frau will täglich beachtet, bewundert und erworben sein...

...Meine Mutter empfing ihre Enkelin in der Einfahrt meines Hauses und ihr Willkomm' lautete wunderlich genug: «Ach, Herr Jesus Maidli, wie wüst bist Du für das viele Geld geworden!» Wuchs und Gang ausgenommen war das Mädchen in der Tat nicht besonders hübsch geworden, sondern nur ausdrucksvoll und interessant. Die große Schönheit der Mutter ist über sie hinweg voltigiert.

Meine Mutter, die nun den Backfisch in die Lehre und Mache nahm, stieß sich beständig daran, daß ihre Großtochter gar nichts könne, weder kochen noch Bohnen setzen, weder bügeln noch Möbel polieren, weder Kissen lüften noch Bettfedern putzen, weder Brod backen noch ein schönes Garn spinnen.

Daß das Hauswesen eben jetzt erst an die Reihe kommen sollte, fiel der eifrigen Frau nicht ein und daß die Hauswirtschaft von der Mutter und im Elternhaus, nicht aber im Pensionat gelehrt werden müsse, das ging ihr nicht in den Kopf. Um ihre gute Stimme auszubilden, hatte ich meine Tochter zu Fräulein Rohn an der Mannheimer Oper in die Singstunde getan. Diese Fahrten in die Singstunde nach Mannheim kosteten Geld und ich verkaufte meine alte Kuh aus dem Stalle, um meine junge Nachtigall daraus zu bestreiten. Meiner Mutter kam das überzwerch, sie meinte: ‹Es wäre gescheiter, wir hätten die Kuh behalten und das Mädchen hätte melken gelernt als singen, singen kann ich, ohne daß ich Geld dafür weggeworfen hätte.›

Kam aber die Tochter zum Kochen in die Küche oder wollte sie putzen und scheuern, anfeuern oder bügeln helfen, so trieb die Großmutter sie doch wieder fort und sagte: ‹Geh mir aus den Füßen, du kannst doch nichts, ich mach es lieber allein.›»

Undenkbar, daß so unausstehlich, so gehässig eine Großmutter einen Enkel*sohn* mißhandelt; undenkbar, daß ein Großvater seine Enkel*tochter* derart schikaniert hätte.

«Das findet man zum öfteren auch bei den Müttern, daß sie ihre Töchter von dem wirtschaftlichen Schauplatz treiben, als ob sie sonst in der herangezogenen Ersatzmännin einen Nachfolger erhielten, der sie selbst entbehrlich macht oder verdunkelt, denn die Herrschaft im Hause ist der Grundgedanke einer jeden Frau; das führt bisweilen so weit, daß die Frau auch das Kleinste und Geringste lernt und sich aneignet, um nur dadurch ihren Mägden gegenüber souverän zu bleiben oder daß sie sich in alle schlimmen Gewohnheiten ihres Mannes fügt und denselben sogar Vorschub leistet, bloß um durch dieselben ihn in ihre Hand zu bekommen und ihm unentbehrlich zu werden...

...Nach dem Tode der Mutter hatten unser fünf Kinder, worunter drei verheiratete, den gesamten Nachlaß unserer Eltern zu verteilen. ...Meine Anspielung auf die miterbenden drei Frauen hingegen formuliert Eilebeute im Faust mit seinem Spruche: ‹Die Frau ist grimmig, wenn sie greift.›»

«...dieses Mädchen ist Dir weit voraus»

schrieb aus Bordeaux 1850 Richard Wagner seinem Freund Uhlig. Und fügte die Frage an: «Und woher? Durch ihre Geburt, weil sie ein Weib ist. Sie ist als *Mensch geboren* – Du und jeder Mann wird heutzutage als Philister geboren, und langsam und mühevoll gelangen wir Ärmsten erst dazu, Menschen zu werden.»

Woran mag das liegen? Ich vermute an der Strapazierung der meisten Männer durch ihre Berufspflichten. Denn das Menschliche lebt sich, weit mehr als in jedem Beruf, im Privaten aus. Und den Frauen, selbst wenn sie noch so berufstüchtig sind, steht meist das Privat-Intime obenan; es sei denn, sie haben keines... Dann entarten sie ebenso durch den Beruf wie wir Männer... In einem anderen Brief kommt Wagner, ohne es direkt auszusprechen, zu einem ähnlichen Schluß: «Mit Frauenherzen ist es meiner Kunst immer noch ganz gutgegangen, und das kommt doch wahrscheinlich daher, daß bei aller herrschenden Gemeinheit es den Frauen immer noch am schwierigsten fällt, ihre Seelen so gründlich verledern zu lassen, als dies unserer staatsbürgerlichen Männerwelt zu so voller Genüge gelungen ist.»

Auch dieser Satz erklärt beinahe das Berufsleben, das öffentliche, zur Ursache des «Verlederns» der Männer. Ich verdanke beide Zitate Joachim Kaisers unentbehrlichem Buch ‹Leben mit Wagner›.

Je indirekter, je unsichtbarer für die Öffentlichkeit

Frauen die Politik mitbestimmt haben, desto machtvoller dürfte stets ihr Einfluß gewesen sein; jedenfalls ist es so kindisch wie komisch zu vermuten, erst mit dem Frauen-*Wahl*recht hätten die Frauen begonnen, Politik mitzugestalten! Wenn auch die barbarische Vorliebe der Frauen gerade für erdrückend autoritäre Männer in der Politik – so für Hitler und für Adenauer, obgleich kein Mensch Adenauer mit Hitler vergleichen darf – den SPD-Professor Carlo Schmidt einst zu dem verzweifelten Seufzer veranlaßt hat: «Das Frauen-Stimmrecht hat die SPD ruiniert!»

Denkt man doch auch an die Frage des Aristoteles, warum Frauen *öffentlich* mitreden sollten über Politik – da sie in Bett und Küche ja doch ihren Männern vorschrieben, was die auf dem Rathaus zu tun hätten:

Wo Frauen etwas bewirken in der Politik, verdanken sie das seltener ihrer oft überlegenen Intelligenz als ihrer ausgeprägteren Begeisterungsfähigkeit. Positiven Zielen zugewandt: ihrem Idealismus. Negativen – ihrem Fanatismus.

Effi Briest wurde neunundneunzig

Die berühmtesten Ehebrecherinnen wurden stets auf Kosten ihrer betrogenen Männer von den Dichtern, die Madame Bovary, Anna Karenina, Effi Briest, Lady Chatterley geschaffen haben, so liebevoll beschrieben, daß sie immer gerechtfertigt dastehen, ihre Ehegatten aber nie. Das macht verständlich, warum bereits Platon den Vorschlag gemacht hat, grundsätzlich die Poeten auszuweisen aus der moralisch durch sie gefährdeten Polis. Welcher Leser hat auch nur zehn Minuten Mitgefühl für die Männer an der Seite dieser Frauen verspürt? Eben weil Dichtertum selber «die lebensmögliche Form der Inkorrektheit» ist, wie Thomas Mann es anläßlich des von ihm als Lyriker und Novellist aufs höchste geschätzten Amtsrichters und Ehebrechers Theodor Storm definiert hat...

Meine Gespräche mit dem achtzigjährigen Enkel der «Effi Briest» genannten Else von Ardenne, Professor Manfred von Ardenne, waren inspirierend, weil der alte Herr seine unsterblich gewordene Großmama ebenso mit Sympathie beschrieben hat wie 1895 Fontane. Herr von Ardenne hat am neunzigsten Geburtstag zu seiner Großmutter Effi Briest gesagt: «Ich würde ganz genau so gehandelt haben wie du – damals!» Das rührte seine Großmama so sehr, daß sie diesem Enkel jene Briefe zusandte, schenkte, deren Auffindung zum Duell geführt hat. Ebenso schenkte sie dem Enkel – zwei weitere Enkel waren gefallen 1939/40 – das ausgezeichnete Porträt, das ihr Lover Hartwig von ihr gemalt hat. Schlimmer als der Ehebruch war einst für die von Aristokratendünkel entstellte Gesellschaft Berlin-Brandenburgs, daß diese Adlige sich «mit einem Bürgerlichen vergessen» hatte. Sogar Fontane hat *das* nicht gewagt zu schreiben, sondern hat vorsichtshalber einen Herrn von Crampas erfunden, während Else von Ardenne in Wahrheit mit einem schlichten Amtsrichter Hartwig geschlafen hatte... der dafür erschossen werden «mußte».

Ernährt hat die dann schimpflich, ohne einen Pfennig, aus ihrer Familie ausgestoßene Effi oder Else sich als Krankenpflegerin, oft als Pflegerin Sterbender...

Und neunundneunzig Jahre alt ist sie geworden, gestorben erst 1952 am Bodensee... Else Baronin Ardenne, geborene Edle und Freiin von Plotho-Zerben, so ihr Name, als ihr und ihrem Liebhaber die Tragödie zustieß, hat erst mit achtzig in Lindau am Bodensee, wohin sie gezogen war, radfahren gelernt. Man müßte die Uralte am Bodensee einen Monolog sprechen lassen! Was für eine Rolle für eine große Schauspielerin wie Marianne Hoppe, die 1937 mit ihrem Ehemann Gustaf Gründgens den bedeutenden Film ‹Effi Briest› gedreht hat. Als ich Frau Hoppe – Zufall? – am Abend des Tages, an dem ich mittags mit Herrn von Ardenne in Berlin gegessen hatte, in der Akademie traf, sprach ich sie an auf meine Idee, durch Effi Briest nach dem Zweiten Weltkrieg Rückschau auf die neunzig Jahre ihres Lebens halten zu lassen. Frau Hoppe sagte mir, wie sehr sie bedauere, nicht ‹Effi Briest› besucht zu haben, als sie damals Fontanes Roman verfilmte. Geboren, neun Jahre bevor Bismarck preußischer Ministerpräsident wurde, gestorben, als Adenauer schon drei Jahre

Kanzler war, hat ‹Effi Briest›, die bis zum Tode klar war, die radikalsten Veränderungen – auch die technischen – erlebt, die je in einem Jahrhundert auf Erden vor sich gegangen sind. Es gibt literarisch kein überzeugenderes Mittel, als anhand eines langen Lebens das Zeitalter zu beleuchten, dessen Zeuge dieser Mensch war.

Franzosen und Briten

Staatspräsident Mitterrand, dessen einsamer Rang unter Politikern für mich schon ablesbar war an der Tatsache, daß er per Helikopter ins württembergische Dörfchen Wilflingen flog, um Ernst Jünger zum 90. Geburtstag zu gratulieren – seit 1827 der König von Bayern nach Weimar gefahren war, um Goethe zu gratulieren, hatte kein fremdes Staatsoberhaupt einem deutschen Dichter je eine solche Aufmerksamkeit erwiesen –, der Franzose hat den Briten einen ebenso lustigen wie souveränen Denkzettel verpaßt. ‹The Times› hat ihn gefragt, was er dazu sage, daß alle Jahre in England ein sogenannter Spitzenpolitiker wegen Besuchs einer Prostituierten zurücktreten müsse. Mitterrand: «Würden Franzosen sich für Frauengeschichten ihrer Politiker interessieren, könnte ich bei der Auswahl meiner Minister allenfalls auf vierzig garantiert Homosexuelle zurückgreifen.»

Selbst die immer feingesittete ‹Neue Zürcher Zeitung›, die stets genau weiß, was «sich gehört», ist diesmal verstimmt über dieses Ausmaß britischer Heuchelei. Sie schreibt: «Sicher ist, daß Archer *Erpressern* in die Hände fiel. Sie verhalfen nicht nur sich selber zu Geld, sondern boten zusätzlich dem britischen Zeitungsleser Anlaß, sich wieder einmal jener moralischen Entrüstung hingeben zu können, die neben Rindsbraten und Yorkshirepudding zu seinen bevorzugten Sonntagsvergnügungen gehören.»

Lustig ist das Resultat einer Überlegung, warum Labourabgeordnete meist in *finanzielle*, konservative aber in *sexuelle* Affären verstrickt sind: Die Labours, witzeln die Briten, müssen sich erst das Geld besorgen, mit dem sie dann eine Prostituierte bezahlen können. Daß ein Skandalblatt wie die Sonntagszeitung ‹News of the World› auf *fünf* riesig aufgemachten Seiten mit kleinbürgerlichem Moralisierungseifer von diesem «Skandal» berichtet, der ja allein in England – sonst nirgendwo auf der Welt mehr – als solcher empfunden wird, verwundert nicht. Doch auch die ‹Times›, mit einem großen Foto des sympathischen Politikerehepaars unter ihrer Titelzeile, bringt diese Albernheiten im Zentrum der ersten und der zweiten Seite! Lustig ist auch, daß dieser bisher zweite Mann – nach dem ersten «Mann» Thatcher – in der Konservativen Partei momentan am Fernsehen mit einer Serie sehr viel Geld verdient, die nach einem seiner Romane geschrieben worden ist. Inhalt dieses Romans: Ein ehrgeiziger Politiker wird von einer Prostituierten erpreßt!

Wie liberal waren doch die Zeiten, als der fünfundachtzigjährige Kanzler Adenauer die dämliche Denunziation, sein Außenminister sei schwul, mit dem Satz abschmetterte: «So? Bei mir hat er's noch nich versucht, und wat andere sich von Herrn von Brentano jefallen lassen, dat interessiert mich nich!»

Walter Stürm

der populärste Schweizer, ist wieder «draußen»: Zum siebten Male ist der jetzt Sechsundvierzigjährige aus einer Strafanstalt entflohen. Er war 1971 in Zürich zu achteinhalb Jahren Zuchthaus verurteilt worden, «wegen Raubes und anderer Delikte». Die vier Fotos, einmal der bartlose Stürm, dreimal mit so verschiedenen Bärten, daß seine Identität tatsächlich schwer unter dem Gesichtshaar auszumachen ist, zeigen einen sympathischen, unfanatisch dreinblickenden Mann, der zweifellos fast immer, wenn er «bei Frauen klingelt», Versteck finden dürfte – Versteck in der vollen Bedeutung des Wortes, wie mir klar wird, als in meinem Eisenbahnabteil neulich die Rede auf den Ausbrecher kommt. Freilich ist er enorm gehemmt durch den Schweizer Dialekt, der ihn in Österreich und Deutschland sofort als Eidgenossen verrät. Aber er spricht auch andere Sprachen... Eine Wahl war ihm nicht geblieben; zwar hatte er die 1971 über ihn verhängte Strafe, die er durch einen selbstgenehmigten achtjährigen «Urlaub» unterbrochen hatte, fast schon abgesessen, doch warten andere schweizerische Kantone mit langjährigen Zuchthausstrafen auf ihn. Daher es einigermaßen gekünstelt klingt, wenn sein vorerst letzter «Herbergsvater» nunmehr der Presse erklärt: «Ich bin enttäuscht... ich hatte Stürm für vertragsfähig gehalten!» Frauen hier im Zugabteil haben noch weitaus geringere Hemmungen als Männer, für Stürm einzutreten. Ich denke an Goethes

Notiz: «Alle Gesetze sind von Alten und Männern gemacht. Junge und Weiber wollen die Ausnahme, Alte die Regel.» Ungefähr gleichzeitig hält es eine mittelalterliche, schöne Frau für angebracht – ich kenne sie keineswegs näher –, mir zu erzählen, sie wohnt in Deutschland, nahe der Schweizer Grenze, daß sie bei Einkäufen in Basel und Zürich, «wo man ja viel besser einkauft», stets ihren Kursverlust durch Ladendiebstähle ausgleicht. Und daß sie keineswegs so männerfromm ist – zahmen Hunden sagt man nach, sie seien «geflügelfromm» –, sich nur mit ihrem eigenen zu begnügen. Warum erzählt sie mir das? Weil Frauen, die geistig selbständige Persönlichkeiten sind, ganz offenbar – ich erlebe diese Geständnissucht nicht zum erstenmal – Wert darauf legen, im Sinne dieser Goethe-Einsicht *nicht* für obrigkeitsdumm und angepaßt und unterwürfig der Männerwelt gehalten zu werden. Wenn Walter Stürm sich an Frauen hält – werden auch die ihn halten gegen jene, die da «Haltet ihn!» schreien... Stürm hat niemals gegen Menschen Gewalt angewendet. Sachen rauben, wenn die nicht Armen gehören, ist aber in den Augen der meisten nur ein Kavaliersdelikt. Bankraub dagegen, der mit keiner Morddrohung verbunden war, ist im Hochkapitalismus so populär, wie mit Recht in der ‹Dreigroschenoper› gefragt wird: «Was ist der Einbruch in eine Bank – gemessen an der Gründung einer Bank?»

Daß Eros und Thanatos

– die Götter der Liebe und des Todes – Zwillingsbrüder sind, hat Thomas Mann als Erklärung dafür gedient, daß *junge* Menschen sich so viel intensiver mit dem Tode beschäftigen als alte; da sie intensiver *lieben*, kreisen ihre Gedanken häufiger um den Tod. Alte verdrängen ihn, verständlicherweise. Neulich wurde an seinem 75. Geburtstag ein großer deutscher Epiker im Fernsehen gefragt, ob er am Lebensabend das Gefühl habe, «erfolgreich» gewesen zu sein nicht nur als Dichter, sondern überhaupt als Mensch. Wie plötzlich verstört sagte er: O nein, erotisch habe er doch sicher nicht genug bekommen, zu viel versäumt. So hat – einmal – auch Bismarck mit achtzig sich geäußert. Auch deshalb offenbar bedrückt: Es muß einen Zusammenhang geben, über den wir nichts Genaues wissen, zwischen der Bereitschaft, sich mit dem Tode abzufinden, und der Gewißheit, genug körperliche Liebe gegeben und empfangen zu haben. Lebenssatt – wie es heißt – ist offenbar nur, wer liebessatt ist. Somerset Maugham, ein erfahrener Erotiker auch insofern, als er, homosexuell, es doch mit der Ehe versucht hat, erfolglos natürlich – «ich hielt mich für neunzig Prozent normal und zehn Prozent homosexuell, bis ich entdeckte, es sei umgekehrt» – schildert in einem Roman auch zwei Hochbetagte, die deshalb angesichts des Todes seelisch im Gleichgewicht sind, gefaßt, weil sie beide – so die Deutung des Dichters – viel geliebt haben.

Nie zuvor wurde die enge Verbundenheit von Eros und Thanatos, Liebe und Tod, so eindrucksvoll ins Bild gesetzt, so überzeugend als bedeutendes Thema auch der Kunst anschaulich wie durch Isolde Ohlbaums wundervollen Fotoband «Denn alle Lust will Ewigkeit», erotische Skulpturen auf europäischen Friedhöfen. Ein so überraschendes wie schönes Buch könnte schon als Argument genügen, die Behörden in der barbarisch-banausischen BRD daran zu hindern – was sie seit Jahren mit Eifer und mit Haß auf alles Überlieferte tun –, unsere Friedhöfe radikal «kunstrein» zu machen, indem sie sämtliche alten Grabsteine vernichten. Während früher jede Familie ein Grab immer wieder kaufen konnte, um auch Enkel und Urenkel dort beizusetzen, wo schon die Ahnen beerdigt worden sind, wodurch man ja automatisch die alten Grabsteine erhalten hat, ist das heute verboten. Es werden nicht nur die Gräber zerstört, sondern auch die Grabmäler. Wie nannte Mitscherlich diese spezifisch deutsche Eigenschaft? ‹Die Unfähigkeit zu trauern›. Isolde Ohlbaums Fotoband wird bereichert durch Totengedichte vieler Nationen. Und er legt uns die Frage nahe, ob die Fortsetzung des Aktes durch unsere mit der Polaroid-Kamera aufgekommene Lust, ihn im Bild ‹festzuhalten›, ihm Dauer zu geben, wie illusorisch auch immer es mit ‹Dauer› bestellt sein mag, nicht auch aus Todesangst geschieht. Zwar ist ein Foto nicht die ‹Ewigkeit›, die alle Lust will – aber zu beruhigen scheint es uns vorübergehend doch, daß mehr von den Höhepunkten des Lebens bleibt als ein verwüstetes Bett. Ohne Angst vor der Vergänglichkeit wäre schwerlich ein Bild gemalt, fotografiert worden. Als jemand das äußerte, widersprach eine Frau: Abzubilden, sei's einen Leib, sei's einen Baum, steigere einfach die Lust, ihn anzusehen, anzufassen. Mit Todesangst habe das gar nichts zu tun... Wer wüßte es?

waren für einen Werkstudenten viel Geld auch noch, als schon Briefträger, zum Beispiel, dreitausend im Monat verdienten. Peter übernahm sich also gradezu wahnwitzig, als er seiner – seit Monaten vergebens – Angebeteten das denkbar unverschämteste Angebot machte: «Wenn Ihre Zuneigung, Sie Sadistin, nicht reicht» – denn er siezte sie oft, da sie die Gattin seines Chefs war und er sich nicht verplappern durfte –, «so tun Sie's doch für tausend Mark, die Sie dann der Krebshilfe spendieren; *einmal* könnten sogar Sie, Hoheit, ‹berufstätig› sein und Geld verdienen!»

Denn sie hatte, und das gefiel ihr auch an anderen, was die Berliner eine Kodderschnauze nennen, weil niemand weiß, daß der Duden Kodder – im Niederdeutschen – von Rotz und Schleim herleitet; kodderig heißt unverschämt. Demnach Kodderschnauze eine rotzfreche ist, was ja nicht zutraf. Kaltschnäuzig, schlagfertig war sie. Redete nicht oft, aber wenn, wie ein Wildbach. Und kraß unverblümt. Peter wußte längtst: Allenfalls eine kriminelle Unverschämtheit, die sie zum Lachen brachte, konnte – vielleicht – der immer Verwöhnten noch imponieren; und natürlich sein Jungsein. Am wenigsten Geld, da sie unanständig reich war, übrigens kinderlos: Der Reiche, der sich Kinder wünscht, kriegt Geld; der Arme, der sich Geld wünscht, kriegt Kinder... Peters Trick war die falsche Behauptung, daß er nicht gewußt habe, wer sie sei, als er sie bei einem Betriebsausflug zum Tanzen holte; doch selbstverständlich hatte man ihm, noch neu als Handlanger in der Firma, sofort gesagt, diese nicht mehr Junge, aber drastisch Aufgemachte und sehr Schöne sei die nicht berufstätige Chefin. Ihre Farben die der Sonnenblume: schwarze, wie deren Kerne (gefärbte) Haare; und – da ein wenig angejahrt – wie deren Blätter gelblich-bräunliche Haut; übrigens so um Hauptes-länge alle anderen Frauen überragend, wie Sonnenblumen höher sind als umstehende Gewächse... Der erste Tanz und – schon hatte er ihr so spontan, wie's ihn erwischt hatte, zugesetzt, sie müsse und werde mit ihm schlafen. Ihre Antwort: «Fragen Sie meinen Mann!» Er: «Ach, Sie haben einen Mann! Ist der auch hier?»

Doch schon nach dem halben Walzer war sie bereit, seine Klage anzuhören; «noch» lieber wie als Packer in der Firma, arbeite er zusätzlich als Gärtner in ihrem Hause: «Sie haben doch zweifellos das, was die sich hier mit Bremer S-tolz ‹bessere Leute› Nennenden s-pitzzüngig als Grunds-tück mit See-Ans-toß bezeichnen, also einen parkgroßen Garten? Wie gern käme ich in ihre Nähe als Hekkens-tutzer und Rasenmäher!» Da sie das wohlgefällig aufnahm, war er sicher, rasch ins Ziel zu «s-toßen». Doch täuschte sich. Die Kinderlose – er war dreißig Jahre jünger – war zwar mehr als nur tiefgerührt, sie war elementar aufgeregt, daß der so Junge «mich ramponierte Schachtel» wollte. Aber gerade ihre sonst so unbedenkliche Schnauze tarnte ihre Angst, die – nach so vielen Jahren – gewöhnlich gewordene «verkehrsberuhigte Altehe», wie sie sagte, durch eine Affaire wiederzubeleben. Zwar gehörte sie zu den ziemlich seltenen materiell Schlauen, die sich nie scheiden lassen würden ohne die Gewißheit, am nächsten Dienstag wieder – und günstiger – geheiratet zu werden; aber sie fürchtete anläßlich des Jungen, das werde wie Krieg: Weiß man, wie er anfängt, weiß doch niemand, wie er endet... Und sie war bisher treu gewesen.

Aber der Coup de foudre hatte auch sie gestreift; sie dachte, kaum daß er seine ersten Unverschämtheiten an sie losgeworden war: «Wir Frauen werden durchs Ohr verführt; der Bursch' hat eine Stimme, daß er sein Geld mit Telefonsex verdienen könnte!»

Er nannte sie, auch wenn er allein mit sich über sie sprach: «Die Und-und-und», weil sie so ungeduldig und so überstürzend die Worte herausstieß, wie ein Spielautomat scheppernd seine Münzen ausspuckt. Und wenn sie etwas erzählte, langweilte sie's bereits, wiederholen zu müssen, was sie ja schon wußte, und so «machte sie's kurz», indem sie in ihre eigene Erzählung immer rascher mit «Und-und-und» hineinfuhr.

«Mach's für tausend Mark!» war also seine letzte, schrillste Frechheit, mit der er bewußt riskierte, hinausgeworfen zu werden.

Sie: «Lohnt nicht darüber zu reden, denn wie kämst du unmöglicher Kerl je an tausend Mark!»

Er: «Wetten, daß...»

Sie: «Wetten, daß nie?»

Er: «Wenn ich mit tausend Mark komme, Freitag nach Dienstschluß... dein Mann fährt nach Köln zum Arbeitgeber-Kongreß, wohin er dich, wie immer, nicht mitnimmt, wie mir sein Chauffeur sagte...»

Aufgebracht, ja verletzt – rief sie: «‹Nicht mitnimmt›: Unverschämt – als *wollte* ich mit!»

Peter: «Fiel mir schon beim Betriebsball auf: Er tanzte mit jeder

Telefonistin, mit dir aber den ganzen Abend nicht. Und reist immer allein – das heißt: Meidet dich wie der Hund das Wespennest! Also, wenn ich Freitag komme mit tausend Mark...» Sie entzog sich.

Er ging optimistisch Freitag zum Boß, kurz bevor der abfuhr: «Können Sie mir tausend Mark leihen, Chef – Ehrenwort, ich gebe sie am Wochenende – ich soll ja wieder mal Rasen mähen – Ihrer Gattin zurück!»

Der Chef mit dem beleidigenden Wohlwollen eines Höchstgestellten zum Personal: «Das glaube ich zwar nicht, Peter, aber hier sind tausend Mark!»

...Sie ist außer sich vor Spaß: «Ich hatte mir eingebildet, *jedes*, aber wirklich jedes Gefühl dabei zu kennen. Doch was man fühlt, wenn man's für Geld macht, dieser Rausch, sich für *ruchlos* halten zu können, endlich einmal – war mir neu. Und du wirst noch viel dazulernen, mein Junge!»

Tatsächlich war der viel zu rasche Rammler, dem sie noch sehr viele Nachhilfestunden, jetzt aber gratis, geben würde, nur herrlich jung, sonst aber noch gar nichts.

Als Sonntagnacht ihr Mann zurückkehrt, fragt er beiläufig: «Hat diese dreiste Null den Rasen gemäht?»

Sie – und ist froh, daß sie schon im Bett ist und nur das Nachttischlämpchen brennt: «Ja, und auch die Hecke *sehr schön* gestutzt.»

Ihr Mann: «Und hat er dir tausend Mark gegeben?»

Sie – und wird so rot wie die Steppdecke, aber er putzt die Zähne, ihr den Rücken zugewandt; fast ist sie tonlos, vor Panik: «Ja.»

Er: «Also doch ein anständiger Kerl! Er hat mir versprochen, dir gleich am Wochenende die tausend Mark zu bringen, die er Freitag von mir geborgt hat. Ich hab ihm nicht zugetraut, daß er fähig ist, Wort zu halten, der Windficker!»

Sie sieht den schönen Jungen vor sich, der sie so gelinkt hat, daß sie jetzt lachen muß; auch aus Erleichterung. Und lacht auch, aber ganz anders, über das hochnasige «Windficker» ihres anmaßenden Gebieters... Und grübelt: Rache ist ein leckerer Bissen – wie zahle ich's dem vor Selbstbewußtsein aufgeblähten Ballonprallen heim, der vor mir nicht einmal mehr die Badtüre zumacht, wenn er pinkelt, daß er meinen Jungen «diese dreiste Null» schimpft? Und findig wie immer – erfindet sie in diesem Moment, als der so runde weiße Bauch samt dem so runden weißen Schädel sich neben sie wälzt: «Du solltest ihm die tausend Mark lassen, der Junge ist so wahnsinnig anständig! Er hatte ein altes Motorrad kaufen wollen, sein Traum! Dann aber Skrupel bekommen, er vergreife sich an deinem Besitz, wenn er die tausend Mark doch nicht so rasch zurückzahlen könne.»

Er, schon nach dem ersten Schnarcher: «Also gib sie ihm in Gottes Namen als Vorschuß, wenn er weiterhin deinen Garten pflegt, gib sie meinetwegen sogar zinslos, denn Zinsen brächte er ja doch nicht auf. Aber dann nicht *auch* noch ein Weihnachtsgeschenk!»

Silvester: Wunsch beim Punsch

Was wünschen wir jahraus-jahrein
den uns Fremden und den Tieren?

Von Haft, Hunger, Einsamkeit frei zu sein
wie Hirsche in Rotwild-Revieren.

Doch Dir persönlich, jahraus-jahrein
wiederhole ich: Hab' Du nur Schwein.

Beide können wir's brauchen!
Versuch' weniger zu rauchen:

Hustest wie ein hundertjähriger Lift,
beim Aufstehn... Was morgens betrifft:

Dein Autofahren – unsere Straßen
sind doch zu schmal, so zu rasen

Nur weil Du stets zu spät wegfährst!
Und bitte *sag'* doch, was Du entbehrst:

Schweigst Du's nicht in Dich hinein?
Zu zweien leben statt allein

Hat den Sinn, daß man sprechen kann.
Ist die Gewißheit in Frau und Mann

Nie vergebens auf den andern zu warten
in Wanne und Bett, am Tisch, im Garten

– springt auch einer gern vom Weg,
nicht doch das höchste Privileg?

Ja, *bleiben* dürfen in ihren Nestern:
Hauptwunsch aller an allen Silvestern

Mit Gesundheit, Arbeit, auch den Gefährten.
Wünsche genug, schon zu viele... Werden

Wir bescheiden. Die *mehr* anmelden,
sind noch froh, sich nicht zu erkälten!

Vertrauen wir stillschweigend unserm Schwein
– genügte bisher auch, jahraus, jahrein.

«Einfach abhauen» – nicht einfach

I

Als Sonntag früh, am 21. Januar 1996, mein Zug Basel–Berlin vor Freiburg auf offener Strecke hielt, hatte sich – wieder einmal – ein Mensch vor ihn auf die Schienen geworfen: Neunhundert verschwinden jährlich so in Deutschland aus dem Leben:

Was man nicht in die Zeitung setzt, weil man – wie bei der Veröffentlichung von Morden an Taxi-Fahrern – den Imitations-Effekt fürchten muß... Weitaus die meisten werfen sich um Weihnachten vor eine Lok. Und zwanzig (!) Berliner verschwinden *täglich* – meist nicht in den Tod, Gott sei Dank! Am 23. November 1995 meldete das Wochenblatt ‹Hallo Berlin›, der «Leiter der zentralen Vermißtenstelle des Landeskriminalamtes», Erster Hauptkommissar Knobel, habe gewarnt: «Im vergangenen Jahr gab es in Berlin 7385 Vermißte, davon waren 2890 Erwachsene, 2827 Jugendliche (14 bis 17 Jahre) und 1668 Kinder... Die Gründe sind vielfältig. Mit dem Mauerfall brach auch ein System der Reglementierung und Überwachung zusammen. Viele Einrichtungen der Jugend-Arbeit brachen weg und wurden nicht kompensiert. Leistungsdruck, auch Unzufriedenheit und sozialer Abstieg sind weitere Gründe für den Anstieg der Vermißtenstatitik. Die Leute sehen keinen Ausweg mehr, und mancher versucht, den Problemen einfach davonzulaufen...

Bei Kindern sind die Ursachen meist Abenteuerlust, Angst vor Strafe oder Mißhandlungen oder Vernachlässigung. Jugendliche hasben zumeist Diskrepanzen mit dem Elternhaus, Schwierigkeiten in der Schule oder im Beruf, mitunter erste Beziehungskonflikte. Bei mehrfach vermißten Jugendlichen werden die Zeiträume ihrer ‹Ausflüge› immer größer, die Abstände immer kürzer. Sie kennen sich dann aus in der Szene.

Bei Erwachsenen liegen die Ursachen häufig in Problemen am Arbeitsplatz. Aber auch Eheprobleme oder Überfordertsein können Auslöser einer Flucht sein. Ältere Menschen sind oft krankheitsbedingt hilflos und ohne Orientierung.

Als vermißt gilt, wer seinen gewohnten Lebensbereich, sprich Familie, Freunde, Arbeitsstelle oder Schule verlassen hat. Bei Erwachsenen müssen auch Anzeichen von Hilflosigkeit vorliegen oder der Verdacht auf eine Selbsttötung, einen Unglücksfall oder eine Straftat.»

Wann stellen Sie die Suche nach einem Vermißten ein, fragte der Interviewer. Der Hauptkommissar: «Die Aufklärungsrate in den ersten zehn Tagen liegt bei 95 %. Für die übrigen gilt: Vermißten-Anzeigen werden dreißig Jahre offengehalten. Ständig haben wir 380 bis 400 offene Vorgänge ausschließlich der Langzeitvermißten, also Personen, die länger als drei Jahre verschwunden sind. Das waren Ende 1994 noch 84 Personen.»

Reporter Michael Kahle fragte, was die Polizei unternehme, werde ein Vermißter gefunden. Herr Knobel antwortete: «Vermißtsein an sich ist keine Straftat. Wir prüfen, ob der Vermißte Opfer einer Straftat wurde oder selbst eine begangen hat und ‹getürmt› ist. Sollte dies zutreffen, was nur sehr selten der Fall ist, leiten wir die Vermißtenanzeige an die entsprechenden Dienststellen weiter. Ansonsten werden Kinder nach ihrem Auffinden in Verwahrung genommen und dann die Erziehungsberechtigten benachrichtigt. Bei Erwachsenen erfolgt eine Überprüfung zur Person. Suchende werden informiert, daß der Gesuchte wohlauf ist, erfahren jedoch nur mit Zustimmung des Gesuchten dessen Aufenthaltsort. Danach werden die polizeilichen Maßnahmen eingestellt.»

II.

Warum diese Statistik inmitten von Lustspielnotizen unter dem Sammeltitel: ‹Geschiedene›? Weil die sehr hohe «Aufklärungsrate» erstens überhaupt nur die Aufarbeitung dieser – sonst ja tragischen – Fälle als *Komödie* rechtfertigt. Und weil zweitens bei jenen, die in jahrelanger Partnerschaft leben, offenbar die Sehnsucht, auszubrechen, unendlich viel größer ist als noch die Kraft, das fertigzubringen: sie sind längst zu «fertig», das noch durchzuhalten – kehren also um. Womit keineswegs signalisiert ist, ihr Trieb, fortzulaufen, sei damit auskuriert: Im Gegenteil wird er stärker, fiebriger geworden sein, krebsfördernder wie alles seelisch gewaltsam Unterdrückte, weil's nicht klappte, ihm nachzugeben. Also bleiben sie daheim, gehen aber – nun regelmäßig – «in den Untergrund», gehen fremd auf Stunden... Dachten sie, verschwinden zu können, bis sie merkten, sie könnten's *nicht* oder nur, um kläglich umzukehren, was war wohl der Auslöser für diese Einbildung? Sie müssen sich zum Beispiel eingebildet haben, die Scheidungskosten zu sparen, wenn sie einfach fortlaufen; vor allem aber: in Panik, daher unüberlegt. Panik vor den Scheidungsscherereien. Hoffnung, denen krachlos zu entkommen.

Öfter noch als Frauen, hörten wir, gehen Männer den Ihren verloren – vermutlich nur deshalb, weil Frauen als die größeren Realisten *wissen*, sie können's doch nicht; also sich und ihren Familien den Umweg über diesen dann sowieso scheiternden Versuch ersparen und *gleich* tun, was sie wirklich auch können: Fremdgehen. Oder den Job wechseln... Oder eine erwachsene Tochter aus dem Hause setzen. Oder die Schwiegermutter.

Die Wendungen, mit denen der Ausbruchsversuch begonnen wird, sind um so wirkungsvoller, je banaler sie sich anhören. Etwa: «Ich hol uns Zigaretten.» Oder: «Wird heute später, nach der Sauna: wir feiern noch den Vierzigsten vom Peter!» Oder: «Der Hund war heute abend noch nicht draußen.»

Der Hund jault dann, nur scheinbar so verloren, wie sein «Frauchen» oder Herr es wirklich ist, auf der Treppe. Die Tage, bis heimkehrt, wer wegging, sind zweifellos für Daheimgebliebene sehr viel unerträglicher als für Fortgelaufene. Denn nur wer weglief, ahnt, wie kurzatmig seine Wut zum Aufbruch ist... Nur er hat keine Angst, den von ihm Sitzengelassenen sei «etwas» zugestoßen.

Auflehnung gegen unsere Umwelt, die uns veradministrativt, ist in *jedem*! Könnten Autofahrer ebenso wenig Abwechslung in ihre Route, ihr Tempo bringen oder Beifahrer einladen wie Straßenbahnlenker – «es ist verboten, mit dem Fahrer zu sprechen» –, so wäre die Zahl der Durchgegangenen noch viel höher. Das Auto ernährt nicht nur die Nation – jeder fünfte lebt von Autofabriken oder deren Zulieferer-Firmen –, sondern baut noch mehr Aggressionen ab als sogar Sport. Und zweifellos viel mehr als Geschlechtstrieb.

Wenn zwanzig Berliner pro Tag abhauen – wie viele *mehr* tun es allein deshalb *nicht*, weil ihre Seelenlähmung, durch Gewohnheit bereits endgültig, sie längst derart abgewrackt hat, daß sie nicht einmal mehr spielen können mit dem Gedanken an Aufruhr durch Aufbruch? Mit diesem Gedanken zu *spielen* wird in vorgerückten Jahren triebhafter sein als noch die Onanie.

Die Ohnmacht in *allen* Bürgerinnen und Bürgern, vermanagt worden zu sein sogar im Familienverbund, wurde alsbald sogar wortlos. Besonders dort, wo «Gebundene» – was für ein wahres Wort! –, ungefragt fusioniert worden sind mit Leuten oder materiellen Belastungen: Mit Schwiegereltern zum Beispiel oder mißlingenden oder adoptierten Kindern oder dem ihnen aufgezwungenen Kauf eines unrentablen, da viel zu selten benutzten Sommerhauses oder Bootes, die sie nicht wollten, ohne aber ihren Unwillen auch nur zeigen zu dürfen; so wenig wie in der Firma: Wem Gott ein Amt schenkt – schenkt er auch Kollegen! Fluchtlust ist auch in vielen, weil sie sich zu Hause erbittert ausgestoßen fühlen durch eine gegen sie errichtete Koalition von Mutter nebst Sohn oder Vater nebst Tochter... Die Radikalität zur Freiheit, auch das Geld dazu, sich als Verheirateter mit Kind eine eigene Wohnung zu nehmen wie Gottfried Benn in den zwanziger Jahren: bringt fast niemand auf; noch weniger bringen – wie Benn – ihren Partner dazu, dem zuzustimmen.

Die hier zwar belegte und dennoch ganz unglaubhaft hohe Zahl tatsächlich – mindestens kurzfristig – Untergetauchter, man muß schon sagen: Entflohener, müßte natürlich ergänzt werden durch die noch weit höhere Zahl derer, hier bereits beschrieben, die längst zu entkräftet wurden im Zivilisationskäfig, psychisch noch radikaler als materiell, denaturiert, weil domestiziert, um noch ausbrechen zu *können*. Sie schaffen das nicht mehr, schon deshalb nicht, weil Daheimbleiben, sogar in der Tretmühle der Erwerbszappelei, auch bedeutende *Bequemlichkeiten* schenkt, auf die nach Jahren ein Mensch so wenig mehr verzichten kann und will wie auf Zentralheizung, aufs Auto, auf Katze, Kind und selbst den Partner als Brötchen- und Mineralwasser-Holer und Kuscheltier.

Auch ist das Wegtauchen bis zum gänzlichen Verschwinden materiell zu schwierig, ohne mit den Gesetzen zu kollidieren, denn Freiheitsdrang, wenn ihm nachgegeben wird, kriminalisiert jeden in unserer polizeilich überwachten Gesellschafts-«Ordnung», die dem einzelnen zwar den *Sinn* seines Mittuns vorenthält; doch einen Zweck – wenn schon keinen Sinn – hat sein Mittun durchaus: Dem Erwerbstrip nicht nur genügen zu müssen, sondern das zu können, ja sogar zu dürfen, gemäß Schillers so wahrer wie absolut nihilistischer Einsicht, Arbeit gebe unserem Leben seinen «alleinigen Wert»! Wahrhaftig, denn Beschäftigungstherapie bis zum Tode ist nicht nur die einzig denkbare Sinngebung für Völker, sondern auch für Individuen.

Da Verzicht aufs alltäglich denn doch noch Geliebte – obgleich enervierend Gewohnte –, nur noch Unverbrauchten, also sehr wenigen möglich ist; andererseits aber der Befreiungstrieb – hinweg aus dem nur Gewohnten, Ewiggleichen –, nicht zu unterdrücken in – «Dunkelziffer» – *sehr* vielen, so kam vermutlich die damals vierzigjährige verheiratete Abgeordnete der Grünen: Frau Waltraud Schoppe zu der Aussage im Bundestag: «Jede zweite Ehefrau will oder muß fremdgehen.»

Vermutlich weil «einfach abhauen» – keineswegs einfach ist. Sondern sehr großer Energie bedarf. Da ist es leichter, heimlich bei Tage für eine «blaue Stunde» zu verschwinden. Und wieder heimzukommen, «als ob sie», wie Wilhelm Busch das nannte, «von nichts nichts wüßten».

In der gleichen Geschichte, in der Goethe von einer «guten treuen Gattin» doch auch sagt: «Sie fühlte sich glücklich, daß sie ungehindert eine lebhafte Sinnlichkeit heiter beschäftigen durfte. Einen Hausfreund konnte sie nicht entbehren, und Lustbarkeit und Zerstreuungen geben ihr allein die Federkraft zu häuslichen Tugenden» – in dieser Erzählung behauptet der Autor: «Eine wahre Geschichte ist ohne Exaggeration selten erzählenswert.» Exaggeration heißt: Übertreibung.

Hier unsere Geschichte spricht aber für das Gegenteil: Wir haben nicht über-, wir haben untertrieben, nämlich auf zumeist ganz undramatische Beweggründe das Verschwinden so vieler Menschen zurückgeführt. Ob *das* nicht realistisch ist? Ob nicht in Wahrheit etwas so Triviales, aber ganz Natürliches wie Überdruß, Langeweile, Abwechslungs-Trieb *die* menschlich allgemein verbindlichen Hauptgründe für stundenweises Verschwinden so vieler sind, die in Bindungen seufzen; auch dies ein Ersatzwort für: Fesseln... Der angeblich ach so sittenfest moralgebundene Schiller schrieb – sehr wenig bekannt – das intimste Ehebruch-Gedicht vor Benns, des notorischen Ehebrechers: ‹Blaue Stunde›. Goethe beobachtete Schillers Abhängigkeit von Frauen: «Es ist kaum begreiflich, allein Schiller war dem Einfluß von Frauen unterworfen wie andere auch, und wenn er in diesem Fall so fehlen konnte, so geschah es mehr aus solchen Einwirkungen als aus seiner eigenen Natur.» Was hatte Schiller hier getan? Er hatte – tatsächlich unglaublich – am Schluß seines ‹Tell›, wie Eckermann beanstandete, «seinen Helden durch das unedle Benehmen gegen den flüchtigen Herzog von Schwaben so herabsinken lassen». Schiller hatte, allzu «edel», sprich: selbstgerecht und pharisäer-dumm den Flüchtenden als Mörder verteufelt, während «sein» Tell soeben selbst einen Meuchelmord begangen hatte. Und *das*, überliefert Goethe, hat der sonst so instinktsichere Politiker Schiller auf Geheiß von Frauen getan. So ist es wohl nur logisch, zu folgern, daß er auch sein intimstes, sein *wahrstes* Gedicht: ‹Das Geheimnis› seinem Gebundensein an eine Frau abgewonnen hat – ein *solches* Gedicht kann niemand sich ausdenken, er muß es *erlebt* haben! Schiller besaß zur Zeit, als er's schrieb, ein Pferd – das muß man wissen, wie sonst hätte ein Bürger von Jena weit draußen im Walde eine Frau treffen können! –, mit dem er, halsbrecherisch wild im Sattel, wie beobachtet wurde, Ausritte gemacht hat, immer allein...

Wer kennt Schillers Geheimnis? Hier also wenigstens sein Gedicht, das er so nannte:

Sie konnte mir kein Wörtchen sagen,
  Zu viele Lauscher waren wach,
Den Blick nur durft ich schüchtern fragen,
  Und wohl verstand ich, was er sprach.
Leis komm ich her in deine Stille,
  Du schön belaubtes Buchenzelt,
Verbirg in deiner grünen Hülle
  Die Liebenden dem Aug der Welt.

Von ferne mit verworrnem Sausen
  Arbeitet der geschäftge Tag,
Und durch der Stimmen hohles Brausen
  Erkenn ich schwerer Hämmer Schlag.
So sauer ringt die kargen Lose
  Der Mensch dem harten Himmel ab,
Doch leicht erworben, aus dem Schoße
  Der Götter fällt das Glück herab.

Daß ja die Menschen nie es hören,
  Wie treue Lieb uns still beglückt!
Sie können nur die Freude stören,
  Weil Freude nie sie selbst entzückt.
Die Welt wird nie das Glück erlauben,
  Als Beute wird es nur gehascht,
Entwenden mußt dus oder rauben,
  Eh dich die Mißgunst überrascht.

Leis auf den Zehen kommts geschlichen,
  Die Stille liebt es und die Nacht,
Mit schnellen Füßen ists entwichen,
  Wo des Verräters Auge wacht.
O schlinge dich, du sanfte Quelle,
  Ein breiter Strom um uns herum,
Und drohend mit empörter Welle
  Verteidige dies Heiligtum!

Alter und Junge

Als ihr siebzigjähriger Ministerpräsident die dreiunddreißigjährige Stewardeß geheiratet hatte unterm Wutgeheul früherer Ehefrauen und zur Beschämung seiner Kinder und Enkel, witzelten die Athener, die stets das böse Maul ihres Aristophanes behalten haben, der sogenannte «Spitzen»-Politiker und seine schöne blonde Schwerbrüstige kreierten als erstes Paar seit Eva und Adam eine neue Stellung beim Akt: «Mit einem Bein im Grabe!»

Nun ist es soweit. Griechische Zeitungen berichten mit der Häme der Selbstgerechten, die «es ja schon immer gewußt haben», die politischen Träume der karrierescharfen ersten Dame des Staates seien ausgeträumt. Sie hatte ihren Mann, der jetzt auf der Intensiv-Station stirbt, oder sie als Pflegefall zu seiner Diakonisse machen wird, nicht einmal bei den Amtsgeschäften aus den Augen gelassen, sondern war die Leiterin auch seines Büros geblieben während ihrer ganzen, natürlich kinderlosen Ehe. Denn mit dem inhumanen, ja bösartigen Egoismus, erstens der *sehr* Alten, zweitens des National-Denkmals, wollte der Großvater nicht noch einmal Vater werden: mutete also rücksichtlos der durchaus Gebärsüchtigen zu, auf Kinder zu verzichten; was vor ihrer Verheiratung nicht abgemacht war... Aber der dann schon Kränkelnde hat auch noch versäumt – sehr Alte, wenn sie noch obenauf sind, halten sich nicht nur für unentbehrlich; das tun wir alle, sondern zuweilen auch für unsterblich –, ihr einen Platz im Parlament zu sichern, den sie *allein* – ohne Gattin des Ministerpräsidenten geworden zu sein –, vermutlich sogar leichter als mit seiner Hilfe, die ausblieb, erlangt hätte: Denn die «Eckermanns» großer Männer werden fast immer geschnitten von denen, die Diener dieser Herren waren, so lange die lebten; Eckermann verhungerte in einer Weimarer Dachkammer, weil Goethe versäumt hatte als radikaler Egoist, ihm einen Job zu besorgen – was er ohne weiteres gekonnt hätte. Doch sobald Goethe tot war – war auch Eckermann ein toter Mann, eben *weil* er zu Goethes Zeiten mit dessen Hilfe alles erreicht hätte... So ist das immer. Nicht nur deshalb, weil die Jünger eines Meisters in der Regel selber steril sind wie Maulesel, sondern weil der Meister nie so tot ist wie in den ersten Jahrzehnten nach seinem Ableben. Dann wechselt die Mode und er ist – keineswegs immer, aber manchmal und dann *sehr* – wieder «da»; – oft so sehr wie nie zu seinen Lebzeiten. Aber seine einstigen Jünger sind dann abgebraucht oder tot.

Die Tragik, sich einem geopfert zu haben, um des Glanzes der Macht willen, dessen «barmherzige Schwester» sie dann noch in Jahren ihrer körperlichen Hochblüte wird; ihm vielleicht genau jene Jahre geschenkt zu haben, in denen allein sie noch schwanger werden konnte, was er sadistischerweise nicht wollte, weil ja *er* Kinder genug hat und sich geniert hätte, mit bereits einem Urenkel abermals Vater zu werden –, diese Tragik macht die Schöne *sehr* böse! Sie ahnt, wie verliestief abgemeldet sie demnächst sein wird – der fürchterliche Preis, daß sie ein Jahrzehnt First Lady war! Sie ist «fit wie ein Turnschuh». Auch bei ihm – bis vor wenigen Monaten – «lief's noch wie ein Endspiel»! Doch zu sich selber sagte er, nur zu sich, der dummerweise noch immer nicht Karrezza praktizierte: «Endspiel hat einen Beigeschmack von Wahrheit», da er allemal ejakulierte, was ihn fast tötete; jedenfalls noch nach achtundvierzig Stunden in den Kniekehlen spürbar war... Vorbei! Sie weiß, seine Kinder – hochfahrende Flegel, in der Sonne der großväterlichen Häuptlings-Allmach nur verwöhnt, nie erzogen, denn schon ihr Großvater war Ministerpräsident; dann als Schnorrer und Drohnen residiert in der Allmacht des erdrückend großen Vater-Bullen –, diese Töchter, diese Söhne, das weiß die nun Vierzigjährige, werden, ebenso wie seine zwei früheren Ehefrauen ihr nur mit Undank, ja Haß entgelten, daß sie sich nun – unfreiwillig – aufopfern muß als seine Samariterin, sollte er die Intensivstation noch lebend verlassen...

Die Minister und Abgeordneten, die der ersten Dame des Staates nur deshalb die Zehen nicht geleckt hatten, weil sie nicht barfuß ging, rühren schon jetzt, während das Staatsoberhaupt sich seit Tagen «ausschnauft», keine Hand mehr für die sichtlich Witwe werdende, gemäß der barbarischen Balkan-Weisheit: «Stirbt unserm Richter sein Esel, geht das ganze Dorf zur Beisetzung; stirbt endlich er selber, geht keiner mehr mit.»

Auch melden Zeitungen «fürchterliche Szenen am Sterbebett» zwischen der Gebieterin des fast schon verstummten Staatsoberhauptes und seinen Töchtern und Söhnen – alle vier sind älter, zwei Söhne wesentlich älter als seine angehende Witwe oder Pflegerin! Sie hat begriffen, daß sie zum letztenmal ihre Macht genießen, das heißt: sie andere spüren lassen kann, indem sie versucht, was alle letzten Frauen tun, die selber diesem Mann kein Kind geboren haben, nämlich seinen Töchtern, Söhnen und Enkeln den Zugang zum letzten Bett von Vater und Großvater zu verweigern oder zu erschweren.

Stände nicht, weil er berühmt ist, in allen Zeitungen, daß er im Spital liegt: sie hätte es gewiß seinen Kindern und Enkeln nicht einmal *gesagt*! Denn Verhaltensweisen der Menschen bleiben dort, wo es zu den entscheidenden Leben-und-Tod-Situationen kommt in Jahrtausenden gleich, wie alles, was nicht nur oberflächlich gesellschaftlich, sondern genetisch hormonell bedingt ist.

So auch die – obenzitierte – Schadenfreude, mit der vor einigen Jahren die Scheidung und überstürzte Wiederheirat des Ministerpräsidenten kommentiert worden war; so lange er die im Flugzeug als Stewardeß kennengelernte Gespielin nur unehelich bei sich hatte, war man still. Doch die Nachricht, sie werde seine Herrin, der Greis gehe ehelich mit dem Ring (durch die Nase) in ihren Schlepptau, löste das doppelbödige Gelächter aller aus, die den schon viel zu lange regierenden Machthengst bisher nur um den kräftigen Twen im Bett beneidet hatten; plötzlich rechneten sich schon längst ergraute, schier ewig von ihm kaltgestellte Kronprinzen im Parlament wieder eine Chance aus. Alle – sagen sie *heute*! – hatten «es gleich gesehen», daß alsbald nach der Hochzeit der schon damals fast Kahle «sehr dünne im Genick geworden» war – während seine sofort nach der Hochzeit chefige Gattin «ja einen Hintern kriegt wie's Roß Alexanders des Großen»!

Auch dies ist eine jahrtausendalte Erfahrung; L. L. Matthias, Mitte Siebzig, hat sie so formuliert: «Eine Junge auf Zeit – das schönste, weil letzte Geschenk des Daseins! Doch auf Dauer – tödlich: ich habe eine ganze Reihe von Männern gekannt, die sich *ehelich* eine Frau zugezogen haben, die eine volle Generation jünger war; Generation heißt: dreißig Jahre.» Matthias machte eine Pause. Dann schloß er: «Diese Herren sind ausnahmslos an ihr gestorben.»

Hier bleibt zu ergänzen: Das «kapitale Stück» hatte den Ministerpräsidenten auch *geliebt* – keineswegs war Berechnung *allein* der Urtrieb, um seine Hand anzuhalten, was sie so geschickt machte, daß der Greis sich einbilden konnte, mühsam um sie geworben zu haben. Sie liebte ihn sogar, wenn sie verglich: «Diese Gleichaltrigen, die man so rasch hinter sich hat wie einen Schluck Wasser. Wie langweilig – und auch noch ungepflegt, meistens, wie Strandhunde!»

Doch eben diese Echtheit ihrer Gefühle für den Alten beschleunigte, daß sie ihn abriß wie ein neuer Bulldozzer ein altes Gemäuer. Auch seine Liebe zu dem Mädchen war aufrichtig – wenn man davon absieht, allerdings darf man das nicht, daß er sie hinters Licht geführt, weil er ihr verschwiegen hatte, kein Kind mehr zu wollen; die Pille einfach wegzulassen, war sie zu ehrlich gewesen. Was sie dann so erbittert bereute wie nichts anderes … Eitelkeit, was er wußte, ist natürlich immer auch im Spiel, wenn einer vorgibt, vierzig Jahre «überspringen» zu können. Das hat noch jeder mit dem Leben bezahlt.

Manchmal hatte er – zu spät – an die Maxime gedacht, die ein altgewordener Dichter ihm gesagt hatte: Nicht mehr Geschichten erzählen, sondern die Quintessenz aus vielen Geschichten. Und folgert: War's also dumm, mit siebzig noch eine Dreißigjährige zu heiraten, statt nur zu nehmen, ab und zu? Denn meine trübselige Erfahrung jetzt haben doch Alte schon immer mit Jungen gemacht. Warum sie auch noch selber machen? Nur der Dumme lernt aus Erfahrung; der Kluge aus der Erfahrung der andern...

*

Das berühmteste Beispiel, wie eine sehr Junge einen am Rande des Altseins beglückt hat, ist der Fürst unter den Malern: Rubens.

Er schrieb ins Testament: «Meiner Frau das Pelzken»; er vermachte ihr das Bild, auf dem sie ihn – nackt unter einem knappen schwarzen Fell, das sie vorn zuhält – frontal ansieht: Eines der vier oder sechs meistgeglückten Akt-Gemälde der Kunstgeschichte, heute das Juwel der Wiener Sammlungen. Sechzehn war Helene Fourment, als der dreiundfünfzigjährige Witwer sie heiratete, was er sogar zehn Jahre überlebt hat; sie machte ihn auch noch fünfmal zum Vater.

So lange hätte der vierundsiebzigjährige Goethe bestimmt nicht seine geplante Hochzeit mit der neunzehnjährigen Ulrike von Levetzow überlebt. Denn fünfundfünfzig Jahre sind viel! Er hatte, als die Böhmin siebzehn war, sich in Marienbad in sie verliebt und endlich sogar seinen Herzog gebeten – der zog eigens Generalsuniform an –, bei der Mutter Ulrikes für seinen Premierminister von Goethe um die Hand der dann Neunzehnjährigen anzuhalten. Da er sie nicht bekam – bekam die Nachwelt die entsagungsvolle ‹Marienbader Elegie› und noch zwei Hauptwerke, die er kaum hätte fertig schreiben können, würde er sein Bestes im Bett des Twens verschossen haben: ‹Wilhelm Meisters Wanderjahre› und ‹Faust› dichtete Goethe erst zu Ende, seit er ohne dieses Mädchen – seit sieben Jahren Witwer – nur noch zur Arbeit resigniert nach Weimar zurückgekehrt war... «Wenn die Männer sich mit den Weibern schleppen, so werden sie gleichsam abgesponnen wie ein Wocken», sagte Goethe; Wocken oder Rocken nannte der Volksmund Spinngeräte. Ob Goethe vor oder nach dem gescheiterten Heiratsgesuch zu dieser Einsicht kam, weiß ich nicht. «...sich mit Weibern schleppen» – kann nur heißen: statt von ihnen getragen zu werden. Kann man das nicht ändern, so doch poetisch verbrämen:

«Mich treibt umher ein unbezwinglich Sehnen,
Da bleibt kein Rat als grenzenlose Tränen...
Mir ist das All, ich bin mir selbst verloren,
Da ich noch erst den Göttern Liebling war;
Sie prüften mich, verliehen mir Pandoren,
So reich an Gütern, reicher an Gefahr;
Sie drängten mich zum gabeseligen Munde,
Sie trennten mich und – richten mich zu Grunde»

Passion – keine Pose!

Freund Zelter, aus Berlin nach Weimar gerufen, beobachtete: «...einen, der aussieht, als hätte er Liebe, die ganze Liebe mit aller Qual der Jugend im Leibe.» Dazu erleidet der Vierundsiebzigjährige seine «Familienbande», die mit ihm wohnt am Frauenplan, im gleichen Haus: «Sein Heiratsplan hat im Hause nur Hohn gefunden, den Sohn sogar zu Ausbrüchen offenen Hasses verleitet», schreibt Stefan Zweig.

Ulrike wird mit fünfundneuzig Jahren als Jungfrau sterben...

Vier Wochen nach Beendigung seiner ‹Marienbader Elegie› ist aber Goethe wieder Herr der Situation, ja hat Selbstironie genug, seinem Vertrauten, dem Kanzler von Müller – der die interessantesten Gespräche mit ihm aufgezeichnet hat –, seine Leidenschaft *als Komödien-Stoff* zu skizzieren; der Kanzler notierte am 2. Oktober 1823: «...vertraulich Mitteilung seiner Verhältnisse zu Levetzows: Es ist eben ein Hang, der mir noch viel zu schaffen machen wird, aber ich werde darüber hinauskommen. Iffland könnte ein charmantes Stück daraus fertigen, ein alter Onkel, der seine junge Nichte allzu heftig liebt.»

Seine unpathetische Einstellung zu Leben und Lieben faßte Goethe in dem Achtzeiler zusammen:

«Und was bleibt denn an dem Leben,
wenn es alles ging zu Funken,
wenn die Ehre mit dem Streben
alles ist in Quark versunken.

Und doch kann dich nichts vernichten,
wenn Vergänglichem zum Trotze
willst dein Sehnen ewig richten,
erst zur Flasche, dann zur...

Sicher hat er noch umgelernt – nämlich die letzte Zeile umzudrehen: Zur Flasche nicht zuerst, sondern «*dann*» sein Sehnen auf sie zu richten, wenn das zur ... nicht mehr möglich ist. Das einzige Wort hinzuschreiben, das sich auf: «Trotze» reimt, riskierte selbst Goethe nicht.

Dies zwar nicht zu veröffentlichen, aber doch zu reimen und – zweifellos – für eine spätere Veröffentlichung zu «sekretieren», wie Exzellenz das nannte, setzte im Biedermeier, in dem das Wort: nackt in keinem einzigen Gedicht zugelassen war, eine gradezu selbstmörderische Souveränität voraus. So daß denn auch die Weimarer ihrem Premierminister «den Ekelnamen: ‹Priap›» anhingen, wie Thomas Mann überliefert. Priapus, der spätgriechisch-römische Fruchtbarkeitsgott, wurde mit übergroßem Penis dargestellt, als Gartenfigur; in Priapismus allein lebt das Wort weiter. Goethe hatte damals als einziger den Mut, die zwei Verse zu schreiben:

«Knaben liebt ich wohl auch, doch lieber sind mir Mädchen.
Hab' ich als Mädchen sie satt, dient sie als Knabe mir noch.»

Das schrieb Goethe in einer Epoche, in der – nur *ein* Beispiel – das ganze verklatschte, verklemmte Sechstausend-Einwohner-Dorf Weimar sich die Mäuler darüber verriß, daß der König von Bayern, als er Goethe einen Geburtstagsbesuch gemacht hatte, im Weggehen von der Schwiegertochter des Hausherrn, da sie hochschwanger war, mit den freundlichen Worten sich verabschiedet hatte: «Alles Gute Ihnen *beiden*!»

Daß Majestät gewagt hatte, Ottilie von Goethes Schwangerschaft überhaupt zur Kenntnis zu nehmen: Das galt schon als Gipfel empörend amoralischer Geschmacklosigkeit!

Jede Zeit – wie jeder Mensch – ist *anders* albern.

Verbrachte er – zuweilen von 17 bis 23 Uhr, wie Müller am 2. Oktober 1823 festhielt – Abende mit Gästen, denen sein Haus meist offenstand, abends, so war noch dem Vierundsiebzigjährigen das Beisein junger Frauen unentbehrlich:

«Je schwerer die Zunge ihm wurde, je geistreichere und humoristischere Ideen drängten sich hervor. Wir gingen ins Eßzimmer, wo die anderen sehr lustig waren. Er machte allerliebste Scherze über Ottilie, die ihre Mützenbänder zu seinem großen Skandal ungeknüpft herabhängen ließ. Dann kam er auf Byron, pries seinen Kain und vorzüglich die Totschlagszene: Byron allein lasse ich neben mir gelten! Walter Scott ist nichts neben ihm. Die Araber hatten in fünf Jahrhunderten nur sieben Dichter, die sie gelten ließen, und unter den verworfenen waren mehrere Canaillen, die besser als ich waren.

Als er merkte, daß Ulrike schläfrig war, ergrimmte er scherzhaft, daß seine arabische Literaturgeschichte an ihr und dem übrigen jungen Volke verschwendet sei, und jagte sie mit komischer Heftigkeit alle fort. Den Sohn hatte er oft trefflich persifliert über seine indolente Sinnlichkeit, doch hatte dieser auch öfters dagegen angeknurrt. Seit lange hatte ich Goethe nicht so überreich an Witz, Humor, Gemütlichkeit und Phantasie gefunden. Dazu gehörte auch die zarteste Erzählung von seiner Schönheit in Marienbad.»

Undenkbar, diese Souveränität bei Schiller, der, seit er, noch in Jena wohnend, in Weimar zu Hofe gehen durfte, immer konventionell den Wohlgesitteten hervorkehrte, da er auch – wie «sich das gehörte» – eine Adlige geheiratet hat. Derentsprechend neureich, domestiziert, verachtet er Goethes Konkubinat mit Christiane und die häufigen Schwangerschaften, die regelmäßig, seit August Goethe, der Sohn da ist, mit Totgeburten enden. Carl Jacob Burckhardt analysiert das hämisch Konventionelle in der Haltung Schillers:

«Ganz enorm aufschlußreich die Besprechung des Egmont, beinah mit einigen niedrigen Zügen, die Goethe gegenüber nicht ganz fehlen. Jetzt habe ich von den 970 Seiten der Goethe-Schiller-Korrespondenz 700 gelesen und ausgezogen. In einer fast ingrimmig Anteil nehmenden Liebe zu Goethe. Jede Wendung im kleinsten Billet in einer doch unsäglichen Überlegenheit, Weisheit und trotz des, wie Du es aussprichst, vorhandenen und begreiflichen Agacements, so generös. Natürlich gibt ihm S. sehr Beträchtliches, große, großartige Förderung. Aber die Rechnung bleibt doch ungleich. Goethe verändert den Freund. Alles Mesquine überhört er. *Diese* Unart gegenüber Christiane; Goethe lädt das Schillersche Ehepaar zum Wohnen ein, Schiller nimmt an, die geborene Lengefeld aber wohnt – bei Frau von Stein, und Schiller schreibt das an Goethe mit einer gewissen sozialen Rücksichtslosigkeit. Solches *fast* immer in Bezug auf Christiane (auch bei Geburt und Tod eines Sohnes, von dem Gotehe bewegt und ohne Widerhall berichtet). Goethe gibt der bürgerlichen Wohlanständigkeit des Ehepaares Schiller hin und wieder wie ein sehr großer Herr (und gerade noch ein wenig zu seinem eigenen Amüsement) auf die Finger. Aus Karlsbad schreibt er einmal: ‹Ich habe gleich am ersten Tag einen kleinen Roman angesponnen, von dem ich nichts anderes verlange, als daß er 14 Tage dauert.›»

Zwanzig Jahre, bevor also Goethe in Marienbad das Scheitern seiner Heiratsabsichten an der Neunzehnjährigen als Tragödie empfand – aber doch offensichtlich nur vier Wochen lang, sonst hätte er sich kaum so rasch als Komödienfigur gesehen –, genügt es ihm, wenn ein «Roman» nur vierzehn Tage «dauert». Sprechen also auch wir in diesem Gedicht von einem Roman:

Alter und Junge

Sein letzter «Roman»
wie ihm gleich aufging.
Seufzte selbst: Größenwahn,
als er *trotzdem* ihn anfing.

Mit Gewissensbissen
der Generation der Söhne
sie listig entrissen
noch als scheu-hilflos Schöne.

Nun sein «geburtnasses Fohlen».
Ob's bei ihm liegt, reitet, kniet
– ihre «Barkarolen»:
Prosa als Liebeslied

– nie konventionell;
Berlindeutsch-Melodie.
Ihr Naturell
schlägt Funken wie

Frische Hufeisen
halbjährige Stuten.
Sechs Lippen umkreisen
wie Wünschelruten

Steigern, überschwemmen,
was erogen.
Das einzudämmen
dem widerstehn

Kennt Schönheit – Tücken:
Der Nike folgt Nemesis!
Neunundsechzig soll überbrücken
– doch das «Aus» schon gewiß.

Weg zwar sein Frust,
wenn sie's Lager teilt:
Leckt er die Twenbrust
– ist er geheilt.

Nennt sie Tochter,
was die Gier noch schürt.
Sie reimt, lacht: «Ausgekochter
– bist ausgekürt.

Eingelochter: Ausgewrungen!
Wird sonst bei Tieren
‹Er› auch so bezwungen
von allen Vieren?»

So lauern im Hinterhalt
Depressionen.
Göttinschön die Gestalt
doch mit Göttinnen *wohnen*?

Sie nackt im Mittagslicht
sieht kein Abgrundgespenst.
Er sieht's: Verzicht!
Stirbst oder trennst

Sie von dir: Zu jung!
Verdräng's, doch stumm.
Hast die Erinnerung;
deine Zeit ist um.

Da sind Frauen

Frauen

Frauen – quinta essentia: Fünftes Element
nach Luft und Erde, Wasser, Feuer.

Luther übersetzt: im Fleisch «erkennt»
sich das Paar ... schockierend neuer

Gedanke eines Religiösen: Liebe zum Leib
wird Erkenntnis; Physik – Metaphysik!

Vergeistigung des Aktes: Erst im Weib
gewinnt der Mann, erst sie in ihm den Blick

Auf sich und auf die Welt.
Was der Mann wird – wird er durch Frauen.

Stock, der durch Reben seinen Zweck erhält
– durch Frauenliebe Selbstvertrauen.

Kuscheln

Alles halb so schlimm,
wenn man zu zweit ist!
Wenn du wegfährst, nimm,
daß du nicht allein bist

Sie / ihn mit... Reisen,
frustgelähmt, ist schwer.
Im Hotel verwaisen
– Betthälfte so leer

Binnen *einer* Nacht,
die daheim durch Kuscheln
seelisch festgemacht...
Weichtiere wie Muscheln:

Menschen –, sollten stecken
immer unter *einer* Decke!
Haben zwar auch Schnecken
keine Kuschel-Ecke

Haben die doch ihr Haus
wie die Muscheln Schalen.
Fernsehen: Ist der Star-Applaus
samt dem trivialen

Taglärm endlich abgestellt,
werden Paare – Kuscheltiere.
Kehren, Feind der Außenwelt,
ihr die Rücken... Nimmt er ihre

Zentren, wie sie seine hält,
schießt durch Hautkontakt
Energie
in die zwei, die nah und nackt:

Therapie
schliefen bis zum späten Vormittag
– als ob sie ihm, er ihr nach dem Akt
erstmals eine ganze Nacht beilag!

Wer abreist…

Wird beim Aufbruch dein Blick
in die Wohnung zur – Schlußinventur?
Köchelverzeichnis 313: Mozartmusik…
Paßt! So mancher fuhr

Ohne Wiederkehr. Zufall, schlimmer:
Im Radio dies Andante C-Dur.
Deine Augen streicheln die Zimmer.
Wehmütig verläßt du den Wigwam

Bett, Bücher, Gesammeltes, Inventar
– dein Gehäuse als Schutzdamm.
Denn außerhalb deiner Wände war
– draußen sei auf alles gefaßt! –

Jede Irritation schon eine Gefahr,
weil du dort *diesen* Menschen nicht hast,
der hier verteidigt dein Haus und Haar.
Daheim nur ist auch ein Freund dein Gast.

Vertraut wie dem Wild seine Schonung
ist dir dein Tusculum.
Doch siehst du sie wieder, die Wohnung?
Guck dich noch einmal um.

Vorruhestand

«Einmal werden der entsetzliche Kapitalismus von oben und das begehrliche Treiben von unten wie zwei Schnellzüge auf denselben Geleisen gegeneinander prallen.»

Jacob Burckhardt an Friedrich von Preen, 27. 12. 1890

Girl, laß Dich vom Teufel holen
– nein, mir wiederbringen!
Fluchte zwar: Bleib mir gestohlen,
hoffe aber, wirst verschlingen

Was Dir Spaß macht, daß Dein Mund
nur nicht redet, redet, dauernd redet:
Ist doch Schund,
den Du Soziologen nachgebetet.

Komm ins Bett – das schützt
uns vor uns: Der Eigen-Inventur.
Selbstbefragung – wem sie nützt,
braucht schon keine. Oder nur

Um vom Scheiß der Monopole:
«Synergetisch» fusioniert –, abzulenken.
Unversorgtes Alter. Jetzt zwar «Kohle»
– doch den Standard dann zu senken

Wenn statt Frauen – Leiden kommen?
Krankheit – *und* Vorruhestand?
Plattgemacht, auch körperlich benommen.
«Freigestellt» – an den Rand.

Verdräng die Angst, mit der du Zeitung liest,
irrwitzig hoffst, daß sie dich noch wo nähmen!
Den Twen noch trickreich an dich ziehst:
Ersatzhandlung, statt sich als Outcast schämen.

Nimm's endlich hin: Das Wirtschafts-«Wunder»,
es schmiß dich weg, bist abgenutzt als Rädchen,
schwammst eine Strecke mit, nun gehst du unter:
zieh's nicht noch mit, das junge Mädchen!

Krebs und – Dank

Und doch noch ein Frühjahr – trotzdem!
Lessing fragte gelangweilt: Warum
werde es jährlich grün, statt einmal rot?

Ja: «Wer noch Zeit hat, der weiß nichts!»
Seit *ich's* weiß, geht diese Weinheber-Zeile
mir nicht aus dem Sinn...

Logisch, daß Gott sich nicht meldet
– gäbe es ihn, wäre er da!
Da sind Frauen.

Da ist auch Kunst noch, sinngebend
zwar nicht meinem Sterben, doch die Meister
als *das* große Geschenk auch *meines* Daseins.

Neben den Lieben, an die ich als Kind mich
– wie meine Kinder an mich sich geschmiegt.
Immer da waren auch Freunde, selbst Fremde

Die halfen aus Kleinmut, Scham, Depression:
Den Fürsorgetrieb auszuleben, *die* Erfahrung,
die uns Menschen zu Mitmenschen adelt.

Und Frauen, Inhaberinnen des Eros, der Schönheit,
die Geschichte erleiden, statt sie zu machen
– machen's noch jetzt, daß ich lebe

Statt nur krank bin, nur Patient.
Stets meine Gebieterinnen, die mich zuweilen
auch zerstörten

Hatte ich sie zerstört. (Denn Männer
schlagen zu, Frauen nur zurück.)
Keine Zeit mehr? Nutze die *Stunden*!

Wie im Stundenhotel: Passendes Bild,
nicht des Bettes allein, auch des Abreisens
wegen, des unfreiwilligen Aufbruchs

Und der Hast durch Befristung: Verschuldet,
Euch Frauen, trete ich ab, denn Ihr macht's,
– daß ich's vergessen kann, manchmal.

Heiligabend: Laßt keinen allein!

Ob dir nun die frommen Legenden
nichts mehr oder noch viel bedeuten:
Die Krippe-Figuren in Kinderhänden
und daß jeder's Maul hält beim Glockenläuten
... genügen schon, Weihnachten zu bejahen.

Vor Jahres-Schluß *einmal* des Ursprungs gedenken,
auch derer, die wir sterben sahen:
Dämpft nicht unser Glücksgefühl, zu schenken.
Vergiß aber nicht ganz, die keiner beschenkt!
Alleinsein macht jedem Angst diese Nacht.

Vereinzelte, über die es verhängt
– hast du einen von ihnen mit heimgebracht?
Wo am Weihnachtsabend kein Mitmensch ist,
werden selbst Wohnungen zu Zellen...
Wie eindrucksvoll Johannes, der Christ

Unter den Päpsten –, der Kriminellen
Heiligabend in den Zuchthäusern Roms
jedes Jahr Besuche gemacht!
Vertreten am Altar des Doms,
war *er* bei den Einsamsten diese Nacht.

Wo sind sie geblieben?

«Das sogenannte ‹Kettenlied› – Blumen-Mädchen-Männer-Soldaten-Gräber-Blumen – läuft wieder in sich zurück, so daß es quasi immer weiter gesungen werden könnte. Es ist eines der eindrücklichsten Antikriegslieder... Tatsächlich sind die Verse wohl durch mündliche Volksliedtradition beeinflußt, denn in diese waren Strophen Georg Jacobis aus dem Jahr 1782 *(«Nach einem alten Liede»)* übergegangen: ‹Sagt, wo sind die Veilchen hin... Sagt, wo sind die Rosen hin... Sagt, wo ist das Mädchen hin... Sagt, wo ist der Sänger hin... Mädchen, unser Leben flieht; auch der Sänger ist verblüht.›»

Heinz Rölleke, Das Volksliederbuch, Köln 1993

Wer kennt nicht die Elegie:
«Sagt, wo ist das Mädchen hin?»
Jeder summt die Melodie.
Nach dem Krieg besonders ‹in›:
Klagelied um die Soldaten.
Fragesong: Wo die geblieben...
Dumme Frage: ihre Staaten
schickten ihnen eingeschrieben

Die Befehle, «einzurücken
gegen eine Welt von Feinden»
Braut, Frau, Eltern – mit Entzücken
sahen viele, manche weinten,
Freund, Mann, Sohn in Uniform.
Anfangs «siegreich» und mit Orden
– aber ach: wie bald, die Norm,
fiel auch er im großen Morden.

Sagt mir, wo ist jetzt der Sinn,
hätt's ihn je gegeben?
Fragst du, wo die Gräber hin?
Hügel einst – jetzt Erde-eben
eingeebnet, wegplaniert...
Sagt, was blieb vom Kriegserlebnis?
Wohin sind, die aufmarschiert?
Nichts blieb. *Nichts* als End-«Ergebnis»!

Nachtnotiz

Guck früh nicht zur Uhr,
schläfst nicht mehr ein.
Entscheidend nur,
vom Nacken zum Bein

An deine geschmiegt
viel schlafheiße Haut.
Und *das* besiegt,
wovor dir graut!

Klinikweiß sah
auf dich ‹Horla›, der Tod.
Seit *sie* nachts nah,
bleibst du im Lot.

Was bringt's
läßt du dich gehn?
Gelingt's
ihr doch, im Handumdrehn

Dem Seelentief
dich zu entreißen.
Eh' sie mit dir schlief
– sie noch anzuscheißen

Bist du verrückt! –
triebst du: Kahn ohne Tau.
Schienst dir mißglückt
– nun *trägt* dich die Frau

Ihr Leib, der Chanel,
doch sonst nichts «trägt»
– existentiell,
bis die Stunde schlägt...

Tags erbeuten
dich nie Depressionen,
bist unter Leuten.
Nachts zwar wohnen

Lemuren dir bei,
doch können nicht beißen:
Denn ihr seid – *zwei.*
Allein nicht reisen!

Sieben Väter – eine *Tochter: Komödienskizze*

«Fehlende Kontrollen, schlechte Verwaltung, Mißwirtschaft und Betrug in den fünfzehn EU-Mitgliedstaaten haben im vergangenen Jahr dazu geführt, daß in Brüssel rund 4,5 Milliarden DM in falsche Hände geraten sind... ‹Wo Subventionen fließen, wird betrogen›, meinte der SPD-Haushaltsexperte Samland. ‹Wir können den Betrug nur eindämmen, nicht generell abstellen.›»

‹Der Tagesspiegel›, Berlin, 15. November 1995

«Falsche Mutter kassierte für 73 Kinder

New York (AP) – Eine kinderlose New Yorkerin hat 73 Nachkommen erfunden, um Sozialhilfe in Höhe von 450000 Dollar (750000 Mark) zu ergaunern. In den vergangenen sieben Jahren zapfte die angebliche Mutter mit gefälschten Unterlagen die Sozialkassen von Stadt, Staat und Bund an. Dabei benutzte die Frau elf verschiedene Namen.»

‹Stuttgarter Nachrichten›, 21. Mai 1994

*D*iese Komödie, die am Hofe der EU zu Brüssel spielt, steckt sich bescheidenere Ziele als jene New Yorkerin, über die unser Motto berichtet. Deren Phantasie hat – vielleicht weil die einer Kinderlosen! – *dreiundsiebzig* Kinder so überzeugend zu erfinden vermocht, daß sie für diese nur als Papiere «lebende» Nachkommen in sieben Jahren vierhundertfünfzigtausend Dollar von Stadt, Staat und Bund kassieren konnte... Die Presseagentur setzt nicht hinzu, ob diese Amerikanerin allein auf Ämtern Geld eintrieb, oder ob sie auch Männer mit Alimente-Forderungen anging wie hier unsere Spanierin in Brüssel, die immerhin keinen zur Kasse bat, der sie zuvor nicht – mehr oder weniger – geliebt hatte.

Und *sie* fühlte sich als wiederholt Betrogene, was ihr die Skrupel nahm. Denn Verheiratete hatten ihr weisgemacht, sie ließen sich scheiden – ließen sie aber immer nur sitzen. So daß sie endlich sich gezielt und mit dem Vorsatz, sie zahlen zu lassen, mit Diplomaten aus sieben verschiedenen Ländern der EU vorübergehend oder auch für länger zusammentat. Zwar machte ihr keiner ein Kind, aber jeder der Sieben zahlte schließlich Alimente; zwei weitere Herren hatten sich der Vaterschaftsklage zu erwehren gewußt. Vom wirklichen Vater ihres Töchterchens freilich forderte Angela natürlich keinen Pfennig: «Ich bin doch dankbar, daß er mir Claudia geschenkt hat – pfui, dafür auch noch Geld zu verlangen; müßte hier einer zahlen, dann *ich*!» Denn sie habe Sinn für Gerechtigkeit... Aber, so sagte sie und sagte das zu sich *allein*: «‹Blinde Kuh› ist so oft mit mir gespielt worden, spielen wir endlich einmal ‹blinder Bulle›!»

Die Stolze aus Barcelona war als Dolmetscherin nach Brüssel gegangen, «wo ja ohnehin die ganzen Behörden von nichts anderem leben als von erschwindelten Geldern und unverdienten Subventionen! Da kommt es auf meine vergleichsweise bescheidenen Alimente aus sieben verschiedenen Ländern auch nicht mehr an für die EU. Für meine Tochter aber kommt es schon sehr darauf an...»

Damit der «Schimpf», unehelich entbunden zu haben – im katholischen Spanien auch noch Ende des 20. Jahrhunderts als

«Schmach» verteufelt –, ihr erspart bleibt, auch nie der Ruf ihres Töchterchens und der ihrer ehrbaren Eltern, die eine schmucke Metzgerei haben, beschädigt wird, überredet Angela ihre Mutter, aus Barcelona nach Brüssel zu kommen und *das* zu tun, was Frau Manet getan hat, weil sie elf (!) Jahre hatte warten müssen, nachdem sie dem Maler einen Sohn geboren hatte, bis Manet sie endlich heiratete: Sie gab diesen Sohn stets als ihren Bruder aus, um nicht als «Fräulein Mutter» durchs Maul gezogen zu werden. Und Angelas Mutter tut also, was auch die Mütter von Minna Planer, Richard Wagners erster Frau, und die der wundervollen Schauspielerin Claudia Cardinale getan haben, als ihre Töchter allzu früh und ehemann-los schwanger wurden: Sie gaben beide das Neugeborene, das in Wahrheit ihr Enkelkind war, als *ihr* Kind aus! Ihre monatelange Abwesenheit begründeten sie damit vor den Nachbarn, aufs Land entwichen zu sein und dort entbunden zu haben, weil sie sich «genierten», nach so langer Ehe noch ein Kind zu kriegen, obgleich sie doch eine «fast schon erwachsene» Tochter hätten…

Als der sehr schöne Tunichtgut von Sohn – also der Bruder von Angela, der unehelichen Mutter in Brüssel, die das Kind gern, ja erleichtert, zur Aufzucht den Großeltern in Barcelona überließ –, aus Latein-Amerika nach jahrelanger Abwesenheit einmal seine Eltern besucht, verliebt er sich stichflammen-schnell derart in die sechzehnjährige Nichte, daß er sie im Handumdrehen defloriert… nachdem er ihren Widerstand: «Du warst mir zwar bis vorgestern ein Fremder, weil ich dich nie gesehen hatte, aber du bist unmöglich: schließlich sind wir doch Bruder und Schwester!» –, nachdem er diesen Einwand mit der Wahrheit stürmisch ausgeräumt hat: «Nein! Du bist meine Nichte, und wenn das auch die Kirche nicht gerne sieht, daß wir heiraten: Was geht uns noch die Kirche an, wir fahren nächste Woche nach Gretna Green, wo man zwar seit 1969 auch nicht mehr als Minderjährige vom Dorfschmied getraut werden darf –, doch was kümmert das *uns*: Waren wir schon auf der Hochzeitsreise, gibt dein Fräulein Mutter klein bei; die Alten erst recht, weil alle sich freuen, wenn überhaupt in dieser Familie einmal jemand heiratet. Und nun gleich Sohn *und* Enkelin!»

Der redereiche Beau ist siebenundzwanzig; war zehn, als Angela, seine damals siebzehnjährige Schwester, Claudia geboren hat, die jetzt «die langen Läufe», die Unsicherheit, die ergreifende Scheu und anrührende Keuschheit eines Rehkitzes hat… Und den starren, selbstgerechten Moralismus ungeprüfter Jugend: Daher ihre siedende Empörung, daß Mutter und Großeltern – die das ja sehr gut gemeint haben – sie «derart betrogen» hätten: ihr Trotz, ihre Rachegelüste gegen die Mutter in Brüssel verursachen, noch viel stärker als sein Charme und sein überrumpelndes Maul, ihre Hingabe an Onkel José innerhalb von siebzig Stunden! Denn «natürlich» haben ihn seine ahnungslos sittenstrengen Eltern, eine Etage über ihnen, allein mit dem Töchterchen in dessen Nebenzimmer einquartiert: Gelegenheit macht öfter Liebe als Diebe... Daß ihre Mutter von sieben «Vätern» Alimente kassiert seit siebzehn Jahren, weiß niemand außer der Kassiererin; daß aber der unwiderstehliche Backfisch den Großeltern als angeblich deren Kind unterschoben wurde, das wird nicht dadurch unkomplizierter, daß sie es wußten – im Gegenteil: Die Aufregung, ja Verwüstung, keineswegs nur die seelische in Claudia, sondern die juristische, weil auf dieser jahrelangen Urkundenfälschung Gefängnis «steht», bescheren dem Großvater, der vor den Behörden als «Kindvater» ausgegeben worden ist, fast den Schlaganfall. Der ehrliche Mann ist mit Recht empört. Er würde, hätte er dazu noch die Kraft, seinen Sohn lendenlahm prügeln; das kann er nicht mehr, kann aber sagen: «Das ist dein Dank, du Lump, daß deine Mutter und ich auch dir die Schande ersparen wollten, eine Schwester zu haben, die nicht weiß, wer der Vater ihres Kindes ist!»

José: «Angela weiß durchaus, wer Claudias Vater ist!»

Sein Vater: «Jedenfalls einer, den sie gar nicht vorzeigen kann – oder noch schandbarer: einer, der sich geniert, meine Tochter vorzuzeigen als Mutter seines Kindes!»

Als aus Barcelona in Brüssel die «Hiobsnachricht» eingeht, daß die Alten den Kopf verloren haben, weil sie juristische Verfolgung fürchten – eine sehr realistische Angst –, ergreift Angela die Initiative: Eine lustige Szene, wie sie ihren Bruder mit Ohrfeigen buchstäblich auf den Teppich schmeißt – die sind so wirkungsvoll, weil er damit nicht gerechnet hat –, während sie ihrer Tochter schreilaut «die Rolle» erklärt, die sie sich für Claudia ausgedacht hat: «Es geht nicht um deine Unschuld, die ist für zwanzig Dollar wieder geflickt, da du nun einmal in Spanien ohne sie nicht mehr an den Mann zu bringen bist!»

Claudia: «Du meinst, es könnte mir gehen wie dir, die niemals einen gefunden hat, der bereit gewesen wäre, dich zu heiraten!»

Ohrfeige. Angela fährt fort: «Was weißt du, wer alles mich heiraten wollte!»

Claudia: «Einer hätte ja genügt, fand sich aber nicht!»

Ohrfeige. Angela fährt fort: «Ich hatte geglaubt, in deinem Großelternhaus seist du sicher, wie konnte ich vermuten, du würdest dich diesem Herumtreiber an den Hals werfen, der nie eine andere Prüfung bestanden hat als die zum Führerschein! Und der stets alles bestritten hat außer seinem Lebens-Unterhalt! Guck's doch an, sein Pferde-Dieb-Gesicht… dieser sogenannte Tennislehrer, der nicht einmal Gebrauchtwagen-Händler ist! Was wissen wir, wie viele Argentinierinnen deinen Onkel durchfüttern müssen? Du fliegst noch heute mit nach Brüssel, denn wie ich dich kenne – *jetzt* kenne – kommst du in Barcelona nicht einmal mehr ungeschwängert bis zum Abitur! Österreich ist jetzt in der EU: Ein Fürst Esterhazy – das Feinste vom Feinen – wird dich adoptieren, alles längst mit ihm abgemacht…»

Claudia: «Danke – ich hab *einmal* einen falschen Vater gehabt, *der* genügt!»

Angela: «Woher weißt du, ob der Fürst nicht dein echter ist!»

Claudia, macht ihren Tonfall nach: «Woher weißt du… weiß es natürlich nicht, wie *könnte* ich's wissen, da ja nicht einmal du wissen kannst, wer mein Vater ist!»

Ohrfeigen, mehrere. Angela fährt fort, bekommt aber auch eine geschmiert: «Wir fliegen um fünf. Pack ein!»

Claudia: «Ich bin zwar erst sechzehn, doch hast *du* nicht die elterliche Gewalt, die hat mein Großvater, den ich bis Dienstag mittag für meinen Vater hielt – nie fliege ich mit dir! Ich *hasse* dich.»

Angela, bitter: «War doch klar, daß du mich hassen würdest: man hüte sich vor jedem, der einem dankbar sein muß! Auf der Brüsseler Nationalbank liegt ein Vermögen, mit dem du ein Grand Hotel seriös anzahlen kannst; festverzinslich sieben Prozent, bei fallenden Grundstückspreisen…»

Claudia, macht wieder nach, wie sie redet: «Festverzinslich – als ob ich auch nur hinhörte bei deinen widerlichen Geldgeschäften!»

Die Mutter schreit: «Leben aber willst du davon, du Monster an Undankbarkeit!»

Claudia: «Keinesfalls will ich das!»

Angela, einlenkend: «Du solltest es einmal anders haben – wirst du auch! – als ich arme Metzgertochter. Flieg mit nach Brüssel, mein

Kind. Wenn dir der Fürst nicht paßt, adoptiert dich ein italienischer Graf, auch keine zweite Wahl. Mit den Eltern rede ich jetzt.»

Claudia, Knicks: «Mit meinen Eltern oder mit – deinen? Mütterchen – Schwesterchen? Du bildest dir ein, ich ginge mit einer über alle Berge, von der ich nicht einmal weiß, ob ich sie als Schwester oder Mutter anreden muß!» Und läuft aus dem Haus... hoffend, José folge ihr... Doch ist der so feige – wie vor Frauen Männer immer; zwar nicht als Sohn, aber als Bruder.

Das Pferde-Dieb-Gesicht, das sie ihrem Bruder vorwirft, hat Angela selbst, viel ausgeprägter als er, wie sie denn überhaupt die viel prägnantere Persönlichkeit ist, auch die gerissenere, der es «peinlich» wäre, es sozial nicht weitergebracht zu haben als Bruder und Eltern.

Alimente richten sich bekanntlich nach dem Einkommen der Mutter, das längst diplomatischen Zuschnitt hat... in Brüssel wird ja sehr gut verdient! Und wird, bei einiger Geschicklichkeit – und wer wollte ausgerechnet *dieser* Frau Gewandtheit absprechen –, noch erheblich dazu verdient, unterm Tisch, wenn man mit Industrie und Handel Vereinbarungen trifft, ihnen in Brüsseler Behörden die Wege zu ebnen... Und wie Angela die «sieben Väter» zur Kasse gebracht hat – zwei weitere entkamen ihr, Blutproben erbrachten deren «Nichtbeteiligung»; die diplomatische Wendigkeit Angelas, ihre Schläue, wenn sie auch keineswegs wie die New Yorkerin mit elf Namen arbeitete, sondern stets «die Kirche im Dorf ließ»: Dies alles ist tief gegründet in einer seelischen Verwundung. Sie hatte als sogenannte «beste Freundin» auf der Schulbank die Tochter eines sehr reichen Reeders, gemessen an der sie sich deklassiert fühlte; sie bekam dann auch eines Tages zu spüren, daß dieses Mädchen «von Familie» in ihr vorwiegend die Klassenbeste gesucht hatte, die ihr in der Schule helfen mußte... Jedenfalls wollte Angela, maßlos stolz, immer zu hoch hinaufheiraten – so daß sie sitzenblieb. Und den Vater ihrer Tochter – der sie nie beschwindelt hat – konnte sie nicht heiraten, weil seine Frau sich nie scheiden ließ; was Angela anfangs verdrängte, aber immer gewußt hat. Nicht weil sie kirchenhörig ist, läßt diese Florentinerin sich nie scheiden, sondern weil sie ihren Mann liebt, von dessen unehelicher Vaterschaft sie weiß, weshalb er nicht einmal durch Angela erpreßt werden kann... wozu ihre unstillbare Liebe zu diesem italienischen EU-Diplomaten Angela durchaus hätte verleiten können. Denn ihre Passion für diesen

Italiener hat die Unbedingtheit der *einzigen* ihres Lebens. Einst schrieb er ihr zum Abschied – zu einem der sogenannten «endgültigen» Abschiede, denen aber doch noch viele Begegnungen bei jeder möglichen Gelegenheit folgten, wie immer wenn einer von zweien frei (wie Angela) ist; er reimte ihr nach einer Woche in Rom, die sie füreinander nur deshalb hatten herausschlagen können aus dem Gestrüpp von Pflichten und Terminen, die sein Leben bestimmen, weil seine immer wachsame Frau ans Sterbebett ihrer Mutter gefesselt gewesen war; er schrieb und redete sich heraus in der zweiten Zeile, denn Angela war ja keineswegs – wie nur er – «gebunden»:

Sieben Hügel

Unlösbar ihr Problem:
Beide gebunden!
– seelisches Ekzem,
wund geschunden

In entnervenden Zwängen,
im Scheitern an Fakten.
Nur zu verdrängen
in zerschmetternden Akten

So vierhändig
– nicht am Klavier.
Unbändig
das Tier

Mit zwei Rücken
ohne Zügel.
Kirchen zwar schmücken
Roms sieben Hügel

Doch *ihre* sind runder,
ihre sieben Sachen:
Realisieren die Wunder,
die Rom – zum Lachen!

Seit zweitausend Jahren
nur verheißt...
Bettbarbaren
heilt *Fleisch* den Geist.

Aphrodites Hügel auch sieben:
Schultern, Brüste, Backen, Fell
– handfest zum Lieben,
seine Droge: ihr Quell

Auf Bett, Teppich, Gras
kopfüber, kopfunter...
Wie wurde – sie saß –
ihr apfelkalt runder

Hintern jockeyleicht
in zärtlichen Händen!
Coup de foudre: Erreicht
– sie will's verschwenden

Magma ihrer Zentrale
seinen Mund.
Schrei, Absturz, Finale
– Liebe profund.

Was Angelas Tochter mit José, dem Onkel, passiert ist, alarmiert aber nun die ganze Familie. Denn das ist nur der i-Punkt auf früheren Alarmsignalen: schon drei der sieben «Väter» haben immer dringlicher ihre Bitte vorgetragen, endlich ihren Anspruch angemeldet, einmal zu *sehen*, wofür sie zahlen: die «Tochter»!

Schließlich stand einer der «Väter» unangemeldet vor der Haustüre – «sein» Töchterchen, gerührt ob ihres Liebreizes, ans Herz zu drücken; denn Fotos hatte Angela ihm gezeigt, war auch gelegentlich mit ihm wie mit den sechs anderen «Vätern» wieder ins Bett. Gelegentlich soll heißen – wenn keine Gefahr bestand, ein in Brüssel akkreditierter «Vater» könne von einem der anderen sechs erfahren, daß er, *auch* er Angela kenne...

Claudia war glücklicherweise baden, als der Norweger eintraf bei den Großeltern, um «sein» Töchterchen endlich zu sehen. Es war nicht ganz leicht für die Alten, ihm auszureden, sich als «Vater» zu erkennen zu geben. Doch verstand er, daß die Großeltern Claudia seelisch nicht zerschlagen wollten durch das Geständnis, sie sei nicht *ihr* Kind. Doch ließ der Norweger sich nicht ausreden – immerhin aus Drontheim eingeflogen –, seine «Tochter» wenigstens sehen zu dürfen… Er kam dann verabredungsgemäß als Kunde in die Metzgerei und brachte angeblich Grüße aus Brüssel von Claudias «Schwester» an die Eltern, die ihn in Anwesenheit Claudias zu Kaffee und Kuchen da behielten… Der Mann war so entzückt wie stolz-gerührt und radebrechte spanisch – als er sich am anderen Morgen, Claudia war in der Schule, von den Großeltern verabschiedete. Er werde, sobald seine Kinder in Norwegen erwachsen seien und das Haus verlassen hätten, Claudia mit Erlaubnis Angelas zu sich holen, mindestens in den Ferien. Er hatte als Diplomat in Latein-Amerika ein wenig Spanisch gesprochen und trug die Nase höher, seit er gesehen hatte, welches Prachtgeschöpf von Tochter «ihm» die Spanierin Angela geboren hatte… Mediziner haben inzwischen entdeckt, daß mindestens fünfzehn Prozent der Mitteleuropäer, die sich für Väter halten, an der Zeugung nicht beteiligt waren. Wenn Liebe blind macht – Glaube erst recht. Am blindesten jener Glaube, der durch Vater-Stolz verstärkt wird. Und wenn Eltern generell dumm sind, wie ein Balkan-Sprichwort wissen will, am dümmsten natürlich jene, die sich für Väter nur *halten*.

Vier andere «Väter» hatten – im Gegensatz zu dem aus Norwegen – umsichtig alles getan, dem aus dem Wege zu gehen, wofür sie zahlten. Ja, einer hat als Schweigegeld eine Riesensumme auf einen Schlag an Angela überwiesen, gegen die Zusicherung – an die sie sich ausnahmsweise sogar gehalten hat –, niemals mehr mit Forderungen oder überhaupt an ihn «heranzutreten». Was sie sehr beleidigte: «Immerhin war ich dem Gangster vor achtzehn Jahren gut genug, mich zwei Jahre lang durchs Laken zu ziehen!» Doch war er entstellt vor Feigheit gegenüber seiner Familie in England; daher die «Abstands»-Summe, überwiesen in amoralischer Eil-«Fertigkeit»…

Wie Angela – explosiv initiativ wie stets – nunmehr die sieben Väter –: nein, sechs von ihnen, weil sie eben den siebten, da er sie so sehr gekränkt hat, derart verachtet, daß sie ihn in Frieden läßt –, wie sie die einspannt, ausnutzt, umwirbt, bedroht, um der Tochter, die sie aufrichtig vergöttlicht, genau «das Elend» zu ersparen, das angeblich *ihre* Jugend belastet habe – davon kann keine Rede sein: Angelas Eltern, brave Kleinbürger, hatten ihr sogar die höhere

Schule ermöglicht, wenn auch nicht bis zum Abitur, – das wird alles nicht mehr diese Erzählung *berichten*, sondern das wird – nach der Pause – erst die gleichnamige Komödie *zeigen*... So wie Hofmannsthal seine Studie: ‹Lucidor: Figuren zu einer ungeschriebenen Komödie› instinktiv in der richtigen Einsicht mit den Worten abbricht: «Einen Dialog wie der sich nun entwickelnde kann das Leben hervorbringen und die Komödie nachzuahmen versuchen, aber niemals die Erzählung.»

Das ist wahr: Das Epische würde *zerfetzt* durch die wie Duell-Degen jetzt aufeinander einschlagenden, dem Crescendo zustürmenden Wortgeschosse der – wie Treppenstürze – hinrasenden, wegreißenden Handlung...

Ob nun sogar starke Menschen stärker durch ihre Umgebung geprägt werden oder umgekehrt die Umgebung durch sie – wer wüßte es! So viel ist sicher: Angela ging nach Brüssel, weil sie die Geldgier im Leibe hat – so wie sie diese Gier sich dort vom «Geist» dieser EU noch zusätzlich einverleiben ließ. Im November 1995 kapitulierte der Europäische Rechnungshof, als er bei seiner Vorlage des Jahresberichts im Straßburger Parlament das spurlose Verschwinden der Unsumme von DM 4,5 Milliarden binnen *eines* Jahres aus dem EU-Haushalt zugeben und folgern mußte, diese Unterschlagung von zwei bis vier Prozent des Budgets sei «vielleicht einzudämmen, nicht aber generell abzustellen»: Was aber nicht generell abzustellen ist – ist wesensgemäß. Ist also Brüssel so eingefleischt wie schon sein Diebstahl der EU-Flagge: Fünfzehn Sternchen auf blauem Grund, buchstäblich aus dem nordamerikanischen Sternenbanner verächtlich herausgeklaut, aus Mangel an schöpferischer Kraft, *selber* eine Europa-*eigene* Fahne zu finden; was sich doch angeboten hat: Die farblich so durchweg *schönen* Nationalflaggen Europas zu einem Mosaik als Europa-Fahnentuch zusammenzustücken.

Wie sehr Korruption und Parlamentarismus zum Synonym geworden sind, das wird ablesbar auf der selben Zeitungsseite, ‹Tagesspiegel›, Berlin am 15.11.1995, die Diebstahl und EU als identisch charakterisiert. Denn Seite 2 meldet außerdem:

«*München* (dpa). Schwere Vorwürfe gegen Finanzbeamte und die Staatsanwaltschaft haben zwei bayerische SPD-Landtagsabgeordnete erhoben. Die SPD-Politiker reichten am Dienstag vier Strafanzeigen wegen des Verdachts der Strafvereitelung und Begünstigung ein und warfen der Staatsanwaltschaft vor, bei den Ermittlungen gegen den Ex-CSU-Fraktionsvorsitzenden Gerhard Bletschacher zu zurückhaltend zu sein. Bletschacher, Käseschachtel-Fabrik-Besitzer, wird die Veruntreuung von 4,8 Millionen Mark Spendengelder vorgeworfen. Georg Kronawitter, der frühere Oberbürgermeister von München, erklärte: ‹In Bayern muß man die Spitzenstaatsanwälte auf die Jagd tragen. Wittern sie einen fetten CSU-Amigo, lassen sie die Büchse fallen und suchen das Weite.›»

Angela wußte, warum sie nach Brüssel ging. Auch deshalb, weil mit Behörden dort am leichtesten umzuspringen ist, und weil Spuren sich am mühelosesten verwischen lassen, wenn man Zugang zu Pässen, Gerichten, Ämtern aus fünfzehn Ländern hat. Und zu Mitgliedern des Diplomatischen Corps mit seinen Ausnahme- und Sonderrechten... So verkörpert Angela in ihrer Person, indem sie Männer aus sieben Ländern «linkt», wie die Brüsseler Behörde sich mästet durch Mißbrauch ihres Zugriffs in die Kassen von fünfzehn Staaten; oder wie die Staaten sich mästen durch Subventionen aus Brüssel. Weshalb ja die so skeptisch-klugen Schweizer, nicht *zufällig* das geschäftstüchtigste Volk des Planeten, sich am längsten gewehrt haben, von Brüssel vereinnahmt zu werden. Und weil Geldbewegungen das schlechthin bildfeindlich Abstrakteste sind, was es gibt – ist es besonders nötig, in dieser Komödie *das* zu tun, was Bertolt Brecht strikt verwirft als überlebt, da es der Poetik des Aristoteles entspricht, die Brecht glaubte «überwunden» zu haben durch seine krampfhaft-unsinnlichen, theaterfremden, so von ihm genannten «V-Effekte»: «Die großen Stoffe können nur auf die Bühne gebracht werden», so nörgelt Brecht in seinem Arbeitsjournal, «wenn gewisse private Konflikte in ihren Mittelpunkt gestellt werden... immer mehr treten die Hemmnisse von seiten der aristotelischen Dramaturgie hervor.» Im Gegenteil: Was Brecht hier verurteilt – *gerade das muß tun*, wie das auch noch die von Brecht als obsolet verworfenen Stückeschreiber Zola, Tschechow, Ibsen, Hauptmann, Shaw getan haben, wer – zum Beispiel in dieser Komödie ‹Sieben Väter – *eine* Tochter› Abstrakta wie Geld und EU auf der Bühne *zeigen* will. Denn Börsenberichte haben *kein* Gesicht. Gesichter haben die Personen, die deren Opfer oder Nutznießer sind... wie Aristoteles es in seiner Poetik, IX,9 zum Mißvergnügen Brechts festhält. Auch die Forderung des Griechen, *private* Konflikte zu zeigen, bleibt unentbehrlich: was ja Brecht auch widerwillig zugibt.

Jetzt, da Claudia durch José erfahren hat, wer sie ist, aber ohne zu wissen, wen sie als Vater hat, ist ihre Mutter in Zugzwang gebracht. Also dazu, die sieben «Väter» – so strikt sie die bisher *fernhielt* – nunmehr *anzulocken*, um den «lukrativsten» zur Adoption «seiner» Tochter zu verführen; doch läßt Claudia sich das nicht gefallen. Immerhin fällt endlich dabei für die Mutter noch ein Ehemann ab. Wie immer diese Szenen sich überstürzen werden, diese Komödie jedenfalls ist geeignet zur Parodie auf die Brüsseler – beispiellos unpopuläre – «Schöpfung» der EU. Die allein dadurch auf die Bretter zu bringen ist, daß man sie – wenn das auch Brecht altmodisch fände – in eine familiär-intime, menschlich-allzumenschliche Handlung verpackt, in der – nicht anders als in Brüssel selbst – Geldgier ein Hauptmotiv ist. Sonst bleibt alles, was man über sie schreibt – Statistik! Bleibt sonst so schemenblaß und zahlenfad wie Börsenberichte. Und wie sämtliche Ämter dort, die keinem Europäer anschaulicher, faßbarer, sympathischer sind als eine grauöde, riesige Wand voller Postschließfächer.

P.S.: Wer ähnliches vorhat wie die New Yorkerin und wie Angela, der hebe niemals wie die Amerikanerin seine Betrugs-Unterlagen: Adressen, Konto-Auszüge, Behördenkorrespondenz – zu Hause auf! Denn dadurch allein waren die dreiundsiebzig monatlichen Überweisungen nachweisbar.

Der geborenen Politikerin Angela, auch weil sie Maß hielt mit nur sieben «Kindern», wäre diese Dummheit nie passiert. Auf sie und die *wahre* Passion ihres Lebens: ihre Leidenschaft für den italienischen Diplomaten und Dichter, trifft Ernst Jüngers Beobachtung zu: «Die schönen Geister sind die natürliche Beute der intellektuellen Frau». Angelas Weigerung, die kapitalistische Wirtschafts-«Ordnung» für etwas anderes anzusehen als für ein generelles Betrugs-Unternehmen, an dem nur Dumme nicht partizipieren, entspringt ihrer Ur-Überzeugung, ihrem Anarchismus, der sie auch erotisch an den Römer bindet. Denn auch der liegt quer ein Leben lang zu dieser Gesellschaft, die er derart verachtet, daß er sich wenigstens schuldig ist, auf ihren Höhen zu leben. Auf ihn und sein Doppelleben, zu dem er wie so viele Künstler in unserer Welt gezwungen ist, trifft Lessings lapidare Feststellung zu: «Heute ein Dichter – morgen ein Königsmörder!» Platon wußte, warum er die

Dichter als zu gefährlich aus der Polis verbannt wissen wollte. Alexander von Rußland, Schwager und Flottenchef des letzten, dann ebenfalls ermordeten Zaren, hat wie alle Romanows Dostojewski verabscheut, seit der in seinem letzten Lebensjahr und nur drei Monate vor Ermordung des Zaren Alexanders (13.3.81) die Fortsetzung der ‹Brüder Karamasow› mit der Drohung angekündigt hat: «Sie scheinen zu glauben, daß sehr viel Hellseherei in meinem letzten Roman liegt. Warten Sie die Fortsetzung ab... Mein reiner Aljoscha wird den Zaren ermorden»!

Angela ist keine Terroristin, nur eine Anarchistin. Doch hat wie alle sehr Schlauen gefühlsbedingt *die* Fehlkakulation gemacht: sie hat die Gattin des Römers unterschätzt, in der sie ihre Meisterin fand – eine Frau, die sich wegen Claudia, der unehelichen Tochter ihres Mannes, keineswegs die Trennung von ihm – wie Angela kalkuliert hatte – abpressen ließ.

Auferstehung?

Hommage à Gottfried Benn
anläßlich seines 40. Todestages am 7. Juli 1996

Auferstehung?

«Herrn Oelze. Jene Stunde... wird keine Schrecken haben, seien Sie beruhigt, wir werden nicht fallen, wir werden steigen – Ihr Be.»

Benns letzter Brief am 16.6.1956

Wunsch-«Denken» selbst bei Gottfried Benn?
«Sah» er in dieser Schluß-Vision das Wahre?
Doch wie wahr *sind* Visionen, wenn
sogar ein Arzt nicht ahnt, daß schon die Bahre

Die ihn ins Eisfach trägt, vor seiner Tür?
«Malignes liegt nicht vor» schrieb er in Briefen
– trotz mörderischer Schmerzen! Kein Gespür,
daß Krebs ihn längst zerfraß... In Tiefen

Verankert seit den Kindheitsträumen
– Pfarrersohn – noch sein Jenseits-Rausch!
Aufbruch der Tod zu unbekannten Räumen?
Kein Ende? Nur von hier nach «da» der Tausch?

Der Schritt durch ein Portal? – ach, endogenen,
nicht objektiven Gründen abgewonnen:
Schemen an Wänden, Sphären-Kantilenen.
«Erschaut», «gehört» – in nichts zerronnen.

Früh schrieb Benn einer Dänin, einer toten,
ihn leite ihre Hand: «Die wird mich nicht berühren,
das läßt der Raum nicht zu»; doch sei sie aufgeboten
– auch *ihn* dorthin zu führen

«Von da nie eine Kunde» uns Menschen je erreicht...
Kein Zweifel: Nicht geglaubt nur – *gesehen*
hat Benn sterbend – sein Abgang war dann leicht –
Gefährten und sich selber, verendend, auferstehen:

Drei Wochen vor dem Tode, dem Freund auf eine Karte
nur zwanzig Abschiedsworte vom Bett, diktiert der Frau
– kam das von *höherer* Warte?
Kann Sterben inspirieren? Zu *wahrer* Überschau?

Nun wußte Benn, er werde bald begraben,
doch schrieb: Nicht fallen – steigen!
«Jene Stunde wird keine Schrecken haben».
Schrieb nicht mehr. Schwieg. Dies Schweigen

– nahm es zurück an Zuversicht,
was er noch Mitte Juni Freund Oelze wissen ließ?
Benn starb am 7. Juli. Ob dieses Schweigen nicht
– drei Wochen! – Entzug der Hoffnung hieß?

Am Preßlufthammer

«... ein alter Kellner, schuftend ... er möchte wohl ein anderer sein.
Ein anderer konnte er nicht werden.»

Benn, Alter Kellner, am 20. X. 1938

Bist rasch vorbei
– ihm aber dröhnt
sein Preßlufthammer Stunden, Stunden
im Bauch, Herz, Hirn.
Wie wird entlöhnt,
wer so geschunden?

Vom Knie zur Stirn
mit dreißig – Schäden.
Rückgrat, Sack, Gehör kaputt.
Ist's Aufsichtsräten
bekannt, wie Schutt
dank Computer-Daten

Statt mit Preßlufthammer
durch Automaten
zu räumen sei:
Des «Proleten» Jammer
bei Zerstörung auf Raten
– keinen Wirtschafts-Hai

Hat er je bewegt.
Auf Bank-, auf Multi-Thronen
die Oberschicht
«pflegt» zu betonen,
die Inhumanes englisch spricht:
Outplacement für liquidieren ...

Wenn Manager Landsleute feuern:
sie «freizustellen»; «auszusanieren»!
Billiger, Kulis heuern
im Süden, im Osten
oder in Asien produzieren
zu halben Kosten.

Arbeitgeber-Lakaien
nennen emphatisch
im Parlament
Bund, Länder, Parteien
freiheitlich-demokratisch
– wenn neunzig Prozent

Des Budgets Mittelstand
und Plebejer zahlen.
Die sind – dafür bekannt,
verachtet in Boß-Zentralen,
nie den Aufstand zu proben –,
der Finanz-Darwinisten Ideal:

Die «Herren» ewig oben,
Alleineigner am Kapital!
Underdogs ewig unten: Am Bau verschlissen
in Stahlküchen, Gruben,
ausgepreßt, weggeschmissen
wie Zahnpasta-Tuben.

Brief an eine Illegale

«Chère Madame, ich sitze wieder über Ihrem Buch... Gestern entzückte mich von neuem Ihr Kapitel XIII. Wie schnell das geht, wie reizend, wie sicher! Nicht allerdings kann ich Ihnen verzeihen, daß M. noch am gleichen Abend... A. die Sache erzählt. Rücksicht scheint mir wesentlich gentleman-liker als Wahrheit; dieser Beichtzwang des Mannes ist auf jeden Fall inferior, Zeichen schwacher Männer. Daher meine alte Maxime: ‹Gute Regie ist besser als Treue!›»

Gottfried Benn an Thea Sternheim. 5. VI. 1952

«Regie, nicht: Treue!»
war Benns Maxime.
Lust aufs Neue
das Legitime.

Anruf riskant,
Brief auch verrückt.
Hab' mich ermannt,
hoffe, es glückt

Zur Maschinenschrift:
Verrät nicht, wer's schrieb,
nicht, wen's betrifft.
Doch ertappt, sei so lieb

Daß Du nicht weinst!
Daß Du nicht leidest
– sondern wie einst
forsch beeidest:

«Kenne keinen Rivalen!»
Sei tief gekränkt.
Wer in Ehen, banalen,
so eingezwängt

Lerne spurlos wandern
in Stadt-Labyrinthen.
Sich durchzumäandern,
nie aufzufinden...

Mut! Jahre narrten
wir die Leute.
Willst jetzt warten,
– die nie bereute?

Komm wieder zur Sache!
Polizeilich melden,
unsre Bude? Ich lache!
Wie wir uns verstellten

Mußt Du nicht bangen,
wir sind durchtrieben
– neu anzufangen.
Was sonst ist geblieben?

Auch wir bald vergangen
wie die Zeiten, die Toten.
So wüst mein Verlangen
– schon weil's «verboten».

Es *darf* nicht mißlingen,
Dich mittags zu sehen.
Nur vom Wege springen,
rettet die Ehen.

P. S. Denk' an Effi Briest;
keine Katastrophen:
Was Du hier liest,
sofort in den Ofen!

Konfirmationsanzug

«*Selbstmord* ist mein Spezialthema. Im Krieg im Oberkommando der Wehrmacht hatte ich zu bearbeiten die Selbstmorde aller 3 Wehrmachtsteile... Ich untersuchte etwa 1000 bis 1500 Fälle. (Das O.K.W. war sehr überrascht.)»

Gottfried Benn am 25. VI. 1954 an Hans Paeschke

Linkisch, kein Turner, Brillenträger
– das hatte die Armee noch hingenommen.
Doch wurde er zum Ärgernis-Erreger

– erschoß sich, um den Schindern zu entkommen,
seit er so frei wie ehrlich «eingestanden»,
er wolle Theologe werden!

Ich trug den Anzug dieses Konfirmanden,
als seine Eltern dann sein Zimmer leerten,
um Ausgebombten Platz zu machen.

Werner Eduard Sauer hieß der Nachbar.
Als «Himmelskomiker» ihn totzulachen,
sein Name schon, wie meiner, war belachbar:

Wie *das* Kasernenhof-Sadisten amüsierte!
Achtzehn, der «Schütze Arsch» – und Lesen
ihm lieber, als er «Jawoll!» schrie, exerzierte.

«Am deutschen Wesen soll die Welt genesen»
was Werners Mitrekruten längst begriffen:
Er nahm's nicht an; obgleich sie ihn so quälten

Auch seelisch noch, die ihn zum Wrack geschliffen,
bis er Soldaten – nie gezählten
in Hitlers Krieg – nachfolgte in den Suizid!

Zeitwidrig religiös. Sagt das auch mutig noch.
Einziger Sohn, geliebt, der mit den Eltern litt
– die stets zur Kirche sich bekannt...

Und hat den Alten aus Verzweiflung *doch*
Selbstmord, wozu ihm Christentum das Recht bestritt
– wie Messer in ihr Herz gerannt.

«Nur Welle und Spiel»?

«Die in den beiden vorhergehenden Reden zugrunde gelegte Auffassung vom Naturcharakter der Geschichte hätte keinen Sinn und keine Begründung, wenn sie nicht den Menschen als Wesen der Natur umschlösse».

Gottfried Benn, Der neue Staat und die Intellektuellen, 1933

«Wir wissen nicht im entferntesten, was gespielt wird, universal gesehen, wer oder was wir überhaupt sind, woher und wohin... Ein Spiel des Äon, ein Spiel der Parzen und der Träume!»

Gottfried Benn, Zum Thema Geschichte, 1942/43

«Gibt es für solche Leute einen anderen Sieg als zum Schluß zu sagen: Rings nur Welle und Spiel...? Nein, solche Leute sehen sich nicht um».

Gottfried Benn am 18. X. 1951 an Alexander Lernet-Holenisa

Graffito auf einer Brücke beim Autobahnbau:
«Du steckst nicht in einem – du *bist* der Stau!»

So schrieb Jacob Burckhardt in den ‹Fragmenten›:
Wir möchten, daß wir die Welle kennten,

Auf der wir treiben im Ozean;
«allein wir sind diese Welle selbst»: Der Wahn

Einer «Wissenschaft» der Weltgeschichte
war beruhigend, doch kurz! Rasch ward zunichte

Die Illusion der Objektivität:
Woher er kam, der Mensch, wohin er geht

Mit Ahnen, Kindern, seinem Volk, auch allein:
Kein Kompaß zeigt's. Er irrt querweltein.

Was Menschen leiden, tilgt – wie Feuer Schnee –
den Zynismus jeder Theodizee.

Wellen, Wolken, Pflanzen, Tiere, Luft, Licht
und «natürlich» auch Menschen, wieso *nicht*?

– sind nur das Einatmen, Ausatmen der Natur,
Die macht sie, treibt sie *ihren* Rhythmen nach, *ihrer* Uhr.

Sie wischt den Satz weg, auf den Pfeiler gesprayt
– wie den, der ihn schreibt, liest, als Stau dort steht.

Menschenwerk, Menschen selber – ohne Spur...
Wessen Verschwinden wird zur Zäsur?

Grund? Keiner! «Jenseits von Sieg und Niederlagen»
verschwinden wir wie die Brücken, die uns getragen.

Undauer als Gesetz – da selbst Gott verschied.
Die Erde wird Wüste. Ende vom Lied.

Wozu unser Sein, hat es Zweck oder Ziel:
Wer kennt den Impuls zur Welle als – Spiel?

«Wir zehn kleinen Negerlein»

«Odysseus gewann Hekuba als Preis ... Es ist schade, daß die genauen Worte von Hekubas Schmähungen gegen Odysseus und seine unehrenhaften Kameraden, die die wahren Gefühle Homers ausgedrückt haben müssen, nicht erhalten sind»

Robert von Ranke-Graves, Griechische Mythologie

«Als Beispiel dieser Generation erwähne ich meine eigene Familie: drei meiner Brüder fielen auf dem Schlachtfeld, ein vierter wurde zweimal schwer verwundet, die Übriggebliebenen wurden total bombengeschädigt, verloren alles. Mein Vetter ersten Grades, der Schriftsteller Joachim Benn, fiel in der Somme-Schlacht, sein einziger Sohn im letzten Kriege, von diesem Zweig der Familie ist nichts mehr übrig. Ich selbst war folgende Jahre ohne Unterbrechung als Arzt im Krieg: 1914 bis 1918, 1939 bis 1944. Meine Frau kam 1945 in unmittelbarem Zusammenhang mit den Kriegshandlungen um. Dieser Überblick wird ungefähr der Durchschnitt dessen sein, was eine etwas umfangreichere deutsche Familie der ersten Hälfte des zwanzigsten Jahrhunderts an äußeren Schicksalen erlebte. Da blieb nicht viel Muße, diese Zeit im Sinne Hegels in Begriffe zu fassen.»

Gottfried Benn, Ausdruckswelt, 1949

– so nannten sich die Schmidts;
und fragten: «Wird wer übrig sein,
führt Hitlers Aberwitz
zum Krieg? Fällt er in Polen ein!»

Schmidts wohnten, wo die Werra fließt,
in Mitteldeutschland, Hessen.
Man hofft, so lange niemand schießt.
Werra ist Stammwort – war vergessen:

Für Guerre, Guerra, War, für Krieg...
Als dann, September 39
im Radio der Kriegs-Erklärer schwieg,
schwiegen auch Schmidts. Nun *weiß* ich

Dachte die Großmutter – nicht zu ertragen:
Mein Sohn wie die drei Enkel fallen!
Beneidenswert, nicht zu beklagen:
Bomben töten *vor* ihren Kindern, Enkeln allen

«Hekuba»: Die Mutter der Tochter und der Söhne!
Erfährt so nicht, versenkt durch U-Boot werde
ihr Schwiegersohn vor Dover; seine schöne
Witwe mit Zwillingen im Haff... Pferde

Schleifen meinen Mann tot; war schon achtzig,
Sie gehn ihm durch, beim Langholzfahren.
Sein Knecht im Krieg; nur deshalb macht sich
mein Alter hin in Urgroßvater-Jahren.

Doch ich allein – infam – werd' übrig sein.
Kindisch! Daher kein Hungerstreik trotz Trauer
um neun der einst zehn kleinen Negerlein.
Neun Fotos machten mir Entsetzens-Schauer

Wüßt' ich noch meinen, ihren Namen...
Meschugge. Unfähig zu beweinen, da zu sein
für – niemanden, da sie nicht wiederkamen:
Neun von zehn kleinen Negerlein.

Philemon und Baucis sehen Nachrichten

«Lyrik mit Statistik»...

Gottfried Benn an Paul Hindemith, am 14. VI. 1931

Mirakel: Jahrzehnte her, daß er in sie vernarrt
– doch ihm nur unentbehrlicher, die Frau!
Noch immer Aura um sie, Lachen, Gegenwart.

Ihr Flair berührt ihn – kaum die Tagesschau,
wo die noch pokern: Wer wird Präsident?
Vom Fernsehn – sonst von keinem ernstgenommen.

Banken Rekordgewinne... Zwölf Prozent
schon arbeitslos... Verschwommen
im Winternebel, der nicht steigt, nicht fällt.

Neu «Aus-Sanierte». Tote Werksgelände...
Er: «Nach Süden ziehn!». Sie: «Kein Geld
kriegt, wer nicht stempelt, Schlange stände!»

Der Bildschirm tönt: Die Parlaments-Banausen.
Er sagt: «Bei *denen* stimmt die Dividende!»
Sie seufzt: «Ach, Totensonntag, drin wie draußen!»

Das Ausland, immerhin, lenkt ab.
Im Bild Detroit, die Auto-Messe.
‹Das Weiße Haus bringt Hersteller in Trab›:

So jubelt in Amerika die Presse.
Der Präsident verbietet Einfuhr-Zölle:
«Freihandel stärkt die Konkurrenz!

Entwerft doch selber bessere Modelle,
statt euch zu fürchten vor Mercedes-Benz!»
So Bush. Tatsächlich ist Europa abgeschlagen:

General Motors, Chrysler, Ford
liefern siebzig von hundert zugelaßnen Wagen,
der Rest, fast ganz, japanischer Import...

Er spürt: Nur in mir selber alles krisengrau,
wenn *sie* nicht bei dir ist, du sie nicht siehst,
wär' sie nicht *da*! Kontinuierlich sie, die Frau!

Zu zweit sind wir unschlagbar – liest
du aus ihren Augen, Gesten, der Gestalt.
Woher, wohin du bangst und denkst und fliehst:

Sie gibt dir, was du ihr gibst: Halt!

Mayas – ewig aussichtslose

«...leiden u. sterben nach dem unbekannten, tödlichen Gesetz. *Wann* ist gleich, *wo* auch, in jedem Lager, zu Tode gepeitscht, durch welche Kugel immer. Oft sehe ich die Märtyrer des Mittelalters vor mir, an Bäume gebunden, von Pfeilen zerstört. Namenloses Gelittenhaben, vergessene Qualen, längst verwehte letzte Schreie. Welche Opfer nimmt dieser Schöpfer an, welche große Gestalt muß er haben, dieser Gott, der sich nicht enthüllt.»

Gottfried Benn an F. W. Oelze, am 17. V. 1936

«Mexiko... Sowohl die Eroberung durch Cortez wie die neuerlichen Revolutionen. Es ist wohl das Grausamste der modernen Geschichte.»

Gottfried Benn an F. W. Oelze, am 14. 11. 1938

«Es ist völlig unerfindlich, warum die Natur die Aasgeier und Hyänen verließ und am sechsten Schöpfungstag nicht weiter in Schakalen machte, sondern das Antlitz schuf, über das Tränen rannen und das sich erhob. Und es ward ausgeworfen der große Drache –: Dschingis-Khan, der sieben Millionen mordete, die Spanier in Mexiko, unsere ‹Genesungsbewegung› im Osten –»

Gottfried Benn, Zum Thema Geschichte, 1942/43

Chiapas 1994: Aufstand der Indio-Rebellen
in Mexikos ärmstem Bundesstaat.
Daß ihnen selbst die Bauern sich gesellen,
belegt: Verzweiflung erst trieb sie zur Tat.

Den Mayas hat der Missionar
nichts als das Kreuz gebracht vom Christentum.
Mit Leichen düngt der Invasions-Barbar
des heimatlichen Spaniens Wirtschaftsboom.

Tilgt Tempel, Götter, Künste, Wissen. Raubt Herden
Länder, Städte, Gold; hat Mexiko entrechtet
seit 1524... Die Ausgezehrten,
noch seelisch leergeblutet wie geschächtet

Benötigen zweihundert Jahre zum Versuch,
zu rebellieren, 1712. Die Aussichtslosen
(Aufruhr, umsonst, auch 1862/1917) nennt *kein* Buch:
Selbst von Historikern verstoßen...

Wer glückbegünstigt lebt – gedenke ihrer!
Auch wegradierter Weltstädte wie Uxmal.
Beweisen doch die ewigen Verlierer:
Gott gibt's hier nicht. Macht ist das Schicksal.

Löffelstellung im Herbst

«Wir sehn ihn im ersten Akt in den Räumen seiner Wohnung mit einer schwerkranken Frau, die Wohnung wird gepfändet, die Möbel fortgeschleppt, sein letzter Besitz zerstört. Gibt es keine Hilfe, fragt er sich, können die Öffentlichkeit und ihre Organe so gegen den Armen verfahren –, ja er ist wehrlos.
Also die Wohnung wird gepfändet, die Frau stirbt, allein bleibt Rönne in der leeren Wohnung zurück und stellt sich und der Welt nun die Frage: was ist das für eine Welt, was für eine Menschheit, was für ein Staat, der den Schuldlosen so zugrunde richtet, den Armen so leiden und sterben läßt, welches sind seine Werte, die er dagegengibt, welches seine Legitimation vor den Maßstäben des letzten Menschlichen, das wir in uns fühlen?
Die Prüfung unserer Kultur, unsrer Öffentlichkeit, unsrer seelischen Gesinnung wird der Inhalt der weiteren Akte sein.»

Gottfried Benn an Paul Hindemith, am 29. V. 1932.

Die Kormorane sind zurück aus Norden.
Die Stare starten schon in Pulks nach Süden.
Aus Grün ist Grau, aus Plänen – nichts geworden.
Sackgasse-Panik. Letzte Mythen:

So «freie» Marktwirtschaft, dahin wie die Fabrik!
Kein Vorwand mehr, die Ärmel hochzukrempeln.
Ausgedünnt wie sein Garten sein Genick.
Treff bei den Anglern, nach dem Stempeln.

Entlassene passiv. Nur *eine* aktiviert durch Frust:
«Legt den doch um, der uns den Job genommen!»
Wo Kinder fast erwachsen – mußt
du's machen, eh' die aus der Schule kommen...

Wahr! Angst macht noch bettfällig ein Ehepaar.
Sex gibt selbst Arbeitslosen Kurzzeit-Energie
und gratis Glanz der Haut, dem Haar.
Sie frozzeln: Wir zwei – zwei Löffel im Etui:

Zwar keine Stellung, aber Löffelstellung! Alt
ist nur die Ehe – nicht das Paar, sagt sie.
Und preßt den Po, wie Füße «eisig» kalt
zum Schlafen in sein Zentrum. Er sein Knie

in ihre Kniekehle … Ihn steifen
hernach die sanften Finger ihrer Linken,
wie seine die noch trocknen Lippen greifen.
Besser, meint sie, als schon bei Tage trinken!

Wirtschafts-‹Ordnung›

«Wenn der Landarbeiter kein Land, kein Pferd und keine Sense besitzt, wenn der Schuster kein Haus und keine Ahle hat, so heißt das ebensoviel, daß irgend jemand sie all dieser für sie notwendigen Dinge beraubt hat, nicht aber, daß es Landarbeiter ohne Pflug und Schuhmacher ohne Handwerkszeug geben kann... Der Nationalökonom... gleicht jenem Zoologen, der eine Anzahl von Zeisigen mit beschnittenen Flügeln in Käfigen mit Wassernäpfen gesehen hat und daraus den Schluß zieht, daß die beschnittenen Flügel, die Käfige und Wassernäpfe die drei natürlichen Lebensbedingungen dieser Vögel seien. In der Lage dieser Zeisige befinden sich die Arbeiter ohne Grund und ohne Produktionsmittel, und die Tatsache, daß sie nach Millionen zählen, berechtigt die Wissenschaft noch nicht, diese Lage als eine natürliche zu betrachten und aus dem zufälligen Tatbestand ein allgemein gültiges Produktionsgesetz abzuleiten... Geld ist das erste und vorzüglichste Mittel der Unterjochung des Menschen... geronnene Gewalt.»

Graf Leo Tolstoi, Was ist Geld, 1890

«Der Mensch ist zwar unheilig genug, aber die *Menschheit* in seiner Person muß ihm heilig sein. In der ganzen Schöpfung kann alles, was man will, und worüber man etwas vermag, auch *bloß als Mittel* gebraucht werden; nur der Mensch und mit ihm jedes vernünftige Geschöpf ist *Zweck an sich selbst*. Er ist nämlich das Subject des moralischen Gesetzes, welches heilig ist, vermöge der Autonomie seiner Freiheit... also dieses niemals bloß als Mittel, sondern zugleich selbst als Zweck zu gebrauchen.»

Kant, Kritik der praktischen Vernunft, 1. Teil, 1. Buch, 3. Hauptstück, 1784

Verboten hat das Grundgesetz von Kant,
daß man Menschen nur als Mittel benutzt,
die – ohnmächtig zum Freisein, zum Widerstand
wie Vögel, denen die Flügel gestutzt –,
zum Beispiel fünfzig Jahre mauern, mauern, mauern
– doch trotzdem keine Steine miterwerben,
die sie als Werte überdauern:
Vermögen – Witwen, Kindern zu vererben!

Denn die in Kälte, in Hitze auf Baugerüsten:
Hörige alle, Ausländer zumeist
– wie du und ich, wie jeder müßten
auch sie, worum man sie bescheißt,
vom Kapital: Bau, Boden *mit*besitzen,
damit – auf Zeit – sie unabhängig wären!
Doch ist verordnet: Die beim Schuften schwitzen
– daß die sich von der Hand zum Mund ernähren.

Zwar gibt man dem «Proleten» wie anderen Arbeitstieren,
Kühen, die milchen, Hühnern, die legen,
auch kräftig zu essen, läßt ihn nicht frieren
– doch gibt ihm nichts von *dem*, weswegen
er fünfzig Jahre lang arbeiten ging:
«Durfte» Häuser zwar mauern, doch keins miterwerben.
– tanzt nur für Nahrung auch der Bär doch am Nasenring.
So besitzlos er anfing – hat er zu sterben!

Frauen und ‹Helden›

«Der Mann lebt auf Verlust, Frigidität, Vereinsamung der Zentren – wie sagte doch die blonde Aufbauheroine, als sie mich definitiv verließ: ‹hier erhebt sich Wahrung von Naturzwecken gegen Erkenntnismonomanes... (Frau stärker, mythenumwehter, trostreicher als der Mann = Nihilist).»

Gottfried Benn, Fragment eines Singspiels, nach 1931

Das höchste Ruhmesblatt der Frauen
wie in der Bibel – in der Dichtung:

Konnte ein Mann auf eine bauen,
stürzte er nie in seine Vernichtung!

Ödipus, Hiob, Orest, Hamlet, Faust, Lear:
So lange Frauen deren Dasein teilen

Sind die nicht wehrlos. Erst wenn Frauen ihr
Leben nicht mehr schenken, seines zu heilen

Vor allem auch geistig –, verfällt der Gier
des «Helden», sich zur Macht hochzuseilen:

Dies sein Zentraltrieb – jeder Mann!
Erbeutet von Geschäften, Verbrechen, Ideologie.

Da die Frau sogar Schwermut bezähmen kann,
überwand sie selbst jene Versuchung, die

Buddha, Jesus um Maß und Vernunft gebracht,
auch Mohammed: Religionen zu stiften!

Was geerdet heißt: Absolutismus entfacht,
die Seelen der Völker zu vergiften.

«Niemand kommt zum Vater denn durch mich»:
Kein Parteiprogramm sonst war so intolerant!

Welche *Frau* hätte je in Hybris *sich*
zu Gott die Schlüsselgewalt zuerkannt?

Arbeitslose

«Der Text der Oper gruppiert sich um eine männliche Hauptfigur... von Beruf wird er eine der vielen abgebauten und entwurzelten Existenzen dieser Übergangszeit sein... und muß die ganzen Maßnahmen der Gesetze der Wirtschaftsordnung, des Staates über sich ergehen lassen... Nirgends Hilfe und kapitallos dem Untergang geweiht... alle Gesetze schuf die Macht, alle Rechte nimmt sie sich allein, der Arme muß zugrunde gehen und keiner sieht ihm auch nur nach.»

Gottfried Benn an Paul Hindemith, am 29. V. 1932

«Das unternehmerische Durschnittseinkommen in den USA wird derzeit mit dem 149fachen der Arbeiterbezahlung angegeben... es ist völlig eindeutig, daß die Nettobezüge der amerikanischen Arbeiter / Angestellten in den letzten fünf Jahren erheblich gesunken sind, während sich die Einnahmen der höheren Manager und der selbständigen Unternehmer in für deutsche Verhältnisse unvorstellbare Höhen entwickelt haben...
Diese Entwicklung im Vereinigten Königreich: Unternehmenchefs, die mit Rationalisierung und Entlassungen ihre Betriebe gut am Markt halten, werden durch Verdoppelung und Verdreifachung ihrer Einkünfte belohnt.»

Johannes Groß, ‹Capital›, Februar 1995

Die Frau, die noch vier Stunden putzen geht,
bemüht freundlich, doch verächtlich zum Mann,
der zwar nach Arbeit Schlange steht,
doch keine – und nie mehr! – finden kann:

«Depressiv verpennt hocken wir mutlos im Loch.
Wer Arbeit hat – hat das nie gefühlt!
Hier arbeitet nur *einer* noch:
Unser Eisschrank, der's Bier dir kühlt...»

Er lacht verzerrt: «Die kürzen noch die Rente.
Dann ‹findet selbst kein Bier mehr statt›...
Europa zählt zur Jahrtausendwende
mehr Stempler als Spanien Einwohner hat!»

Los desastres de la guerra

«Geschichte ist die Begründung von Massenmorden.»

Gottfried Benn, Vorstudie zu ‹Weinhaus Wolf›, 1936

Unterschrieb Goya ein Kriegsgreuel-Blatt,
Soldateska, die schändete, mordete, raubte:
«Man wundert sich, daß Gott uns geschaffen hat!»
– uns wundert nur noch, daß Goya das glaubte.

ich: Zwei autobiographische Skizzen

I. Wie ich anfing

Ein Jahrzehnte alter, besonders von David MacDonald geförderter Plan: Eine autobiographische Komödie zu schreiben, auch weil es bisher eine selbstbiographische Komödie nicht gibt. Da ja der Schriftsteller in normalen Zeiten so uninteressant lebt, daß Schiller zur Schwägerin Wolzogen sagen konnte, Dichter sollten keine Autobiographie schreiben, weil alle ihre Erlebnisse nur ‹innerliche› seien – läßt sich, schreibt man trotzdem eine, sie nur rechtfertigen durch eine neue, bisher nie erprobte Form...

Szenen, Dialoge, Monologe, Kalender-Notizen bauen und sammeln, um sie zuletzt zu einer Selbstbiographie, die notwendigerweise bei mir eine Komödie würde, zusammenzustücken.

Anfang: 1.4.31, Mittwoch früh 7.00 Uhr, Mutti raucht auf dem Klinikbett sitzend, überzeugt, da keine Wehen mehr, es sei Frühalarm gewesen, der sie umsonst in die Klinik gebracht habe: ich käme noch gar nicht – bis ich so plötzlich ‹erscheine›, daß schnell noch eine sich mit meiner Mutter unterhaltende Hebamme sie in den Kniekehlen packt und ihr die Beine aufs Bett wirft, damit ich herausrutschend – noch in der Eihaut – nicht auf den Fußboden falle.

Im Volksbuch vom Fortunat wie in Flakes gleichnamigem Roman wird behauptet, es bringe Glück, in der Fruchtblase zur Welt zu kommen. Da bin ich skeptisch, wäre aber sehr undankbar, leugnete ich, dank Mitmenschen sehr viel Glück gehabt zu haben, obwohl ich doch keinen großen Fehler ausließ in meinem nun fünfundsechzigjährigen Leben. Beklage ich mich – so weise ich mich zurecht durch die Tatsache, daß mein älterer Bruder nur einundfünfzig wurde. Doch das seltene Glück, meiner Mutter bei meiner

Geburt keinerlei Schmerzen zugefügt zu haben, mußte sie bezahlen in ihrer Todesstunde am 17.7.1982. Ich war nicht an ihrem Bett, obgleich ich aus Basel nach Eschwege gereist war. Ich ließ sie allein nach einem Nachmittag, einem Abend, den wir so vergnügt miteinander verbracht hatten, daß mir einfach nicht der Gedanke kam, diese noch immer geistesgegenwärtige, ja lustige Frau könne sterben in dieser Nacht. Und da sie wußte, mein Ältester und ich seien in der letzten Nacht meines Vaters bei ihm im Krankenhaus geblieben, so fürchtete ich, meine Mutter könne den Versuch, bei ihr zu bleiben, nur als Alarmsignal werten. Also ging ich... So ist es mit dem Glück: Fortuna hat schöne Locken, doch einen kahlen Hinterkopf. Es belastet mich bis zu meiner letzten Stunde, so instinktlos gewesen zu sein, sie allein zu lassen. Ihre Mutter, meine Großmutter Anna, 1875 geborene Döhle, die der Engel meiner Jugend war, bis sie mir antat, am 13.3.47 zu sterben, sagte zu den beiden Dienstmädchen – ihrem und dem meiner Mutter –, als die morgens meldeten, Frau Hochhuth sei vor einer Stunde in die Klinik gefahren worden: «Heute schon? Nein, ihr wollt mich in den April schicken!» Wer am ersten geboren ist, das bekam ich oft zu spüren, braucht für den Spott nicht zu sorgen...

Das Fragment eines Romans in Briefen ist die Geschichte meiner Jugend bis zum fünfzehnten Lebensjahr. Die Briefform ist von allen epischen jene, die dem Drama am nächsten verwandt ist. Daher habe ich instinktiv *sie* gewählt. Aber darin mein Leben zu erzählen – dieser Gedanke ist mir immer ganz fremd gewesen, obgleich ich von jeher lieber Biographien und Selbstbiographien gelesen habe als Romane. Ich wuchs zu behütet auf, zu undramatisch, um etwa einen Bericht über meine Jugend in einer so kriegsverwüsteten Epoche, wie es die vierziger Jahre waren, für exemplarisch halten zu können. Weder wurde meine Vaterstadt Eschwege an der Werra gebombt – nur Flugplatz und Bahnhof wurden zweimal bombardiert –, noch mußten wir fliehen oder hungern; zwei meiner Vettern blieben vermißt, zuletzt fiel auch ein mir sehr nahe stehender sechzehnjähriger Jugendfreund, der sich den abziehenden deutschen Truppen 1945 als Soldat angeschlossen hatte und dann wenige Kilometer hinter der Stadt ins erste amerikanische Maschinengewehr hineinlief. In meinem Roman, der aber noch unfertig in einer alten Aktentasche begraben ist und vermutlich niemals aufersteht, korrespondieren sieben Personen, vom Dienstmädchen bis zum Nazi-Ministerialrat, der sich 1946 ein neues hohes Amt erschwindelt. Als Titel nahm ich die Adresse meines Eltern- und Großelternhauses: Viktoriastraße 4.

Ich war in Sexta sitzengeblieben, weil mit meinem wachsenden literarischen Interesse meine Unfähigkeit zunahm, mich für irgend etwas zu interessieren, das nicht unmittelbar mit meinen Interessengebieten verknüpft war – heute ist diese Unfähigkeit pathologisch geworden, ich habe vergebens versucht, sie zu bekämpfen. Ich konnte schon damals nicht einmal zuhören, wenn etwa von Mathematik die Rede war, und mein Vater, der Mathematik studiert hatte, quälte sich heroisch, um mir wenigstens zu weiteren Versetzungen zu verhelfen – bis ich's in der sechsten Klasse aufgab und abging, um Buchhändler zu werden. In einem Größenwahn, der mich noch heute entsetzt – während ich doch gleichzeitig jeden zweiten Tag an Selbstmord dachte –, sagte ich mir: da ich Schriftsteller werde, brauche ich kein Abitur, ja, das Abitur stiehlt mir nur die kostbare Vorbereitungszeit. Ich ging soweit, mir einzubilden – denn die Fähigkeit, sich *das* einzureden und zu begründen, was man sehnlichst will, ist gerade in pubertären Träumen sehr stark –, daß die drei deutschen Nobelpreisträger Hauptmann, Mann und Hesse wahrscheinlich literarisch nur deshalb so weit gekommen seien, weil sie keine Zeit mit der Schule «verplempert» und dort nur ganz wenige Jahre abgesessen hätten. Natürlich wagte ich nicht, mit jemandem davon zu sprechen, aus dem sicheren Gefühl, man werde sich totlachen.

Ich schrieb Gedichte und Erzählungen. Intensiv las ich und verfiel ihnen, wurde ihnen hörig, Storm, Maupassant, Thomas Mann – Thomas Mann vor allen. An ihm und an Menzel berauschte ich mich intensiver als allen anderen. Ich las Fontanes Briefe und den ‹Stechlin›. Dramen hatten sie nicht geschrieben, und so schrieb auch ich nie eine Dramenszene. Sehr beeindruckte mich auch Erich Kästner, den ich im hervorragenden Feuilleton der ‹Neuen Zeitung› studierte. Und Mommsen, Burckhardt, Spengler.

Was sollte ich beruflich tun? Ich hatte eine Zeitlang Malunterricht genommen, meine Eltern erfüllten mir diesen Wunsch nach Privatstunden beim Maler Schott, weil ich Erfolge in solchen Schulfächern hatte, die mich interessierten – Deutsch, Geschichte, Erdkunde. Diese Stunden ließen meinen absurden, aber immer wieder vorgebrachten Wunsch, mir die Schule zu ersparen, vielleicht in

Vergessenheit geraten. Auch meinen Eltern sagte ich nicht, daß ich Schriftsteller werden wollte. Ich fürchtete ihren Spott, für den ich Verständnis gehabt hätte. Ich sagte es auch keinem Bruder oder Freund – nur einem Menschen sagte ich es, als endlich der monatelang leidenschaftlich ersehnte Moment, ihn allein zu sprechen, gekommen war, auf dem Heimweg aus ‹Maria Stuart›, einer Aufführung des Kasseler Staatstheaters. Es war die Cousine eines Mitschülers aus der in Eschwege so weitverzweigten Familie Heinemann – aus der auch der Bundespräsident stammt, ebenso wie eine meiner Urgroßmütter –, und dieses Mädchen war 1945/46 für ein Jahr meine Mitschülerin gewesen, weil damals die amerikanischen Truppen das Jungengymnasium besetzt hielten, so daß wir – heute üblich, damals sehr aufregend – mit den Mädchen gemeinsam deren Lyzeum besuchten. Sie saß immer in der ersten Bank, weil sie so lange Beine hatte, daß sie die nur dort ausstrecken konnte. Sie war einen Kopf größer als ich und als fast alle in der Klasse. Sie trug einen armdicken hellblonden Zopf, hatte auf der Nase «einen Sattel von Sommersprossen» – und nun könnte ich das Zitat fortsetzen, denn ich beschreibe sie mit genau *den* Worten, mit denen Thomas Mann im ‹Tonio Kröger› seine Inge Holm gezeichnet hat. Nur ihre spätgotisch langen Hände waren ganz anders als die Hände der Backfischgestalt in Thomas Manns Tanzstundenschilderung – an die ich dachte, so oft ich das Mädchen sah. Und nicht nur dachte: mir widerfuhr mit ihr auf eine erschreckende, mich zermürbende und krankquälende Weise genau das, was dem Tonio Kröger siebzig Jahre zuvor in Lübeck mit dieser Freundin seines blonden, so gut ins Leben passenden Freundes zugestoßen war – ich liebte sie, und es schien, ohne Hoffnung, und wenn ich schrieb, dachte ich an sie, tat es nur für sie, hätte mich aber eher martern lassen, als ihr die Wahrheit zu gestehen. Dann sagte eines Tages ihr Vetter mit irgendwelchen Jungenausdrücken, die ich nicht mehr weiß und die sicherlich ziemlich rüde waren, daß er gesehen hätte, was mit mir los sei – im Hinblick auf sie. Sie lachte, nicht geschmeichelt, sondern höchst erstaunt. Denn sie hatte mich niemals anders erlebt denn als Clown. Ich war der Klassen-Clown, wenn irgendwo Tanz oder eine Geburtstagsfeier war, lud man mich und meinen Mitschüler Tanneberger ein, um zwei da zu haben, die Blödsinn machten. So und nur so kannte mich auch diese Marianne. Sie erschrak sehr, als sie hörte, dieses timide Bürschchen mit den vorstehenden Zähnen und dem ausgedienten Militärmantel seines Vetters – es gab noch keine Kleidung zu kaufen –, der noch dazu die Schule verlassen wollte, um Verkäufer in einem Buchladen mit Schreibwaren zu werden, könnte nicht mehr gradeaus gucken und reden, wenn er sie auch nur von Ferne sähe. «Der hat doch noch nie ein ernstes Wort gesagt», meinte sie abwehrend – und was ich ihr sagte, als ich zu ihr sprechen konnte, auf diesem Heimweg aus ‹Maria Stuart›, das schien noch weniger ernst zu sein als meine sonstige Albernheit; ich sagte, ich würde die Schule verlassen, um Schriftsteller zu werden. Ihr Gedichte zu zeigen, wagte ich nicht, denn die besten waren Liebesgedichte an sie. Ich gab ihr, nachdem sie versprochen hatte, sie keinen Menschen sehen zu lassen – eine Erzählung, deren Grundmuster ich bei dem damals meistgerühmten, bei Hemingway gestohlen hatte, und zwar in dessen «Schnee auf dem Kilimandscharo»: die Geschichte eines dem Tode Verfallenen, der in Rückblenden die entscheidenden Momente seiner Biographie noch einmal sieht – nur war mein besiegter Held nicht wie bei Hemingway ein Autor, der an seiner Wunde starb, sondern ein Offizier, der wegen Teilnahme am 20. Juli 44 in seiner Zelle den Henker erwartet. Diese Geschichte, die ich später in einem Anfall von Arroganz, wie Depressionen sie zuweilen hervorbringen, mit allen anderen Jugendarbeiten verheizt habe, gab ich nun ausgerechnet einem Mädchen zu lesen, dessen Mutter als Mitkämpferin von Mildred Harnack in der Schulze-Boysen-Gruppe enthauptet worden war. Und deren Vater vermißt war – er kam auch nie wieder –, und deren Stiefvater, zweiter Mann ihrer Mutter, sich in einem russischen Bauernhaus erschossen hatte, als er hörte, daß seine Frau in Berlin zum Tode verurteilt worden sei. Meine Freundin, denn sie wurde meine Freundin, später meine Frau und literarische Mitarbeiterin – hatte als Zehnjähriger am 18. September 1942 in Berlin den Gestapo-Männern, die ihre Mutter verhafteten, die Tür geöffnet.

An diesem Abend, acht Jahre später in Eschwege, begann ein Dialog, der seinen sichtbarsten literarischen Niederschlag in jenen drei Arbeiten fand, die 1943, im Schicksalsjahr Mariannes spielen, ‹Stellvertreter›, ‹Soldaten›, ‹Berliner Antigone› – und der mich ach so behüteten Bürgersohn wie später nur noch meine Gespräche mit Erwin Piscator auch das entwickeln ließ, was man soziales Gewissen, Blick für die Unterdrückten und Ausgebeuteten nennt. Denn Mariannes Mutter war als eine jener Sozialistinnen gestorben, die in der Hitlerzeit nur noch durch Rußland die Befreiung Europas vom Installateur von Auschwitz zu erhoffen wagten. Womit sie ja auch recht behielten, so furchtbar für das Abendland dieser Preis auch war, den Deutschland sich selbst und allen seinen Nachbarvölkern auferlegt hat, für die Beseitigung der Hitler-Tyrannis.

II. Friedhöfe und Eiserner Vorhang

Notizen in meiner Vaterstadt
Eschwege an der Werra

Glücklicherweise ist unsere Hauptsorge um das Werratal historisch hinfällig geworden. Michail Gorbatschow hat im Kreml die Weichen gestellt, unser Vaterland ist wieder vereinigt. Eschwege liegt nun nicht mehr an einer Grenze zwischen zwei Supermächten, es liegt im Zentrum Deutschlands – fünfzig Kilometer westlich von Eisenach, östlich von Kassel, südlich von Göttingen am Rande des Thüringer Waldes: so erkläre ich Fremden, wo ich herkomme, wenn sie mich fragen.

Das Wunder der Nachkriegsjahre, so wissen wir heute, geschah nicht in der Wirtschaft – es geschah durch die Demontage der DDR und die allein dadurch geschaffene Möglichkeit, Deutschland wieder zu einigen und die entsetzliche Gefahr – das sollte man nie vergessen! – zu beseitigen, der auch Eschwege an der Grenze zwischen dem amerikanischen und dem russischen Imperium ausgesetzt war... immerhin fünfundvierzig Jahre lang.

Es käme einer Fälschung gleich, wenn ich beim Rückblick auf diese Stadt während der Jahre, in denen ich dort aufwuchs – 1931 bis 1951 – diese Grenze nur deshalb, weil sie glücklicherweise gefallen ist, nun überginge. Meine Jugend wurde von ihr nicht weniger geprägt als durch die Nazis, die diesen ‹Eisernen Vorhang› durch ihren Krieg herbeige«führt» hatten. Daher ich meine Betrachtung aus den siebziger Jahren im Historischen unverändert, obgleich gekürzt, auch ergänzt, in diese Sammlung aufnehme.

R. H.

Heimfahrt, 24. Dezember

Nebel übern Schienen, doch kein Schnee.
Sonne plötzlich wie im März schönt die Aspekte
wenig – wie die Schöne im Coupé.
Seelenkrebs. Wüßte ich, was ich bezweckte

Heute zu den Gräbern heimzureisen!
Kränze, Tannen hat der Gärtner draufgelegt.
Wohnungslos «zu Haus» wie ausgebombte Waisen
– weiß ich nicht, wohin. Gepflegt

Sind die Gräber. Doch ihr Schweigen
läßt mein Zwiegespräch alsbald gerinnen...
wie er Steinen aufliegt, Gräsern, Zweigen,
legt sich Rauhreif jetzt auf mich. Von innen.

Wer nicht wohnt, wo er aufgewachsen ist, der hat früh das Alter erreicht – natürlich hat er damit nichts «erreicht», sondern viel verloren –, in welchem er schon mehr Verwandte und Freunde auf dem Friedhof findet als im Städtchen oder Dorf seiner Jugend. Sogar der sonst nur grindrote Backstein der um 1880 «gotisch» erbauten Friedhofskapelle leuchtet wieder wie frischgebrannte Ziegel, wenn man im Abendlicht hingeht, in der Stunde, da hinter dem Galgen, einem Hügel mit jahrhundertealten Linden, unter denen noch ausgangs der Biedermeierzeit ein Vergifter seiner Frau durch das Schwert geköpft wurde, die Sonne wegsinkt. Die lange Allee, nach oben zugewachsen, geschlossen wie ein gotischer Kreuzgang, letzter Weg der Eschweger seit schon fünf Generationen, ist nicht nur der Gräber wegen so weihevoll, hat doch beinahe jeder, der hier geht, noch beinahe jeden gekannt, der hier liegt. Sie ist auch die letzte im Städtchen, an der die hier so ausgeprägte behördliche Vernichtungslust sich bisher noch nicht vergriffen hat – wie an ausnahmslos allen anderen ebenso alten Alleen, die sie während der verschwundenen fünfzehn Jahre abhacken ließ ohne Zweck: nicht einmal zur Straßenverbreiterung. (Die Nazis hackten die Linden auf dem Marktplatz noch mit der «Begründung» ab, einen Aufmarschplatz zu brauchen.) Alleen mit hohen Bäumen aber waren es gewesen, sie allein, die den breitesten Straßen in Eschwege mit ihrem bunt zusammengewürfelten Architektur-Kuddelmuddel der kaiserlichen Jahre erst die Einheit gegeben hatten, die schöne, schattende Linie... Der Autor der ‹Gedanken und Erinnerungen›, der natürlich auch in Eschwege, das er 1866 für Preußen annektierte, seinen Gedenkturm erhielt, einen übrigens architektonisch geglückten Lug-ins-Land, von dem aus man die Wartburg über Eisenach sieht, ja bis Göttingen, bis zum Harz schauen kann und auch weit hinein in die DDR, bis zum höchsten Gipfel Thüringens, dem Inselsberg, – Bismarck rechnete die Baumvertilger zu den charakterlich Defekten: symbolisch, daß jener Kaiser, der ihn fortjagte und dann das Werk des «Gründers» ruinierte, noch als Greis im Exil das «Hobby» pflegte, alte Bäume umzuhauen...

So muß die ansteigende ehrwürdige Allee, auf der man Bruder und Vater und – ach, wie lange schon her, die Großeltern zur Erde brachte, dafür entschädigen, daß jene anderen Baumreihen gefällt wurden, deren Blätterfall, deren Blüten, Geruch und Schatten, ja deren dicke Stämme, hinter denen wir wie in den Gärten Versteckken spielten (was wir Versteckeln nannten), nicht fortzudenken sind aus den Momentaufnahmen, die uns blieben oder wiederkommen von jahrelang gleichen Schulwegen, von Räuber-und-Gendarm-Spielen, auch von den ersten, also grundlegenden historischen Eindrücken. Hier sah ich in der Friedrich-Wilhelm-Straße einen Fackelzug, entweder als Hitler «die Saar heimgeholt» oder als er das Rheinland militarisiert hatte; hier eine Parade, als die zum neuen Flughafen führende Bahnhofstraße in Hermann-Göring-Straße umbenannt wurde; hier hockte ich stundenlang, Soldaten bewundernd und ausfragend, auf einem Heereslastwagen, lange vor 1939, anläßlich eines Manövers, als Eschwege noch nicht Garnison war und Soldaten für uns noch den trapperhaften Reiz des Exotischen hatten; hier gingen wir im ersten Schuljahr 1938 über Fensterscherben der in der «Kristallnacht» 1938 demolierten Judenwohnungen; hier sahen wir, eiliger Wegmarsch ohne Musik, letzte Aufgebote zur Bahn marschieren, 1944; «Kanonenfutter», wie meine Mutter, entstellt von Haß, zu einem verehrten Lehrer, Dr. Scheibel, sagte, der verlegen lächelte zu ihrem halsgefährlichen Kriegskommentar, weil er genau so dachte – obgleich er doch als Blockwart gekommen war, ein Zigarrenkistchen mit Stempeln in der Hand, um irgendwelche Parteigelder oder sogenannte Volkswohlfahrt-Spenden zu kassieren. Und in dieser Allee hielten alsbald Pattons Panzer der dritten Armee, die nicht zwei Stunden später Eschwege hätten besetzen dürfen: Denn zwei Stunden später kreuzte ein Bomberverband auf, um die in letzter Minute durch General Schellert mit weißer Fahne als unverteidigt erklärte Stadt in Schutt zu schmeißen; die Panzer funkten, viele jagten heraus aus der Stadt, so vom Markt auf die Torwiese, breiteten weiße Tücher aus – die Bomber begriffen, drehten ab und brachten an diesem 3. April und am 4. in Nordhausen über achttausend Zivilisten um, von denen 500 nie identifiziert wurden. (Kein Mensch weiß mehr, ob dies tatsächlich der Bomberverband war, der Eschwege hat zerstören sollen, doch erforschten Nordhäuser, es habe sich beim Angriff vom 3. 4. 45 nicht um einen zur Unterstützung der Bodentruppen gehandelt, sondern um einen – natürlich völlig zwecklosen – «Sonderauftrag».) Eschwege aber hatte seinen Schutzengel gehabt. Anders als 1637, da die Mordbrenner Isolanis und Götzens sadistische Kriegsverbrechen an jenen Einwohnern verübten, die sich nicht in die Wälder hatten flüchten können; und als Eschwege verbrannte Erde geworden war, so daß noch eine Generation später auf der ehemaligen Hauptstraße, dem Stad, kein Haus mehr stand, sondern Vieh graste...

Friedhöfe in und um Eschwege, wie die in Allendorf, in Witzenhausen, in Wanfried oder in Meißnerdörfern, meist längst stillgelegte «Totenacker» unter dicken Linden oder Kastanien vor gotischen Kirchen, deren Spitztürme im Dreißigjährigen Krieg verbrannt sind, so daß sie im siebzehnten Jahrhundert durch Barockhauben ersetzt wurden; und auch zwei Judenfriedhöfe, die zu pflegen seit 1941 keine Hand mehr da ist –, Friedhöfe haben meine Jahrgänger (1931) und mich während der Vorkonfirmandenzeit und Pubertät nachdrücklicher auf die sogenannten letzten «Dinge» eingestimmt als die ohnehin meist geschwänzten Gottesdienste.

Auch der Krieg hat das getan, er zuerst.

Wir gingen noch in die Volksschule, in die Humboldtstraße – denn Alexander von Humboldt hat einmal bei Eschwege einen erloschenen Vulkan, eine blaue Basaltkuppe studiert –, da verwies das Ausheben von Splittergräben gegen Bombenangriffe uns auf die «Ur»-Tatsache, daß wir in den städtischen Anlagen täglich über Tote liefen, die man beerdigt hatte, als hier noch der Nikolai-Kirchhof gewesen war; eiserne Grabkreuze aus dem Biedermeier, rostzerfressen, zugewachsen, standen dort zwischen den Büschen und schwere, kunstvoll in Stein gehauene Barock-Grabsteine... doch in den Splittergräben, die dort ausgehoben wurden, griffen wir zuerst nach Gebeinen und Schädelresten. Und zwei Jahre später, 1943, kam großes Unglück über Eschwege: Kassel war bombardiert und eine Obersekunda des Eschweger Gymnasiums, eine ganze Schulklasse war fast ausgerottet worden. Diese sechzehn- bis siebzehnjährigen Jungen hatte man mit einem Lehrer als Flakhelfer nach Kassel eingezogen; Flak war die Abkürzung für Fliegerabwehrkanone. Der Direktor unserer Schule, der einen glücklicherweise nur verwundeten Sohn in dieser Klasse hatte, schien über Nacht geschrumpft, als er da an der Seite des Ortsgruppenleiters der Partei zu den Eltern fahren und ihnen mitteilen mußte, daß ihr Kind vergangene Nacht gefallen sei. Man «veranstaltete» eine Art Staatsbegräbnis, es hieß, der Führer habe einen Kranz geschickt; wir Jungvolkjungen standen wie auch alle Schul-Mädchen und wie die SA und deren «angeschlossene Gliederungen» – so hieß das – uniformiert in den Straßen zum Friedhof Spalier, als «mit militärischen Ehren», hinter Musikzügen des Heeres und der Luftwaffe, auf langen Leichenwagen – keinen Geschützlafetten –, von Sattelschleppern gezogen, je sechs oder acht Särge zum Friedhof überführt wurden. Mein Bruder, Klassenkamerad der Toten, doch davongekommen, weil er zur Oberhandelsschule nach Göttingen übergewechselt war, mußte an schwerer Bambusstange eine riesige Hitlerjugend-Fahne in jedes Grab hineinhalten, während Parteiredner und Pfarrer den staatlichen und kirchlichen Segen sprachen und eine Abordnung des Kasseler Flakregiments über jedem der vielen ausgehobenen Gräber und den trostlosen Angehörigen Salut schoß... Wir damals Zwölfjährigen hatten fast jeden der gefallenen Schüler gut gekannt, viele waren unsere Freunde und «Führer» im Jungvolk gewesen; und wir standen nun da mit patriotischem und familiärem Schauder im Genick, jedes Gesicht der hier Ausgelöschten lebendig vor Augen. Waren doch erst wenige Wochen vergangen, seit wir morgens in die Aula des nach dem Kronprinzen Friedrich Wilhelm benannten Gymnasiums befohlen worden waren, um mitzusingen, als man mit unverantwortlichen Reden und Liedern («Deutschland, Deutschland über alles» oder «Deutschland heiliges Wort») diese Schüler nach Kassel an die Geschütze verabschiedet hatte. Jetzt scheuten wir mit Blicken vor Särgen, von denen wir uns zuflüsterten, sie enthielten fast nur Erde, denn der britische Bomben-Teppich sei mitten in die Flakstellung hineingeprasselt... der Tod wurde uns zu einer verstehbaren Figur, die so faßbar zum Leben dazugehörte wie der Briefträger, der ja auch immer öfter als Bote des Todes auftrat, wenn er nicht mehr zustellbare Briefe zurückbrachte, die lügenhaft beschriftet waren: «Gefallen für Großdeutschland»... Von zweien meiner Vettern, beide mit siebzehn Soldaten geworden, nicht anders als von zwei Vettern meiner Mutter, die Brüder waren, und von einem Vetter meines Vaters – das war ganz üblich, in jeder Familie – kamen nicht einmal mehr die Briefe zurück, denn diese Jungen und Männer galten nicht als gefallen, sondern als vermißt: spurlos bis heute hat der Krieg sie weggeschluckt...

Schon zwei Jahre zuvor, in jenem Winter 41, als Hitlers Panzer vor Moskau einfroren, waren die Judenfamilien aus Nordhessen in Viehwaggons ab Kassel Hauptbahnhof Richtung Riga verfrachtet worden, wo man sie ohne eine einzige Ausnahme ermordete: Eschweger, auch ein Chauffeur, der früher meinen Großvater gefahren hatte und den stattlichen Namen Richard Wagner trug, hatten als Soldaten zugesehen oder es gehört, daß man diese Mitbürger, die man erschossen, oft auch nur angeschossen hatte – vergast wurde ab März 42 –, dann dadurch beerdigte, daß man Steinbrüche über ihnen sprengte oder sie in stillgelegte Bergwerke warf. Es hatte auch arme Judenfamilien in Nordhessen gegeben, doch weitaus die meisten hatten Mietshäuser, auch Geschäfte und Fabriken im Städtchen gehabt, denen dann im Verlauf des Krieges kein Ziegel vom Dache fiel; dennoch kehrte niemals einer dieser Deportierten zurück, seinen Besitz wieder einzufordern; von einigen nur kamen jene wenigen Angehörigen zu Besuch, doch keiner für immer, die vor dem Krieg nach dem nichtkontinentalen Ausland hatten fliehen können. Die Ausmordung der Juden war der Dank des Vaterlandes an jene Bevölkerungsgruppe, von der noch 1914 bis 1918 zwölftausend für Kaiser und Reich den Soldatentod gestorben waren, davon elf Juden aus Eschwege, deren Namen man vom Kriegerdenkmal abkratzte. Als die Amerikaner das Städtchen besetzt hatten, wurden wir «Führer» des Jungvolks – auch ich war Jungenschaftsführer geworden, mit dreizehn – und die der Hitlerjugend auf den Judenfriedhof befohlen, um dort einige Tage lang meterhoch wachsendes Unkraut von den Gräbern zu jäten, die kein Angehöriger mehr pflegen kann; viele Grabsteine waren 1938 demoliert worden – nicht von uns Jungen, sondern von Erwachsenen, von SA-Leuten.

Ich vergesse nie, wie ich meine Großmutter sagen hörte, vermutlich 1941, als die «Arier» sich die jüdischen Häuser zugegaunert hatten, die noch heute oft «für'n Appel unnen Ei» gehandelt werden: «Das wird sich furchtbar an uns rächen.» Doch bis heute ist sie ausgeblieben, die Rache, was man nur beklommen feststellen kann, seit am Stadtrand eine welthistorisch vielleicht noch einmal höchst «interessante» Grenze verläuft, die einzige verminte in Europa... und seit auf dem nächstgelegenen Berg, dem Hohen Meißner, die NATO ein hochhaushohes Gerät, viele Kilometer weit sichtbar, hingestellt hat, mit der sie die DDR aushorcht!

Im Hitlerkrieg haben Bombardements das Städtchen noch verschont, da nicht die Briten hier bombten, die *nachts* ihre gegen Zivilisten gerichteten Terror-Angriffe flogen, sondern die Amerikaner, die bei Tage kamen – zweimal – und vorsätzlich nur militärische Ziele angriffen, Bahnhof und Flugplatz. Mit Respekt erzählten wir uns, die wir auch als Jungvolkjungen am Tatort helfen mußten, Möbel aus angebombten Häusern zu tragen – die Toten trug die Feuerwehr weg –, daß der Pfarrer Gerhard Hochhuth, der zehn Kinder hatte, nicht mit einem Gebetbuch, sondern mit der Schaufel herbeigeeilt war, um Verschüttete mit auszugraben; und belustigt tuschelte man sich zu, einer namens Spannknebel, der auf seinem Dach die durch Luftdruck beseitigten Ziegel ersetzt hatte, habe den Mut aufgebracht, verachteten Bonzen in des Führers biergelbem Rock, die zur Besichtigung der Schäden herbeigefaulenzt waren, zuzurufen: «Kommen Sie doch rauf, meine Herren, und fassen Sie zu!» Das galt schon als mutig und war es auch...

Noch existiert der rüde Drohbrief eines Oberbonzen an meinen Großvater Holzapfel: letzte Verwarnung, schon 1934, künftig gefälligst mit dem «deutschen Gruß» zu danken, statt guten Tag zu sagen, wenn er auf der Straße mit ‹Heil Hitler!› gegrüßt worden sei. Meine Eltern riskierten nur einmal einen Affront, einen erheblichen: Sie luden aus Wiesbaden 1942 eine mit dem Vetter des Vaters verheiratete Jüdin ein, zeigten sich auch mit ihr, der durch den Judenstern Gebrandmarkten – ein halbes Jahr später vergiftete sich Tante Irma, zehn Minuten nach Erhalt des Deportationszettels; Onkel Paul Hochhuth, Internist in der Friedrichstraße 7, hatte, um seine Frau zu schützen, es sogar fertiggebracht, zum «Luftschutzarzt» von Wiesbaden ernannt zu werden und eine luftwaffengraublaue Uniform tragen zu dürfen: die half nun nicht länger, im März 43 verwehrte es ihm die Friedhofsordnung, Tante Irma im Familiengrab beizusetzen; irgendwo an einem Dorfrand war sie zu verscharren, die letzte Strecke des Wegs zum Grab war der Sarg per Handwagen zu transportieren...

Übrigens war keineswegs jedes Parteimitglied ein Nazi – im Gegenteil: Vermutlich die meisten liefen mit, um ihre Ruhe zu haben; oder weil – wie heute auch – ein Job von der Parteimitgliedschaft abhing. Doch gab es Gemeingefährliche, die denunzierten, ohne der Partei anzugehören. Dem schon erwähnten Ortsgruppenleiter, der Hüther hieß und ein guter Holzbildhauer war, schuldet meine Familie Dank: Er sagte zu dem dann von den Amerikanern als Bürgermeister eingesetzten Georg Holzapfel: «Sag der Ilse Hochhuth, ein zweites Mal kann ich keine Anzeige gegen sie in den Papierkorb werfen!» – jemand hatte «gemeldet», daß meine Mutter im ‹Hessischen Hof› gesagt hatte: «Sie sind schon in Brüssel», was sie nur im britischen Rundfunk gehört haben konnte; wer ihn abhörte, kam ins KZ. Wer herumerzählte, was die Engländer gemeldet hatten, kam unters Fallbeil. Ein mutiger Pfarrer, der mich nach seiner Befreiung 1945 konfirmierte, und dessen Sohn unser Fähnleinführer im Jungvolk gewesen, dann gefallen war, hatte Glück gehabt: Ein milder Richter in Kassel hatte Weppler «nur» zu sechs Jahren Zuchthaus verurteilt, obgleich er gesagt hatte, nicht die Russen, sondern der Führer habe bei Stalingrad die sechste Armee zugrunde gerichtet: So wahr diese Bemerkung gewesen ist, so sicher hätte sie für die Guillotine «gereicht»...

Streiflichter, die Zeit- und Familien-Geschichte und Ereignisse in der so verschont gebliebenen Kleinstadt miteinander verschwimmen lassen, wie ein Fluß Erscheinungen an seinem Ufer spiegelt: Ein Tag vor Weihnachten 1944 muß mein achtzehnjähriger Bruder Gerd an die Front, nach Ungarn. Mich erschüttert, daß die Großmutter ihren dritten Enkel, der in den Krieg zieht – einer kam nie wieder –, mit dem Stoßseufzer verabschiedet und umarmt: «Gott schütze dich, mein Junge» – denn nie hätten wir Familienmitglieder, aus Scham voreinander, das pathosgeladene Wort Gott, das plötzlich elementar Angst um den Bruder in mir auslöste, in den Mund genommen. Und immer wieder Nachrichten über den Soldatentod von Nachbarn; und von Massakern in Nachbarstädten; hinter dem Meißner der Feuerschein am Himmel, als Kassel abbrannte, wo die Briten im Oktober 43 zwar auch Flugzeug- und Panzerfabriken bombten, doch vor allem eine der herrlichsten Altstädte: die Brüder

Grimm-Fachwerk-Gehäuse und Kassels fürstliches Residenz-Barock mit 8000 Menschen verbrannten.

Mein frühester Jugendfreund «Henner» Koch, heute Arzt wie damals sein Vater, erinnerte neulich an einen Wintersonntag-Nachmittag 1944/45, als mein Vater, am Schreibtisch die Karte studierend, mit uns Dreizehnjährigen erörterte, ob die Westmächte oder ob die Russen Eschwege okkupieren würden... jede Silbe war «fallbeilwürdig», so daß ich vermutlich aus Angst um meine Eltern alle Erinnerung an diesen Tag in mir weggetilgt hatte, bis mein Freund sie wieder aufweckte.

Sein Vater war der Erwachsene, der auf mich seit dem Tod meines Großvaters Holzapfel, 1943 –, den stärksten Eindruck machte, erstens als Arzt, zweitens als Bücherfreund, dessen Bibliothek ich mitausbeuten durfte, als sei ich einer seiner Söhne. Und er sprach zu Henner und mir pessimistisch und witzig über Politik und Bücher, als seien wir erwachsen. Das Kriegsende brachte dann aus Eger einen Studienrat nach Eschwege, der seine erste Stunde bei uns mit der Frage eröffnete, ob wir in Geschichte je etwas anderes gehört hätten als deutsche. Hatten wir nicht – daraufhin setzte sich Dr. Josef Müller-Fleißen hinweg über den Lehrplan und fing bei den Ägyptern an; ich weiß gar nicht, was aus unsereinem geworden wäre ohne diesen Historiker und Germanisten, dessen Leseabende in einer Buchhandlung uns nachhaltiger in die Moderne einführten, als ich das je wieder irgendwo erlebt habe, auch nicht an Universitäten, wo ich später Gasthörer war, in Heidelberg und München...

Der Sohn des Pfarrers Hochhuth, heute Pfarrer in Witzenhausen, von wo Anno 1709 ein Schuhmachermeister als erster Hochhuth nach Eschwege «eingewandert» war, Martin H., mein Mitschüler, seit ich in Sexta sitzengeblieben war, von der aus er mir weiterhalf, bis ich endlich nach Untersekunda die Schule mit weiteren meiner schmachvoll lustlosen Besuche verschonte, um mich als Lehrling in den Buchhandel zu verdrücken –, dieser Jahrgänger schrieb mir, als wir 1978 meinen sechsundachtzigjährigen Vater beerdigt hatten: «Beim Zurückdenken an unsere gemeinsame Schulzeit wird mir immer wieder bewußt, welch außerordentlich wichtige Rolle Deine Eltern für meine Entwicklung gespielt haben. Besonders das kritische Hinterfragen politischer Verhältnisse habe ich in so deutlicher und damals nicht ungefährlicher Weise zuerst in Eurem Hause kennengelernt. Das war eine wichtige ‹Prägephase› für mich – wie ja für Dich vermutlich auch. Früher wollten wir ja vieles besser machen als unsere Väter. Inzwischen hoffe ich, wenigstens manches so gut machen zu können, wie sie es geschafft haben.»

Am 1. April 1945 war ich vierzehn geworden, am 3. April schossen die Amerikaner eine einzige Brandgranate – ob spaßeshalber oder um zu testen, ob die Stadt verteidigt sei, ob zurückgeschossen werde? –, nach Eschwege hinein; und diese eine Granate verbrannte die opulente Villa des Lederfabrikanten Johannes Karl Döhle, des Bruders meiner Großmutter, der eine Stunde später mit einem Handwägelchen, dem Rest seiner Habe, in der Victoria-Straße 4, meinem Großeltern- und Elternhaus Zuflucht suchte. Die Amerikaner waren gegen Mittag in der Stadt, der weiße Stern auf ihren lauchgrünen Panzern und Autos befremdete uns – sonst aber befremdete uns unglaublicherweise nichts. Es sollte sich herausstellen und muß einmal festgehalten werden: Unter ihrem größten Präsidenten Franklin Roosevelt wurden die Amerikaner zu den humansten Okkupanten der ganzen überlieferten Weltgeschichte. Sie machten acht Tage nach der Besetzung Eschweges Buchenwald auf, man sah – in der ersten Wochenschau, die wir im Sommer 45 wieder besuchen durften – den Oberbefehlshaber der machtvollsten Armee der Welt: Eisenhower in Tränen durch das KZ gehen... Doch was brachten uns die Amerikaner, anstatt Rache zu nehmen? Die Freiheit, auch die geistige durch ihre ‹Amerika-Häuser›, durch die ‹Neue Zeitung›. Und brachten der ganzen Nation mit dem Marshall-Plan die Grundlage zum Aufbau der Wirtschaft... Doch Geschenke werden noch rascher verdrängt als Niederlagen. Kein Volk ist während seiner *ganzen* Geschichte groß und human. Doch so lange Roosevelt regierte, der ja *nicht* die zwei Atombomben warf, waren es die Nordamerikaner... Zunächst hatte uns Eschweger am 3. April die Okkupation erst einmal von der Angst und Gefahr erlöst, noch weggebombt zu werden; zuletzt waren doch Nacht für Nacht wie alle Tage auch die Bomber über Eschwege nach Mittel- und Süddeutschland geflogen, am beängstigendsten in jener Nacht, als sich über Eschwege zwei riesige Geschwader versammelten, um Chemnitz zu vernichten. Als die Amerikaner uns besetzt hatten, dauerte es nur einen Tag, bis, während der Sperrstunden, zu denen kein Deutscher die Straßen betreten durfte, Otto Georg Holzapfel an der verschlossenen Haustüre meiner Eltern schellte, totgrau im

Gesicht. Meine Mutter glaubte, seiner Tochter sei etwas zugestoßen, denn das Haus des Onkels – was wir wußten, da die Telefone funktionierten – war von fünfzig schwarzen Soldaten besetzt. Doch «Onkel Schorsch» sagte unwillig, unsicher, soeben hätten die Amerikaner anstelle des Nazi-Bürgermeisters ihn zum Town-Mayor der Stadt ernannt – ihn, der doch im strengsten Sinne der damaligen Ideologie ein «Militarist» gewesen war, nämlich Kassler 14er Husar und Rittmeister der Reserve, sonst Bauer und Betonwarenfabrikant. Und da sämtliche Schulen geschlossen waren für länger als ein halbes Jahr, so holte mich der Onkel aufs Rathaus: ich wurde Laufjunge des Magistrats, saß im Vorzimmer des damaligen (wie des heutigen) Bürgermeisters, verdiente monatlich 25 Mark, und hatte unter anderen die Aufgabe, in jene Häuser zu rennen, die zwei Stunden später von der Besetzungsmacht besetzt und von ihren Bewohnern geräumt wurden: um das voranzukündigen, damit die Hinausgewiesenen einige Habseligkeiten wegbringen konnten, ehe die Soldaten sich einquartierten. Denn «Onkel Schorsch» hatte durchgesetzt, daß der Stadtkommandant den Truppen untersagte, wie in den ersten Tagen wild und unangemeldet in die Häuser einzudringen. Im August wurde ich dann in mein Elternhaus geschickt, auch dort zu melden, man müsse in zwei Stunden räumen.

Otto Georg Holzapfel, der ehrenamtlich in sehr schwerer Notzeit regierte ohne Dank der Stadt, hatte vorwiegend caritative Pflichten, mußte auch die von der abziehenden Wehrmacht in die Luft gesprengten drei Werrabrücken wieder aufbauen – vor allem jedoch im sonst so wohlerhaltenen Städtchen den täglich wachsenden Zustrom von Flüchtlingen in dieser personenreichsten Völkerwanderung der europäischen Geschichte versorgen, auch zum Teil unterbringen; er tat's, die Eschweger, die Werrataler überhaupt haben das getan, dankbar, selber nicht Kriegsschauplatz gewesen zu sein, im Geiste jener alten Frau, die im Winter 1837 am Schlagbaum Kur-Hessens, der das Land von Hannover trennte, ihr Enkelkind ermahnt hat: «Gib dem Herrn die Hand, er ist ein Flüchtling»... der Professor Jacob Grimm kehrte damals in seine ‹kurfürstlich Hessen-Casselsche› Heimat zurück, fortgejagt von seinem Lehrstuhl als einer der berühmten ‹Göttinger Sieben›, weil er gegen den Verfassungsbruch des Königs von Hannover protestiert hatte... Diese Grenze glich, noch nicht 1945, doch alsbald jener zwischen

Hessen und Thüringen, die sich allmählich stabilisierte, und nach wenigen Jahren zur eisernen wurde, zur am schwersten zu überwindenden in Europa. Die Werra, in der wir schwimmen gelernt hatten, sollte Grenzfluß werden, die Wartburg für uns unerreichbar wie Weimar – nahegelegene Ausflugsorte bisher. Goethe, der seit den Befreiungskriegen die Russifizierung Europas gefürchtet hat, schrieb in den ‹Wanderjahren› vorahnungsängstlich: «Haben wir doch den Nordosten gesehen sich gegen Südwesten bewegen, ein Volk, das andere vor sich hertreiben, Herrschaft und Grundbesitz durchaus verändert.»

Was ich da sah – den Strom der Bittsteller im Vorzimmer des Bürgermeisters, aber auch auf den Straßen, Vertriebene aus dem Osten, menschliche Wracks aus Nazi-KZs, Versprengte aus dieser Völkerwanderung, später dann das sprießende Gras auf den verendeten Gleisanlagen Eichenbergs, das ein bedeutender Umsteigebahnhof Richtung Leipzig gewesen war, jetzt aber beklemmend ‹stillgelegt› – dies Elend hat in meinen Jahrgängern zweifellos hier an der Grenze viel ausgeprägter als sonst in den Bundesdeutschen das Gefühl geweckt, daß nun für uns Deutsche das Alte Testament das aktuellste Geschichtsbuch geworden war, weil es illusionsfreier als jedes andere lehrt, daß ganze Völker ‹hinweggenommen› werden können von ihren Stätten.

So blickt, wer hier aufwuchs, nach Bonn ohne Sympathie. Ob da die ‹Christen› regieren oder die ‹Roten›: es war nie ein Unterschied im Ausmaß ihrer Gleichgültigkeit gegenüber dem ‹Zonenrandgebiet›, wie unverschämterweise sogar regierungsamtlich das von Natur so gesegnete Werraland genannt wurde. Der Eiserne Vorhang hielt die Touristen fern und schnürte der Wirtschaft die Luft ab, so daß schließlich zahllose Bahnhöfe in diesem Hinterland stillgelegt wurden. Und die Preistreiberei der Bundesbahn, der teuersten der Welt, hat das Beförderungsmittel der kleinen Leute, die denen in Bonn ein wenig am Herzen liegen sollten, in dieser Region fast ganz zum Verschwinden gebracht. Diese ‹Maßnahmen› haben dazu geführt, daß die heutige Stadt überhaupt nicht mehr verglichen werden kann mit der um die Jahrhundertwende, als das Lexikon sie auswies als ein blühendes Zentrum der Leder- und Schuh- und Textilindustrie.

Wer hier in der Pubertät, die den Menschen seelisch programmiert für immer, erlebt hat, wie Sachsen und Thüringen von den

Westmächten geräumt und von den Russen besetzt wurden – niemand in Eschwege wußte in der Panik über die Rückzüge der Briten und Amerikaner aus Thüringen 1945, wo die Ostgrenze des Westens gezogen werde –, der brauchte Jahre, um die Illusion aufzugeben, dieses verharmlosend «Zonengrenze» genannte Minenfeld werde nicht von Dauer sein. Als wir das noch hofften, kannten wir die deutsche Geschichte nicht, speziell nicht die unserer engsten Heimat, die ja nur *ausnahmsweise* und in der Neuzeit *keine* kampfumtobte Grenze gewesen war. Bevor wir noch durchschaut hatten, daß wieder einmal den Fremden das sogar von ihnen nicht erhoffte Glück in den Schoß fiel, Deutsche zu finden, die Deutsche auseinanderteilten, hatten sich den Alliierten die zwei so machtvollen Persönlichkeiten Adenauer und Ulbricht schon zur Verfügung gestellt, um den Fluch, der auf unserem Land liegt, aufs neue Realität werden zu lassen und für uns die historische Erfahrung zu erneuern, die fünfzig Jahre zuvor Bismarck formuliert hat als ein uraltes Gesetz der deutschen Geschichte.

Bismarck hat am 13. Juni 1890 den Konflikt, der zur Teilung führte, vorausgesagt, als er nicht nur den Kalten Krieg als einen in jedem Jahrhundert zwischen Deutschen erneut auszukämpfenden Konflikt beschrieb, sondern sogar das Jahrzehnt nannte, in dem er auf den Gefrierpunkt fallen werde: «Die Uhr des deutschen Dualismus mußte bisher in jedem Jahrhundert einmal durch einen Krieg richtiggestellt werden. Dieser Dualismus ist älter als der zwischen Österreich und Preußen; er prägte sich zuerst im Gegensatz zwischen Franken und Sachsen, dann zwischen Hohenstaufen und Welfen aus. Hierauf brach er wieder in der Reformation auf; Moritz von Sachsen erhob sich wider Karl V., doch vornehmlich zu dem Zwecke, die Herrschaft von Kaiser und Reich abzutun: das nannte man damals die ‹deutsche Freiheit›. Oder glauben Sie, daß er, als er von der ‹viehischen Servitut› sprach, in welcher Deutschland damals angeblich schmachtete, an die traurige Lage der geknechteten Bauern Deutschlands dachte? Gewiß nicht...

Merkwürdig ist, daß der Kampf stets in der Mitte des Jahrhunderts stattfand, während die Versöhnung der Gegensätze sich um die Wende des Jahrhunderts vollzog. Ich bin nicht so abergläubisch, in diesem Zeitmaße eine Vorausbestimmung zu sehen; es lag offenbar in der Natur der widereinander streitenden Kräfte, daß sich in jedem Jahrhundert ungefähr zur gleichen Zeit ein Ruhepunkt ergab.

Jede Nation erfüllt ihr Geschick nach der ihr innewohnenden Fähigkeit, nach der Mitgift, die sie von der Natur erhalten hat. So waren wir Deutschen stets höchst unverträglich untereinander und viel zu nachgiebig gegen Fremde...»

Auch im 18. und 19. Jahrhundert hatten die deutschen Bruderkriege ungefähr in der Mitte sich ausgetobt, während das Ende der Jahrhunderte Ausgleich und Versöhnung brachte. Bismarck war überhaupt nie frei gewesen von der Einsicht: «Es liegt ohne Zweifel etwas in unserem Nationalcharakter, was der Vereinigung Deutschlands widerstrebt. Wir hätten die Einheit sonst nicht verloren oder hätten sie bald wiedergewonnen», sagte er am 4.3.1867, eine von zahllosen sehr ähnlichen Formulierungen...

Was aber in diesen Jahren von Stettin bis Triest sich vollzogen hatte, das westwärts ziehende Vorrücken der slawischen Grenze gegen Mitteleuropa – ein Vorrücken, das freilich allein wir Deutschen durch Hitlers Überfälle auf Polen und Rußland historisch verschuldet haben –, es bestätigte die geniale Vorausschau des die Russen mit nie ermüdendem Mißtrauen beobachtenden Karl Marx, der 1854, neunzig Jahre, bevor es eklatant Ereignis wurde, dazu aufgefordert hatte, sich zu hüten vor den Slawen, denn – so wörtlich – «die halten eine Westgrenze von Stettin nach Triest für natürlich.»...

Daß wir im Westen derart aktiv *geholfen* hatten, noch nach Stalins Tod 1953, die Teilung zu vertiefen, obgleich doch Chruschtschow – der ja immerhin auch Österreich die Vereinigung, ja die Befreiung von Besatzungsmächten gewährt hatte – die völlige Integrierung der BRD in die NATO gern verhindert hätte, das durchschauten wir nicht, ahnten es aber, wie mein Gedicht: ‹Deutsche› vermuten läßt, das ich 1971 veröffentlicht habe. Den *Beweis* jedoch, daß dies so war – erbrachte erst mit fünfunddreißigjähriger Verspätung die Publizierung des Weißbuches des Foreign Office, das Marion Gräfin Dönhoff (‹Die Zeit›, am 21.3.1986) auswertete – betroffen auch sie als Preußin, wie listig und ohne Mitgefühl für die Mitteldeutschen der mächtige Bonner sie der russischen Besatzungsmacht überlassen hatte. Gräfin Dönhoff:

«Am 15. Dezember 1955 veranlaßte er den deutschen Botschafter in London, Hans von Herwarth, im britischen Außenministerium vorzusprechen, um Staatssekretär Sir Ivon Kirkpatrick eine vertrauliche Mitteilung zu machen: Selbst wenn im Zusammenhang mit dem Abschluß eines europäischen Sicherheitsvertrages, wie die

Sowjets ihn wünschten, eine Wiedervereinigung Deutschlands aufgrund freier Wahlen möglich und völlige Handlungsfreiheit einer gesamtdeutschen Regierung gesichert sei, sei er – Adenauer – dagegen... Adenauer habe betont, daß es ‹katastrophale› Folgen für seine politische Position haben würde, wenn seine Ansichten, die er mit solcher Offenheit mitgeteilt habe, jemals in Deutschland bekannt würden.»

Ich hatte ahnungslos notiert:

Deutsche

Auf das Land, wo ich geboren,
reimt sich jetzt das Wort: vergessen.
Strecke Fulda – Göttingen,
Grenzgebiet seitab, Nordhessen.

Selten, daß ein D-Zug hält.
Schienenbusse fahren zur Stadt.
Sackbahnhof – der Schlagbaum fällt!
Der das Land zerrissen hat:

Hitlers Krieg furunkelt weiter.
Minengürtel, Abschuß-Streifen,
links und rechts der Werra: beider
Staaten Grenzarmisten

Die zum kalten Weltgelächter
– Brudermord nach Fahndungslisten –
intern Himmler weiterspielen:
jedem Deutschen steht als Wächter

Stets ein Landsmann treu im Rücken!
Deutsche, die auf Deutsche zielen,
sehen die Nachbarn mit Entzücken,
die wir früher überfielen.

Brüder Ulbricht – Adenauer:
Hochverräter, Ideologen,
steigerten Ideen zur Mauer,
die, aus Steinen nachvollzogen

Denkmal ist der Dioskuren.
Ausgeführt für Siegerstaaten:
– teile, herrsche – was die schwuren.
Deutschland haben sie verraten.

Angst, daß diese Grenze an der Werra Schußfeld werde, auf dem wieder Deutsche auf Deutsche schössen, überschattete das Wirtschafts-«Wunder». Wir wußten, daß es in amerikanischen Reisebüros Plakate gab, mit dem Bild von Salzburg und der Unterschrift: Reisen Sie hin – ehe der Krieg es vernichtet. Amerikanische Spielzeugläden boten «Fulda-Gap» an: Man würfelte, ob die russischen Panzerdivisionen, die durch eine (offenbar für Panzer-Angriffe geographisch sehr günstig gelegene) Senke bei Hersfeld-Fulda Richtung Frankfurt vorstießen, noch zum Stehen zu bringen seien durch Gegenangriffe. Und die Hochrüstung in USA und UdSSR ließ fürchten, Krieg könne aus dem Kalten Krieg hervorgehen – und damit eine tausend Jahre lang verdrängte Tradition wiederaufleben, für die der mindestens geographisch gesicherte – *weitgehend* gesicherte – Hesse in bürgerlichen Zeitläuften den Blick verloren hatte. Aus mythischer Ferne war immerhin die Kunde geblieben, die Äkker hinter dem Eschweger Leuchtberg hätten vor tausend Jahren «Blutwiese» geheißen, im Gedenken an vergessene Massaker, da doch das Werratal eine oft kampfumtobte, blutnasse Völker- und Stammes-Scheide gewesen war: «...berichtet Tacitus (Annalen, 13,57) bei Gelegenheit des wütenden Ausrottungskrieges zwischen Chatten und Hermunduren, die an dem Grenzfluß, der sie schied, die dort liegenden Salzquellen sich einander streitig machten.» (Victor Hehn)... «lange bildete unser Eschweger Gebiet», schreiben die Chronisten Holzapfel und John, «Kampffeld und Objekt zwischen West und Ost... Tacitus schreibt, daß es im Jahre 58 nach Chr. um einen salzreichen Grenzfluß zu einer Entscheidungsschlacht kam... Man nimmt heute allgemein an, daß es sich hierbei um die Salzquellen von Sooden handelt.» Salz, das «weiße Gold», war damals so begehrt wie heute Öl, doch viel seltener!

Urkundlich kommen Hochhuths in diesem Sooden-Allendorf seit dem 14. Jahrhundert vor; der Name bedeutet Bergwacht: hohe Hut.

So furchtbar muß bis ins ferne Gallien hinein die Kunde von den Kämpfen an der Werra geklungen haben, daß – wie mein Lehrer

Otto Flake in der fünften seiner Chroniken ‹Zum guten Europäer› festhält –, «Werra bei den Franzosen zu guerre wurde. Werra bedeutet im Althochdeutschen Krieg»...

So erhält aus fernsten Zeiten schon unüberhörbar seine entscheidende Legitimation, daß der namhafteste Sohn dieses Werratales, dieser Stadt Eschwege, Gustav Heinemann, der spätere Bundespräsident, beredter und leidenschaftlicher als jeder andere, die Politik des unbelehrbaren Konrad Adenauer als verhängnisvoll bekämpft hat. Heinemann, dessen Familie zu den Befreiungskriegen allein aus dem kleinen Eschwege elf Freiwillige gestellt hat, fünf Prozent der 219 Eschweger, die gegen Napoleon kämpften, Gustav Heinemann sagte voraus, was damals, anfangs der fünfziger Jahre, eine Ketzerei ohnegleichen war, ja, für Landesverrat gehalten wurde, doch heute eine Binsenwahrheit ist: daß eine Bonner Regierung, die unsere BRD mit ihrem Alleingang bei der Geldabwertung, mit eigener Währung und einer ganz dem Westen integrierten Armee ausstatte, die Grenze an der Werra, diese Werra als Grenze zu einer vielleicht tödlichen Bedrohung für die ganze Nation mache. Heinemann, so tragisch wie charaktervoll, war er doch der einzige Bonner Minister, der jemals aus Überzeugung seinen Job drangab, – Heinemann wurde nicht gehört, bis diese Grenze gemauert, verdrahtet, vermint war, womöglich verewigt.

Was man dem Werratal wirtschaftlich zufügt – das verwehrt (nur ein Beispiel) nahezu allen Schulkameraden, sofern sie nicht Praxis oder Geschäft von den Eltern geerbt haben oder Beamte sind, in der Heimat ihr Brot zu verdienen; fast jeder mußte sich aus ihr verziehen, aus dieser doch von der Natur so bevorzugten wald- und berg- und wasserreichen Heimat, die Maler anlockt und jeden Fremden entzückt, für den sie allein Landschaft ist. Doch die Zahl der Arbeitslosen hat hier immer den Bundesdurchschnitt überragt.

Die Umgebung Eschweges, seenreich dank weitflächiger, miteinander zum Segeln verbundener, sehr sauberer, sehr tiefer, sehr kalter Kiesteiche, – ist nach jeder Kompaßrichtung von Wanderlust weckendem Reiz.

Das Städtchen selber hat vier Sehenswürdigkeiten: das landgräfliche Schloß, ein im Floris-Stil der Renaissance an den Giebeln verziertes, noch spätgotisches Bauwerk, das den Gründer der modernen deutschen Epik, den Autor des Simplicissimus als einen von Soldateska aus Südhessen verschleppten Pferdejungen einige Wochen in seinen Mauern sah. In diesem Schloß wurde 1812 die Dichterin Elise von Hohenhausen, Freundin der Droste-Hülshoff, geboren, die im 19. Jahrhundert ihren Bestseller ‹Klassische Liebespaare› schrieb. Sehenswert ist der puzzlespielbunte Marktplatz, der nahezu lückenlos seine nach dem Dreißigjährigen Krieg wiederaufgebaute Fachwerk-Geschlossenheit behielt; und sehenswert sind, doch noch immer nicht öffentlich zugänglich, die Bilder von Ernst Metz und Wilhelm Schott. Noch fehlt die Galerie, die der Werra-Meißner-Kreis seinen Besuchern wie seinen Bewohnern schuldet, nachdem ihm das Glück in den Schoß fiel, dank der sanften Herrlichkeit seiner Rhön- und Meißner- und Thüringer «Berge» – die höchsten sind siebenhundert Meter –, seiner Bach- und Flußtäler, seiner Kleinstädte und Wassermühlen, seiner Kalkfelsen und Dörfer und Burgen und Waldlichtungen, diese zwei eminenten Kasseler sechzig Jahre lang als Zeichner und Maler produktiv an sich gefesselt zu haben; sehr fraglich, ob es noch einen anderen Landkreis gibt, dem in der ersten Hälfte unseres Jahrhunderts geschenkt wurde, was diese beiden Künstler-Chronisten dem Eschweger beschert haben – tausend Bilder, die ein letztes Mal seine meist schon abgetöteten Vorzüge, obgleich ja die Menschen nur Häuser und Bäume kaputtmachen können, doch nicht das Land, noch einmal für die Nachwelt festhielten. Dieses Glück – wie selten! – wurde dem Städtlein und seinen Einwohnern durch diese beiden Maler schon zum zweitenmal zuteil. Zum erstenmal durch drei Generationen der ausgestorbenen Familie Tellgmann, die 1841 hier wie «drüben» im thüringischen Mühlhausen die vermutlich erste deutsche Fotografenwerkstatt eröffnet hat, schon zwei Jahre, nachdem zu Paris die Daguerreotypie erfunden worden war. Die Tellgmanns, die sich nach dem siebziger Krieg vorwiegend der Militärfotografie widmeten, waren zwei von vier kaiserlichen Manöverfotografen, die einzigen, deren Archive die Weltkriege überdauerten, da die beiden anderen in Königsberg und Metz residiert hatten. Ein bitteres Fazit unserer vaterländischen Geschichte, daß zwei von vier amtlich zugelassenen Manöverfotografen ihre Standorte in Provinzen hatten, die das Reich in zwei Kriegen verspielte, und daß die beiden anderen Fotografen, noch dazu Brüder, ihre Ateliers in aneinandergrenzenden Provinzen, in Kurhessen und Thüringen hatten, die inzwischen durch das am schwierigsten zu passierende Minenfeld in Europa zertrennt sind. Da in Eschwege sich niemand darum kümmerte, wurde das unschätzbar wertvolle Fotoplatten-Archiv Tellgmann, das umfassendste überhaupt, das aus dem 19. Jahrundert erhalten ist, 1974 ans Bundesarchiv Koblenz abgegeben und dort so enthusiastisch vereinnahmt wie in der Heimat ignoriert.

Wink mit dem Zaunpfahl: die schönsten und historisch interessantesten Bilder der Tellgmanns – die sich Hoffotografen auch des Zaren von Rußland nennen durften und die den jungen Churchill wiederholt als Gast im deutschen Kaisermanöver fotografierten –, ebenso wie die Nachlässe der Maler Schott und Metz, wozu noch der des Spätimpressionisten Heinrich Schwendt zu zählen ist, der das Entzücken des maßgebenden Marburger Kunsthistorikers Richard Hamann erregte, auch der des Sooden-Allendorfer Malers Tannen-Wille und Bilder vielleicht auch noch lebender Künstler, auch Bildhauer-Arbeiten von Edmund Hüther... sie alle warten darauf, im Zentrum des Werra-Meißner-Kreises würdig ausgestellt zu werden. Oder sie werden abwandern, diese Nachlässe, in solche Städte, deren Behörden *wissen*, daß Kunst Touristen anlockt und die daher bereit sind, Geld nicht nur auszugeben für Sportplätze und Straßen-Begradigungen, sondern für eine Galerie.

Seit hundertzwanzig Jahren verfügt Eschwege über ein Gebäude, Kunst aufzunehmen: die nach dem siebziger Krieg in der heutigen Goethestraße spätklassizistisch vom Architekten Friedrich Saame erbaute «Schusterburg», wie der Volksmund deshalb dieses weitaus geglückteste Denkmal der sonst so wenig glücklichen Architektur-Periode der Gründerjahre nennt, weil es von zwei bescheidenen Türmchen flankiert wird und weil sein Bauherr der Schuhfabrikant Adam Hochhuth war, der 1892 starb. Neben der Synagoge das einzige klassizistische Gebäude in Eschwege. Das palais-weiße, palais-würdige Haus mit einem Stück Schloßgarten-Wiese vor seiner Front steht heute da, grob vernachlässigt in seinem Äußeren und dennoch unantastbar vom Verfall durch die unaufdringliche Schönheit seines Stils. Es wartet auf seine Bestimmung: der bildenden Kunst und der künstlerischen Fotografie des Werra-Meißner-Kreises eine Heimstatt zu werden.

Herbst – letzter?

«Das ist der Herbst, aber er bricht uns nicht das Herz,
uns brach das Bewußtsein – und das ist mehr.»

Gottfried Benn an Oelze, Berlin, 13. 8. 1939

Weh dem, der übrig

«Wenn zwei Menschen sich lieben, kann es kein Happy-End geben, denn einer wird sterben und den andern einsam zurücklassen.»

Ernest Hemingway

Trauer-Anzeige in der F.A.Z.
Statt Bibelwort ein Satz von Hemingway.
Tod riß den Partner aus dem Bett.
Kein Lied, kein Grabspruch, kein Essay

Sagen so gültig, was – wer übrig – fühlt.
‹Farewell to Arms› sagt's, ein Roman.
Enthüllt, fast unterkühlt
als Wahn

Für Liebe *gäb's* ein Happy-End:
bleibt einer doch zurück vom Paar!
Je einsamer, wenn's Sterben trennt,
– je inniger ihr Eins-Sein war.

Mit den Füßen voran

Nekropolis jetzt, wo dein Vaterhaus.
Meidest du's, *weil's* die Familie vereinte,
seit es Großvater erworben?

«Zeit»: Fades Wort, Synonym für Garaus,
wo man schon den Bruder beweinte,
der noch vor den Eltern gestorben.

Meidest die Heimat, weil alle begraben,
bei denen du Kind warst. Gäb's einen Code
... anzusprechen, die hier verwesen!

Alleingang zu Gräbern; Krächzen der Raben.
Schön das Vogelbeerenrot.
Nebel, Nässe, Wind – wie Besen

Laub harsch in den Straßen fegen
– fegt dich leer dein Stimmungstief.
Vorahnung, man trage bald

– kamst bisher du ihretwegen,
weil's dich zu den Gräbern rief –,
dich zum letzten Aufenthalt

Bei den Großeltern – Füße voran.
Auf vielen Gräbern die Namen zu kennen,
doch im Städtchen – dein Grundgefühl:

Sehen fast nur noch Fremde dich an!
Geschloßne Jalousien trennen.
Dir dringt in jedes Molekül:

Abreisen! Vergebliche Liebesmüh...
Mußt hinter dir die Schiffe verbrennen:
Keine Recherche du temps perdu!

Schönheit: Trost auf Erden

«... daß ihre außergewöhnliche Schwäche ihm gegenüber alles in allem sehr verbreitet war und ... dazu beiträgt, die Welt erträglich zu machen, nämlich die Schwäche vor der Schönheit.»

Albert Camus, Der erste Mensch

Erst in der Dämmerung beginnt
die Eule der Minerva ihren Flug.
Erst in der Abschiedsangst gewinnt
der Mensch die Einsicht – vom Entzug
des Hierseins schon bedroht –, der Erde

Schönheit, die ihn verließ, die er verläßt:
Sie ist der höchstkarätige der Werte
– Eros als Fest!
Schönheit der Welt: Mit ihr allein
entschädigt sie den Menschen, ihren Sklaven.

Was alles duldet er, das nur gemein!
Was wird ihm auferlegt an «Strafen»,
meist unverdient wie unverstanden.
Wälzte er mit am Stein des Sisyphus?
Des seelisch-körperlich ins Joch Gespannten?

Nein! Sterben würde er vor Überdruß,
wäre nicht *Schönheit*! Sie «erkannten
einander»: Luther sieht das Fleisch, den Akt
sogar ins Geistige transzendieren.
Eros: Quell der Erkenntnis ... Nackt,

Naiv-ursprünglich gleich den Tieren,
befreit – auf Zeit! – durch Leidenschaft,
nur so: Als Paar erträgt der Mensch die Welt.
Schönheit: Sie reißt ihn aus der Einzelhaft
des Einsamseins, die ihn entstellt.

Reiseleben – Lebensreise?

«Der Zweck des Lebens ist das Leben selbst.»

Goethe an Meyer, 1796

«... weil es offenbar im Leben aufs Leben ankommt und nicht auf ein Resultat desselben.»

Goethe, Ankündigungen und Geleitworte

Schon alles – der Krampf unsres Tätigseins?
War tatsächlich der Weg schon das Ziel?

Hat Leben, außer zu leben – keins?
Vermutlich ... ob das Goethe gefiel

Resigniert zu sagen, im Leben
liege des Lebens einziger Zweck?

Zu warnen, daß wir uns überheben,
Reisende ohne religiöses Gepäck

– hofften wir dennoch, es komme im Leben
«auf ein Resultat desselben an» ...

Er rät, Illusionen aufzugeben;
eindringlich sein Warnruf: «Man

suche nichts *hinter* den Phänomenen;
sie selbst sind die Lehre».

Ja, halte dich an das, was *denen*
abzuschauen – doch begehre

Sinn nicht auch noch zu erahnen!
Weißt du zwar, wohin die Reise

Auf Schienen, Flügen, Autobahnen,
spürst du doch: Lebensreise-Fahrt im Kreise

Fast identisch. Und dahinter – *nichts*.
Zweck bekannt. Doch *Sinn* des Fahrens?

Frage nicht mehr – angesichts
seines Abbilds: Ewigen Paarens!

Meistens zeugungslos, doch lebenslänglich:
Lust zu stillen, sie zu wecken, sie zu stillen.

Wie als Selbstzweck – so vergänglich.
Jeder, alles nur um seiner selber willen.

Fragte etwa Goethe, bis er starb
– sicher nicht! – ob ein Sinn dahinter sei?

Nein: Ging an dem, was ihm den Tag verdarb
– souverän vorbei.

Ghasel vom Glück

«Das Ghasel, ursprünglich arabisch,... hat nur einen Reim, dem die beiden ersten Zeilen sich fügen, von da ab jede zweite Zeile».

Golo Mann

Das Glück – ein Schmetterling
trägt keinen Ehering.

Dem fliegt es weg, gewiß,
der glaubte, daß er's fing...

Weg wie Schmidts Katze, sagen Berliner
– lautloser als ein Seufzer verging.

Kein Haustier ist's und keins im Zoo.
Nie zu halten, kein Reimwort auf: Zwing!

Entzieht sich ironisch dem Status quo.
Wer's aus Gottes Hand empfing,

Seine Schillerfarben, den Flügelstaub
– «faßte», wie unfaßbar gering

Seine Dauer ohne Seßhaftigkeit.
Wer mit ihm prahlte, dem zerging

Rascher als Eis im Mund zergeht,
das Sichersein, das ihn umfing.

«Schmetter» – der deutsche Vokativ –
wie brutal für Schmetterling!

Ein Unterschied zu Butterfly
wie: «schrei!» zu – sing.

«Schmetter» – man denkt an Blasmusik,
nicht an der Schöpfung verletzlichstes Ding.

Launisch wie die verwöhnteste Frau,
daß noch jedem die Zunge raushing,

Den es zur Steilwand des Hoffens verlockt.
Dort ließ es ihn stehn und sagte: Spring!

Nur Narren versuchen's, zu domestizieren;
auf seine Treue gib keinen Pfifferling!

Jedem Vergleich mit zähmbaren Tieren
spottet's wie der Ring dem – Nasenring.

Und der Mensch, im Guten, im Bösen
– was er an Taten auch beging

Ob Glück ihn erhob, ob's ihn verließ:
abhängig *bleibt* er sein Unterling.

Nächstenliebe

«Roll selig hin durch diese Zeit!
Ihr Elend sei dir fremd und weit!...
Mitleid soll Sünde für dich sein!
Nur ein Gebot gilt dir: sei rein!»

Nietzsche, Sternen-Moral

«...das Thema ‹Nietzsche› in meinen Gesprächen mit Burckhardt... wie er von ihm abgerückt sei, ‹als er den Kampf gegen das Mitleid eröffnete›. (Hier stehe ich für den Wortlaut.) ‹Ich meine, er habe es noch brauchen können›, fügte er bei.»

Heinrich Wölfflin am 14. April 1938

«Wir sollten alle miteinander Mitleiden haben.»

Goethe

Nietzsches Weltbild – verlogener Widerhall
seiner Biographie: Der hohndumm Mitleid abgelehnt,
sogar die Tötung «unwerten Lebens» verlangt

Ist *selbst* ab fünfundvierzig schon Pflegefall
seiner Mutter und Schwester, ein langes Jahrzehnt.
Als Jüngling bereits Rentner, weil dauernd erkrankt...

Unfreiwillig lehrt er: Die für Lebendes sorgen,
ob für Menschen, für ein Tier
oder nur einen Garten

Brauchen ihren Sinn nicht von Gott zu borgen,
müssen nicht grübeln, wozu sie hier...
Wo Hilfsbedürftige auf uns warten

Rechtfertigt unsre Existenz ihr Zweck:
Fürsorgetrieb – Religionsersatz!
Hat auch metaphysisch unser Denken ein Leck

– nimm deinen Wirkungsplatz
inmitten sozial Verunglückter ein
oder bei Sterbenden und Kranken...

Habt Mitleid! Sonst bleibt – zentraler Satz
der Ethik – verächtlich euer Sein:
kein Gedenken verdient, wem nichts zu danken.

Lilien

Sag's nicht – Schreckwort: «hinterblieben»
– seit die Eltern nicht mehr sind!
Bist von dort ja längst vertrieben,
wo du sorglos warst als Kind,

Wo du spieltest mit den Schwestern:
Omas Gärten-Paradies...
Gegenwärtig noch wie gestern,
doch wie lange schon verstieß

Dich aus ihm, auch deine Brüder,
das Geschick, das früher, später
– seit auch Vater starb, der Hüter –
Enkeln *raubt*, was wie die Väter

Auch noch Vater weitergab:
Stammhäuser der zwei Familien.
Pflanzt auf eures Vaters Grab
weiße Lilien.

Herbst – letzter?

Der Herbst so wie immer
– doch ich nicht mehr.
Ein Gedanke, ein mir schlimmer,
seit der Koffer so schwer:

Daß diese Tournee
meine letzte gewesen.
Übertrieben, zu sagen, mein Herz tue weh.
Doch es mahnt … Wo ich vorgelesen

Hat zwar Spaß der Jungen
mich angesteckt,
meine Depression auch bezwungen,
ja Größenwahn produktiv noch geweckt.

Doch gleiche ich der Kuh, dem Pferd,
eben durchs Eisenbahnfenster gesehen,
denen ewiger Regen zu liegen verwehrt,
die kaputt auf verpfützter Weide stehen

Als spürten auch sie: Das letzte Jahr!
Weiß ich bewußter als die auf vier Beinen,
wozu ich auf Erden vorhanden war?
Kummer? Ja um *den* Menschen, den einen,

Der leiden wird, mich zu verlieren …
Absurd: Ausgerechnet den mach' ich weinen!
Doch wozu war ich da? Wie den Tieren
fehlt mir der Sinn: ich sehe keinen.

… Sicher schon ein Frevel, so zu fragen.
Man fragt ja auch nicht; man wird gefragt.
Daß uns nicht *einer* auf dem Sterbe-Laken
im Abdriften sagen konnte: Es tagt!

Rolf Hochhuth

Rolf Hochhuths erstes Theaterstück «Der Stellvertreter» sorgte 1963 für weltweites Aufsehen. Seine Erzählung «Eine Liebe in Deutschland», von Andrzej Wajda mit Hanna Schygulla verfilmt, führte zum Rücktritt Filbingers. **Rolf Hochhuth**, Jahrgang 1931, gelernter Buchhändler und Verlagslektor, ist ein politischer Schriftsteller, ein Aufklärer. Von keiner Partei abhängig, aber entschieden Partei ergreifend.
«Ich finde Hochhuths Fragestellung, seinen unerschütterlichen Glauben an das Moralische, einfach großartig.» *Karl Jaspers*

Der Stellvertreter *Ein christliches Trauerspiel*
(rororo 997)

Ärztinnen *Fünf Akte*
(rororo 5703)

Die Hebamme *Komödie*
(rororo 1670)

Judith *Trauerspiel*
(rororo 5866)

Juristen *Drei Akte für sieben Schauspieler*
(rororo 5192)

Eine Liebe in Deutschland
(rororo 5090)

Schwarze Segel *Essays und Gedichte*
(rororo 5776)

Panik im Mai *Sämtliche Gedichte und Erzählungen*
(rororo 13001)

rororo Literatur

Täter und Denker *Profile und Probleme von Cäsar bis Ernst Jünger*
(rororo sachbuch 8547)

Tod eines Jägers
(das neue buch 68)

Im Rowohlt Verlag sind u.a. erschienen:

Alle Dramen *Kassette mit 2 Bänden*
3056 Seiten. Gebunden.

Sommer 14 *Ein Totentanz*
400 Seiten. Broschiert und als rororo 13069

Alan Turing *Erzählung*
192 Seiten. Gebunden.

Tell 38 *Dankrede für den Basler Kunstpreis 1976 am 2. Dezember in der Aula des Alten Museums. Anmerkungen. Dokumente*
160 Seiten. Broschiert

Unbefleckte Empfängnis *Ein Kreidekreis*
216 Seiten. Broschiert

3239/2